全国各类高等院校经济管理专业规划教材

中小企业创业管理

主　编　刘兰芳　杨　迪　吴海燕

中国商业出版社

图书在版编目(CIP)数据

中小企业创业管理/刘兰芳,杨迪,吴海燕主编.
—北京:中国商业出版社,2018.6(2019.10 重印)
ISBN 978-7-5208-0176-8

Ⅰ.①中… Ⅱ.①刘…②杨…③吴… Ⅲ.①中小企业 – 企业管理 – 教材 Ⅳ.①F276.3

中国版本图书馆 CIP 数据核字(2018)第 011376 号

责任编辑:蔡 凯

中国商业出版社出版发行
010 – 63180647　www.c – cbook.com
(100053　北京广安门内报国寺 1 号)
新华书店经销
涿州市荣升新创印刷有限公司印刷
＊　＊　＊　＊
787×1092 毫米　1/16　印张　15.75　260 千字
2018 年 6 月第 1 版　2019 年 10 月第 2 次印刷

定价:45.00 元
＊　＊　＊
(如有印装质量问题可更换)

自序

2018年,是改革开放40周年。在历史长河中,40年不算长,但这短短的40年中国却发生了翻天覆地的变化。1978年,十一届三中全会发出改革开放的进军号角;1993年,十四届三中全会确立了建立社会主义市场经济体制的改革目标;2013年,十八届三中全会提出了全面深化改革的战略布局,开启了我国新一轮的改革大幕;2014年是全面深化改革元年,也是一个关键时点;2016年,我国进入"十三五"时期;2017年,十九大召开;2018年,我国将迎来改革开放40周年。以史为鉴可以知兴替,以史为鉴可以明方向。改革开放这一伟大实践积累了十分宝贵的历史经验,奠定了中国特色社会主义理论体系的实践基础和科学依据,对于我们在新的历史起点上继续推进改革开放,有着重大现实意义和深远历史意义。

1978年,我国GDP总量仅3624亿元,2017年我国GDP总量达到744127亿元,中国经济从一度濒临崩溃的边缘上升到总量跃居世界第二。

20世纪90年代。小平同志南巡讲话再次促进了私营企业的发展,昭示着这是个属于商人的时代。当时,机会多,政策相对稳定,各个行业都处在快速成长期。海尔、海信、长虹、TCL、娃哈哈都在这一时期迅猛崛起。同时,这个时代要求创业者具有较强的资源整合能力,并且不断地学习,与时俱进。冯仑、宗庆后、史玉柱就是这个时代的代表。

20世纪末21世纪初。这是个新经济、高科技"称雄"的时代。政策稳定、环境公平是这个时代的鲜明特点。随着竞争的愈发激烈,进入市场的门槛日益提高,对创业者综合素质的要求也越来越高,先进的经营管理知识、与时代接轨的创新意识以及开阔的国际视野是他们创业成功不可或缺的制胜因素。马云、张朝阳、李彦宏、江南春是这个时代的代表。

2010年以来,伴随着互联网的深度普及,"互联网+"创业模式已成为众多企业纷纷必须考虑的商业模式。国务院总理李克强2014年9月在夏季达沃斯论坛上公开发出"大众创业、万众创新"的号召,"双创"一词由此开始走红。几个月后,又将其前所未有地写入了2015年政府工作报告予以推动。政府鼓励地方设立创业基金,对众创空间等办公用房、网络等给予优惠;对小微企业、孵化机构等给予税收支持;创新投贷联动、股权众筹等融资方式;取消妨碍人才自由流动、自由组合的户籍、学历等限制,为创业创新创造条件;大力发展营销、财务等第三方服务,加强知识产权保护,打造信息、技术等共享平台。

2000年后,大学生就业形势日趋严峻。在此背景下,大学生创业开始分化:创业已不再是那些拥有技术、成绩优秀学生的"专利",一些过去行走在传统校园价值观以外的"边缘学生"

也开始了创业实验。至此,大学生创业群体进入到一个以普通学生创业为主的多元化时代。

联合国教科文组织从1998年开始多次强调要在高等教育领域加强创业教育,并提出创业教育是继毕业文凭、职业技能证书之后的"第三本护照"。世界上许多国家也都把创业教育渗透到国民教育的各个层次。美国已有1600多所高校开设了2200余门创业课程,美国表现最优秀的上市公司与高新技术企业老板有86%接受过创业教育;英国、法国等发达国家以及印度、泰国等发展中国家普遍在职业教育领域开设了创业课程。

中国大学生创业比例不到毕业生总数的2%,而发达国家一般占20%~30%。清华大学创业研究中心的调查报告显示:在创业教育问题上,中国的平均水平低于全球创业观察(GEM)统计出的全球平均水平。因此,加强对高职高专学生的创业意识、创新观念、创业技能的教育,加快培养更多的创业管理人才势在必行。

《中小企业创业管理》是大多数高校工商企业管理专业的核心课程,工商企业管理、连锁经营与管理、物业管理、经济信息管理、人力资源管理专业把该门课程确定为"创业教育"的实施课程。2017年,作为精品资源共享课《中小企业创业管理》,在原有教材基础上进行升级改版。

《中小企业创业管理》教材以工作任务分析为基础,以系统、专业的知识为核心,按照中小企业创业工作过程的实际需要来设计学习情境和工作任务,融专业技能训练、综合职业能力培养于一体,力图实现专业主要核心课程的融合与提升,使学生从纯粹的学习者角色向学习者与工作者统一的角色转换。

该教材紧密结合历年大学生创业技能大赛的各项要求,学生学习该门课程后提交的优秀的"商业计划书"即可作为创业大赛的参赛方案,经过完善后也可作为学生毕业后创业的方案。

学习情境1:创新创业准备,由刘兰芳编写。
学习情境2:组建创业团队,由刘兰芳编写。
学习情境3:明确创业项目,由刘兰芳编写。
学习情境4:选择商业模式,由刘兰芳编写。
学习情境5:财务预算管理,由刘兰芳编写。
学习情境6:创业创新营销,由吴海燕编写。
学习情境7:创业组织管理,由杨迪编写。
学习情境8:编制商业计划,由杨迪编写。

在本书的撰写过程中,得到福建商学院闽商文化研究所的大力支持;福建商学院的廖新平副教授和邓云老师做了大量工作,在此一并表示诚挚的感谢!

编者

2019年10月

目 录

学习情境 1　创业创新准备 ··· (1)
　　任务一　企业概述 ··· (2)
　　任务二　创业创新教育 ··· (7)
　　任务三　创业素质和企业家精神 ··· (16)

学习情境 2：组建创业团队 ··· (23)
　　任务一　组建合理的创业团队 ··· (24)
　　任务二　打造优秀的创业团队 ··· (27)

学习情境 3：明确创业项目 ··· (38)
　　任务一　分析创业环境 ··· (39)
　　任务二　明确政策支持 ··· (45)
　　任务三　确定创业项目 ··· (52)
　　任务四　遴选经营地点 ··· (57)
　　任务五　设计名称与标志 ·· (60)

学习情境 4　选择商业模式 ··· (75)
　　任务一　解析商业模式 ··· (76)
　　任务二　明确业务范围 ··· (83)
　　任务三　定位竞争差异 ··· (87)
　　任务四　协同合作伙伴 ··· (91)
　　任务五　选择目标市场 ··· (94)
　　任务六　确定盈利模式 ··· (102)

学习情境 5　财务预算管理 (115)
  任务一　选择融资渠道 (116)
  任务二　预估财务指标 (127)

学习情境 6　创业创新营销 (143)
  任务一　确定产品策略 (144)
  任务二　确定价格策略 (155)
  任务三　确定渠道策略 (161)
  任务四　确定促销策略 (164)

学习情境 7　创业组织管理 (180)
  任务一　设计企业组织结构 (181)
  任务二　规范项目基础管理 (189)
  任务三　规避项目经营风险 (199)

学习情境 8　编制商业计划 (208)
  任务一　拟定商业计划书 (209)
  任务二　评估商业计划书 (214)
  任务三　完善商业计划书 (218)

学习情境 1　创业创新准备

【知识目标】
1. 了解企业和企业类型；
2. 理解创业和创业教育现状；
3. 掌握创业需要的基本素质，了解企业家精神。

【能力目标】
1. 能够区分不同组织形式的公司特点；
2. 能够分析总体创业环境；
3. 能对自己的创业素养进行剖析。

【引言】
　　创业，是一件让人激动，但是又很严肃的行为。创业的过程，也是创业者一路学习、成长的过程。当下的社会经济发展环境和政府为中小企业发展而提出的政策，让更多有想法的年轻人可以通过创业来实现自己的梦想。但是开始创业很容易，想要创业成功却很难。在开办一个企业之前，创业者必须要了解与创办企业相关的基础知识。

任务一　企业概述

任务布置

1. 说一说你身边熟悉的企业状况；
2. 讨论一下这些企业是如何持续发展的；
3. 分析一下你所感兴趣的行业及发展趋势。

一、企业的定义

企业，是指在一定的社会环境下，在一定的目标的指引下，从事生产、流通或服务性经营活动，实行独立核算的经济组织。企业，是国民经济的基本单位。公司是企业的一种组织形态。

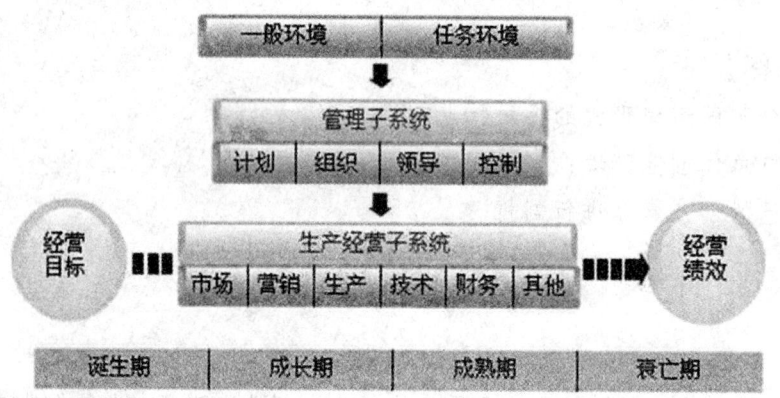

二、中小企业的定义及划分

(一) 中小企业定义

中小企业，是指在中华人民共和国境内依法设立的有利于满足社会需要，增加就业，符合国家产业政策，生产经营规模属于中小型的各种所有制和各种形式的企业。

(二) 中小企业类型及适用行业

中小企业划分为中型、小型、微型三种类型，具体标准根据企业从业人员、营业收入、资产总额等指标，结合行业特点制定。

适用的行业包括：农、林、牧、渔业，工业(包括采矿业、制造业、电力、热力、燃气及水生产和供应业)，建筑业，批发业，零售业，交通运输业(不含铁路运输业)，仓储业，邮政业，住宿业，餐饮业，信息传输业(包括电信、互联网和相关服务)，软件和信息技术服务业，房地产开发经营，物业管理，租赁和商务服务业，其他未列明行业(包括科学研究和技术服务业，水利、环境和公共设施管理业，居民服务、修理和其他服务业，社会工作，文化、体育和娱乐业等)。

(三) 各行业划型标准为

1. 农、林、牧、渔业。营业收入 20000 万元以下的为中小微型企业。其中，营业收入 500 万元及以上的为中型企业，营业收入 50 万元及以上的为小型企业，营业收入 50 万元以下的为微型企业。

2. 工业。从业人员 1000 人以下或营业收入 40000 万元以下的为中小微型企业。其中，从业人员 300 人及以上，且营业收入 2000 万元及以上的为中型企业；从业人员 20 人及以上，且营业收入 300 万元及以上的为小型企业；从业人员 20 人以下或营业收入 300 万元以下的为微型企业。

3. 建筑业。营业收入 80000 万元以下或资产总额 80000 万元以下的为中小微型企业。其中，营业收入 6000 万元及以上，且资产总额 5000 万元及以上的为中型企业；营业收入 300 万元及以上，且资产总额 300 万元及以上的为小型企业；营业收入 300 万元以下或资产总额 300 万元以下的为微型企业。

4. 批发业。从业人员 200 人以下或营业收入 40000 万元以下的为中小微型企业。其中，从业人员 20 人及以上，且营业收入 5000 万元及以上的为中型企业；从业人员 5 人及以上，且营业收入 1000 万元及以上的为小型企业；从业人员 5 人以下或营业收入 1000 万元以下的为微型企业。

5. 零售业。从业人员 300 人以下或营业收入 20000 万元以下的为中小微型企业。其中，从业人员 50 人及以上，且营业收入 500 万元及以上的为中型企业；从业人员 10 人及以上，且营业收入 100 万元及以上的为小型企业；从业人员 10 人以下或营业收入 100 万元以下的为微型企业。

6. 交通运输业。从业人员 1000 人以下或营业收入 30000 万元以下的为中小微型企业。其中，从业人员 300 人及以上，且营业收入 3000 万元及以上的为中型企业；从业人员 20 人及以上，且营业收入 200 万元及以上的为小型企业；从业人员 20 人以下或营业收入 200 万元以下的为微型企业。

7. 仓储业。从业人员 200 人以下或营业收入 30000 万元以下的为中小微型企业。其中，从业人员 100 人及以上，且营业收入 1000 万元及以上的为中型企业；从业人员 20 人及以上，且营业收入 100 万元及以上的为小型企业；从业人员 20 人以下或营业收入 100 万元以下的为微型企业。

8. 邮政业。从业人员 1000 人以下或营业收入 30000 万元以下的为中小微型企业。其中，从业人员 300 人及以上，且营业收入 2000 万元及以上的为中型企业；从业人员 20 人及以上，且营业收入 100 万元及以上的为小型企业；从业人员 20 人以下或营业收入 100 万元以下的为微型企业。

9. 住宿业。从业人员300人以下或营业收入10000万元以下的为中小微型企业。其中，从业人员100人及以上，且营业收入2000万元及以上的为中型企业；从业人员10人及以上，且营业收入100万元及以上的为小型企业；从业人员10人以下或营业收入100万元以下的为微型企业。

10. 餐饮业。从业人员300人以下或营业收入10000万元以下的为中小微型企业。其中，从业人员100人及以上，且营业收入2000万元及以上的为中型企业；从业人员10人及以上，且营业收入100万元及以上的为小型企业；从业人员10人以下或营业收入100万元以下的为微型企业。

11. 信息传输业。从业人员2000人以下或营业收入100000万元以下的为中小微型企业。其中，从业人员100人及以上，且营业收入1000万元及以上的为中型企业；从业人员10人及以上，且营业收入100万元及以上的为小型企业；从业人员10人以下或营业收入100万元以下的为微型企业。

12. 软件和信息技术服务业。从业人员300人以下或营业收入10000万元以下的为中小微型企业。其中，从业人员100人及以上，且营业收入1000万元及以上的为中型企业；从业人员10人及以上，且营业收入50万元及以上的为小型企业；从业人员10人以下或营业收入50万元以下的为微型企业。

13. 房地产开发经营。营业收入200000万元以下或资产总额10000万元以下的为中小微型企业。其中，营业收入1000万元及以上，且资产总额5000万元及以上的为中型企业；营业收入100万元及以上，且资产总额2000万元及以上的为小型企业；营业收入100万元以下或资产总额2000万元以下的为微型企业。

14. 物业管理。从业人员1000人以下或营业收入5000万元以下的为中小微型企业。其中，从业人员300人及以上，且营业收入1000万元及以上的为中型企业；从业人员100人及以上，且营业收入500万元及以上的为小型企业；从业人员100人以下或营业收入500万元以下的为微型企业。

15. 租赁和商务服务业。从业人员300人以下或资产总额120000万元以下的为中小微型企业。其中，从业人员100人及以上，且资产总额8000万元及以上的为中型企业；从业人员10人及以上，且资产总额100万元及以上的为小型企业；从业人员10人以下或资产总额100万元以下的为微型企业。

16. 其他未列明行业。从业人员300人以下的为中小微型企业。其中，从业人员100人及以上的为中型企业；从业人员10人及以上的为小型企业；从业人员10人以下的为微型企业。

三、中小企业组织形式

企业组织形式是指企业财产及其社会化大生产的组织状态,它表明一个企业的财产构成、内部分工协作与外部社会经济联系的方式。企业的类型有独资企业、合伙企业、公司企业。根据市场经济的要求,现代企业的组织形式按照财产的组织形式和所承担的法律责任划分。国际上通常分类为:独资企业、合伙企业和公司企业。

(一)独资企业

独资企业,西方也称"单人业主制"。它是由某个人出资创办的,有很大的自由度,只要不违法,爱怎么经营就怎么经营,要雇多少人,贷多少款,全由业主自己决定。赚了钱,交了税,一切听从业主的分配;赔了本,欠了债,全由业主的资产来抵偿。我国的个体户和私营企业很多属于此类企业。

(二)合伙企业

合伙企业是由几个人、几十人,甚至几百人联合起来共同出资创办的企业。它不同于所有权和管理权分离的公司企业。它通常是依合同或协议凑合组织起来的,结构较不稳定。合伙人对整个合伙企业所欠的债务负有无限的责任。合伙企业不如独资企业自由,决策通常要合伙人集体做出,但它具有一定的企业规模优势。

以上两类企业属自然人企业,出资者对企业承担无限责任。

合伙企业的特点:

(1)合伙企业法规定每个合伙人对企业债务须承担无限、连带责任(如果一个合伙人没有能力偿还其应分担的债务,其他合伙人须承担连带责任)。

(2)法律还规定合伙人转让其所有权时需要取得其他合伙人的同意,有时甚至还需要修改合伙协议,因此其所有权的转让比较困难。

(三)公司企业

公司企业是按所有权和管理权分离,出资者按出资额对公司承担有限责任创办的企业。主要包括有限责任公司和股份有限公司。

有限责任公司指不通过发行股票,而由为数不多的股东集资组建的公司(一般由2人以上50人以下股东共同出资设立),其资本无需划分为等额股份,股东在出让股权时受到一定的限制。在有限责任公司中,董事和高层经理人员往往具有股东身份,使所有权和管理权的分离程度不如股份有限公司那样高。有限责任公司的财务状况不必向社会披露,公司的设立和解散程序比较简单,管理机构也比较简单,比较适合中小型企业。

股份有限公司全部注册资本由等额股份构成并通过发行股票(或股权证)筹集资本,公司以其全部资产对公司债务承担有限责任的企业法人。(应当有2人以上200以下为发起人,注册资本的最低限额为人民币500万元)其主要特征是:公司的资本总额平分为金额相等的股份;股东以其所认购股份对公司承担有限责任,公司以其全部资产对公司债务承担

责任;每一股有一表决权,股东以其持有的股份,享受权利,承担义务。(其本质也是一种有限责任公司)

1. 有限责任公司的优劣点

优点主要有以下几个方面:

(1)公司运营成本低,机构设置少,比较适合企业的初步发展阶段;

(2)有限责任公司股份向非股东转让需决策程序,公司法第71条:

股东向股东以外的人转让股权,应当经其他股东过半数同意。股东应就其股权转让事项书面通知其他股东征求同意,其他股东自接到书面通知之日起满三十日未答复的,视为同意转让。其他股东半数以上不同意转让的,不同意的股东应当购买该转让的股权;不购买的,视为同意转让。当然公司章程或股东协议可以做出更严格的限制性约定,有限公司具有人合性和封闭性特点,司法实践案例中,经常出现"股东必须在企业任职满多少年才能离职转股"等等,这在法律上也是有效的。

缺点主要是:

(1)有限责任公司股份转让需其他股东同意,股权转让不自由,其他股东有优先购买权,即进退受牵制!

(2)改制时需要进行审计、评估等,产生一定的时间和资金成本;

2. 股份有限公司的优劣点

根据公司法等相关法律法规和实际经验,股份有限公司主要有以下优点:

(1)股份转让自由,公司股东向他人转让自己所持有的股权无须其他股东同意,其他股东没有优先购买权,股权操作上更为自由,股份公司偏向于资合性,公司法对股东自由出入持开放包容态度;

(2)完全规避有限公司改制为股份公司的净资产出资问题,同时也节省了相关成本;

(3)同股同权,股东之间投票权或分红权完全公平,即根据持股比例享有相应投票权或分红权,这样可以相对来说防止大股东滥用股东地位损害中小股东利益。新公司法引进了累积投票制,中小股东可以抱团达到制衡大股东损害中小股东行为。

股份有限公司的缺点如下:

(1)机构设置复杂,至少需要5名董事,3名监事(公司法108、117条),董事会、监事会一年需开会2次,股东大会至少一年一次,相关的会议成本比有限公司要高,此外,较多的董事和监事席位需要安置。此外有一些特别规定,例如公司成立一年内股份不得转让,董事、监事、高管任职期间股份转让有限制等(公司法141条);

(2)股份转让自由,公司股东向他人转让自己所持有的股权无须其他股东同意,如公司经营不顺或团队出现不稳定,可能导致第三方的进入,上市公司都是股份有限公司,例如目前吃瓜群众比较熟悉的就是万宝之争,因万科股权分散,宝能仅以从市场上受让的小部分股份就成为万科第一大股东。

总的来说，有限责任公司和股份公司是我国公司法主要确定的两种企业形式，有限责任公司的主要特征是人合，强调股东之间的合作和共同利益；股份公司的主要特征是资合，强调的是股东利益最大化。因此前者在制度设计上主要针对中小企业，后者主要针对较大的企业，尤其是上市公司、新三板挂牌公司等必须要求股份可以自由转让的公司，如果创业者一开始成立就把公司定位于未来几年内就想上市，且公司短期内资金并未出现很紧张状况，我们建议一开始就选择股份公司形式注册，这样就省去了将来股改的时间成本和中介成本。一般来说，大多数公司在选择企业组织形式时，都会选择有限责任公司，但是选择哪一种形式还是要根据创业者个人的实际情况来确定。

任务二　创业创新教育

一、创业的内涵

(一)创业的含义

从狭义来理解，创业是创业者通过发现和识别商业机会，组织各种资源，提供产品和服务，以创造价值的过程。在这一定义中，包含以下几个要素：创业者、商业机会、组织、资源。

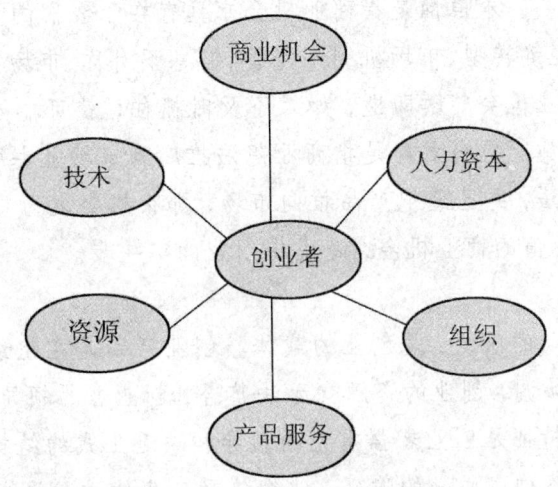

1. 创业者

创业者是置身于创业过程核心的个人或者团体，是创业的主体。创业者通常独自创业，但是在许多情形下创业团队是十分重要的，不同的团队成员扮演不同的角色并分担相应的责任。创业者承担个人钱财和声誉上的风险从事创业活动，在创业过程之中起着关键的推动和领导作用，包括商业机会的识别，企业组织的创立、融资、产品创新、资源获取和有效配置、市场开拓等。

创业的成功与失败,在很大程度上取决于创业者和团队的素质与经验。创业者和创业团队在创业中的作用比创意、机会资源更加重要,因为创意能否转化为机会,机会能否实现其价值,资源能否得到有效利用,都取决于创业者和创业团队的素质和经验。

被誉为"全球风险投资之父"的美国风险投资家乔治·多里特(George Doriot)有一句名言:我更喜欢拥有二流创意的一流创业者和团队,而不是拥有一流创意的二流创业者和团队。这个观念如今已成为风险投资界的一个投资原则。实际上,风险投资家在选择投资项目时,首先评价的要素就是创业者和创业团队,接着才是技术先进性、产品独特性、市场潜力及盈利前景等。

2. 商业机会

商业机会是由当前服务于市场的企业留下的市场缺口,它意味着顾客能得到比当前更好的产品和服务,利用这种商机,是创业者进行创业的主要驱动力量。利用商业机会并将其转化为价值的过程就是创业的过程。创业者往往从发现和识别商业机会开始创业,努力以现在不能的方式来做重要的事情,并且做得更好,这种改进的做事方式是创业者给市场的创新,如果市场认同这种改进,并且创业者可以有效地提供这种创新而且盈利,那么就可以创造价值。

商业机会具有可利用性、永恒性和适时性三个特点。可利用性是指商业机会对于创业者具有的价值,创业者可以利用它为他人和自己谋取福利,体现为购买者和最终使用者提供增加价值的产品和服务。永恒性是指商业机会永远存在于我们的生活中,看你能否发现和识别。变化的环境、经济转型、市场机制不完善、信息不对称、市场空白等,都孕育着无限的商机。适时性是指商业机会转瞬即逝,如果不及时抓住,就可能永远错过,它必须在机会之窗存在的期间被实施。机会之窗是指商业想法推广到市场上去所花的时间,若竞争者已经有了同样的商业想法,并已经把产品推向市场,那么机会之窗也就关闭了。因此及时的发现、识别并抓住有价值的商业机会,是成功创业的第一步。

3. 组织

组织是协调创业活动的系统,是创业的载体。创业活动是在组织之中进行的,离开了组织,创业活动就无法协调,创业的资源就无法整合,创业者的领导作用就无从发挥。

创业者组织的显著特征是创业者强有力的领导和缺乏正式的结构和制度,在许多方面他们还不成熟,但这并不构成成长的障碍,他们接受新事物快,并能迅速地对变化做出反应,在此过程之中他们得以发展壮大和走向成熟。

人们现在从更广义的观点来看待创业型组织,即它是以创业者为核心形成的关系网络,不仅包括创业企业内的人,还包括这个气压外的相关联的人或者组织,如顾客、供应商和投资者。这种扩展的组织概念有利于决定如何创建组织,确定和保持竞争地位。

4. 资源

资源是组织之中的各种投入，包括人、财、物等。资源不仅包括有形资产，也包括无形资产，如品牌、专利企业声誉等，所有这些资源都属于投资，创业者的关键职能之一就是吸引这些投资，将其转化为市场需要的产品和服务，实现商业机会的价值。

创业者需要组织企业内外的资源，包括资源的确定、筹集和配置。创业者创立的资源是一个投入产出的系统，即投入资源与产出产品与服务，创业的过程就是不断地投入资源以连续的提供产品与服务的过程，能否以较小的投入获得较大的产出，使企业具有竞争力并盈利，是衡量创业企业活动成效的标准之一。

在创业初期，创业者拥有的资源有限，因而寻求的是控制资源而不是拥有资源。他们可能愿意租借资源，例如发现和适当利用外部资源，包括律师、注册会计师、银行家、管理咨询专家、外部董事以及其他专家而不是自己拥有这些资源。利用外部资源可以节省成本，加快企业成长速度和提高企业的成功率，这是创业者最容易忽视的挑战之一。一些创业者倾向试图拥有所有资源，不仅提高了创业的难度和成本，而且也降低成功的概率，因为一切就绪时，可能也错过了最好的创业时机。

（二）创业的类型

创业类型的选择与创业动机、创业者风险承受能力密切相关，也会影响创业策略的制定，因引也是探讨创业管理不可忽视的议题。创业依照其对市场和个人的影响程度，可以区分为四种类型：

（1）复制型创业

复制原有公司的经营模式，创新的成分很低。例如某人原本在餐厅里担任厨师，后来离职自行创立一家与原服务餐厅类似的新餐厅。新创公司中属于复制型创业的比率虽然很高，但由于这类型创业的创新贡献太低，缺乏创业精神的内涵，不是创业管理主要研究的对象。这种类型的创业基本上只能称为"如何开办新公司"，因此很少会被列入创业管理课程中学习的对象。

（2）模仿型创业

这种形式的创业，对于市场虽然也无法带来新价值的创造，创新的成分也很低，但与复制型创业的不同之处在于，创业过程对于创业者而言还是具有很大的冒险成分。例如某一纺织公司的经理辞掉工作，开设一家当下流行的网络咖啡店。这种形式的创业具有较高的不确定性，学习过程长，犯错机会多，代价也较高昂。这种创业者如果具有适合的创业人格特性，经过系统的创业管理培训，掌握正确的市场进入时机，还是有很大机会可以获得成功。

（3）安定型创业

这种行式的创业，虽然为市场创造了新的价值，但对创业者而言，本身并没有面临太大的改变，做的也是比较熟悉的工作。这种创业类型强调的是创业精神的实现，也就是创新的活动，而不是新组织的创造，企业内部创业即属于这一类型。例如研发单位的某小组在开发完成一项新产品后,继续在该企业部门开发另一项新品。

(4) 冒险型创业

这种类型的创业,除了对创业者本身带来极大改变,个人前途的不确定性也很高;对新企业的产品创新活动而言,也将面临很高的失败风险。冒险型创业是一种难度很高的创业类型,有效高的失败率,但成功所得的报酬也很惊人。这种类型的创业如果想要获得成功,必须在创业者能力、创业时机、创业精神发挥、创业策略研究拟定、经营模式设计、创业过程管理等各方面,都有很好的搭配。

(三) 创业成功的要点

1. 必不可少的创业计划书

创业不是仅凭热情和梦想就能支撑起来的,因此在创业前期制定一份完整的、可执行的创业计划书应该是每位创业者必做的功课。通过调查和资料参考,要规划出项目的短期及长期经营模式,预估出能否赚钱、赚多少钱、何时赚钱、如何赚钱以及所需条件等。当然,以上分析必须建立在现实、有效的市场调查基础上,不能凭空想象,主观判断。根据计划书的分析,再制定出创业目标并将目标分解成各阶段的分目标,同时订出详细的工作步骤。

2. 周密的资金运作计划

周密的资金运作计划是保证"有粮吃"的重要步骤。在项目刚启动时,一定要做好3个月以上或到预测盈利期之前的资金准备。如启动项目后遇到不可避免的变化,则需适时调整资金运作计划。如果能懂得一些必要的财务知识,计划好收入和支出,始终使资金处于流动中而不出现"断链现象",那么项目的初期就能为未来发展打好基础。

3. 不断强化创业能力与知识

俗话说"不打无准备之战",创业者要想成功,必须扎扎实实做好充分准备和知识的不断积累。除了合理的资金分配,创业者还必须懂得营销之道,比如如何进货,如何打开产品的销路,如何把握消费者对产品的需求,都要进行充分调查研究。这些知识获取渠道可以是其他成功者的经验,也可以是书本理论知识。同时还要学会和各类人士或部门打交道,如工商、税务、质检、银行等,这些部门都与企业的生存发展息息相关,要善于同他们交朋友,建立和谐的人脉资源。

4. 培养一个执行力强效率高的团队

无论是做什么事情,都是需要由人去完成的。有了创业计划和创业能力及知识后,还需要组建一支执行力强、动作效率高的团队。团队是创业项目成功基础中的基础。在哪才能找到团队呢?可以从网络或实地寻找团队。网络找团队的优点是不受空间限制:只要在网上搜索一下,找自己相关感兴趣的人就可以了,或者到专业的论坛里面寻找,如90后创业论坛、同城创业论坛等。其缺点是不能很深入地了解你要找的团队伙伴。实地寻找团队的优点是容易了解团队成员:一般都是朋友或聚会上认识的,彼此很容易了解你要找的团队的性格、兴趣爱好的差别。其缺点是受空间限制，寻找到你想要的团队伙伴难度大。

5. 为自己营造一个好的商业氛围

由于缺少社会经验和商业经验，大学生创业总是显得"心有余，而力不足"。不如给自己营造一个小的商业氛围，比如加入行业协会，就可以借此了解行业信息，学会借助各种资源结识行业伙伴，建立广泛合作，提升自己的行业能力。千方百计给自己营造一个好的商业氛围，这对创业者的起步十分重要。

6. 学会从"走"到"跑"

在创业的初期，受资金的限制，或许很多事都需要创业者本人亲自去做，不要认为这是"跌份"或因此叫苦不迭，因为不管任何一个企业，从"走"到"跑"都要经历一个过程，只有明确目标不断行动，才能最终实现目标。同时在做事的过程中，要分清主次轻重，抓住关键重要的事情先做。每天解决一件关键的事情，比做十件次要的事情会更有效。当企业立了足，并有了资金后，就应该建立一个团队。创业者应从自己亲力亲为，转变为发挥团队中每一个人的作用，把合适的工作交给合适的人去做。一旦形成了一个高效稳定的团队，企业就会跨上一个台阶，进入一个相对稳定的发展阶段。

7. 盈利是做企业最终的目标

做企业的最终目的就是盈利，无论你的点子有多少，不能为企业盈利就不具备商业价值。因此无论是制定可行性报告、工作计划还是活动方案，都应该明确如何去盈利。企业的盈利来源于找准你的用户，了解你最终使用客户是谁，他们有什么需求和想法，并尽量使之得到满足。

8. 在失败中学会成长

从创业成功案例中不难发现，创业者往往都有"见了南墙挖洞也要过去"的信心。从小就知道"失败是成功之母"这个真理的大学生创业者，又有多少人真正体会到其中的力量呢？如果创业失败了，你又应该怎样面对失败？充分的准备和不断地学习，就能够在很大程度上减少创业失败所带来的影响。与此同时调整方案，换个方式和方法继续前进，永远不要停止前进的脚步。经历过一个"死而复生"的过程，就能在未来的发展中脚步更加坚定。永远要记住一点：信心是企业迈向成功的阶梯。

二、创新的内涵

(一) 创新的含义

创新是指以现有的思维模式提出有别于常规或常人思路的见解为导向，利用现有的知识和物质，在特定的环境中，本着理想化需要或为满足社会需求，而改进或创造新的事物、方法、元素、路径、环境，并能获得一定有益效果的行为。创新是以新思维、新发明和新描述为特征的一种概念化过程。创新是人类特有的认识能力和实践能力，是人类主观能动性的高级表现，是推动民族进步和社会发展的不竭动力。一个民族要想走在时代前列，就一刻也不能没有创新思维，一刻也不能停止各种创新。创新在经济、技术、社会学以及建筑学等领域的研究中举足轻重。

企业创新是现代经济中创新的基本构成部分。企业往往由生产、采购、营销、服务、技术研发、财务、人力资源管理等职能部门组成，因而企业的创新涵盖这些职能部门，企业创新包括产品创新、生产工艺创新、市场营销创新、企业文化创新、企业管理创新等。何道谊在《技术创新、商业创新、企业创新与全方面创新》一文中将企业创新分为企业战略创新、模式创新、流程创新、标准创新、观念创新、风气创新、结构创新、制度创新十个方面的创新。创新是企业家的特定工具，他们利用创新改变现实，作为开创其他不同企业或服务项目的机遇。

（二）创新与创业的融合

1. 创业在本质上是人们的一种创新性实践活动。无论是何种性质、类型的创业活动，他们都有一个共同的特征，即创业是主体的一种能动的、开创性的实践活动。尽管有人认为，创新不是创造新东西的简单缩写，而有特定的经济学内涵。但通过理论或实践创新推出新的认识成果和物质产品，还是创新实践的标志性内涵。

2. 创新是创业的基础。对原有的思想理念、制度文化和科学技术进行革新、改造、突破、超越，这是一切创新的特质，而创业正是具有与这种特质的实践活动。科学技术、思想观念的创新能引发新的生产、生活方式，进而为整个社会不断提供新的需求，这是创业活动的根本动因；创业活动依赖于科学技术、生产流程和经营理念的创新。创业者在创业过程中需要具有持续旺盛的创新意识，才能产生富有创意的方案或想法，最终获得创业成功。

3. 创新的价值在于创业。创新的价值就在于潜在的知识、技术和市场机会转化为现实生产力，实现社会财富增长，而实现这种转化的根本途径就是创业。

4. 创业推动并深化着创新。创业可以推动新发明、新产品或新服务的不断涌现，创造出新的市场需求，从而进一步推动和深化科技创新。

三、大学生创业教育

（一）创业教育的定义

创业教育是培养人的创业意识、创业思维、创业技能等各种创业综合素质，并最终使被教育者具有一定的创业能力的教育。——从狭义上讲。

"创业教育，从广义上来说是指培养具有开创性的个人，它对于拿薪水的人同样重要，因为用人机构或个人除了要求受雇者在事业上有所成就外，正在越来越重视受雇者的首创、冒险精神，创业和独立工作能力以及技术、社交、管理技能"。——联合国教科文组织

（1）创业教育并不局限于创建企业的教育。

（2）创业教育的宗旨在于培养学生的创业技能与开拓精神，以适应全球化、知识经济时

代的挑战,并将创业作为未来职业的一种选择,转变就业观念。

(3) 创业教育是在培养"有质的人"

(二)大学生就业和创业环境

1. 当前的就业环境形势

随着近几年严峻的就业形势,大家对大学生就业形势格外关注。那么2017年大学生就业形势怎么样?,就业环境跟当前的经济发展形势是分不开的。根据国家发改委公布的数据显示,2016年GDP(国内生产总值)增速6.7%左右,经济总量突破70万亿元,CPI(消费价格指数)温和上涨2%,消费对经济的贡献率达到71%。

(1) 经济增速放缓,对就业的拉动效应减弱

中国经济整体仍处下滑周期中,经济发展速度地放缓和结构的调整,客观上会对劳动者就业结构产生影响,同时也会对就业总体规模产生挤压效应,对劳动者就业产生影响。尤其是传统支柱产业企业改革的重组加快、淘汰落后产能、部分行业持续低迷及产能过剩将造成结构性失业和转型性失业,就业难度加大。国际经济发展形势仍然不确定,风险和变数依旧较多,欧美主要经济体面临着财政紧缩、主权债务风险上升等诸多问题,新兴经济体面临着经济结构调整、出口下滑等问题,世界经济艰难复苏,影响着出口型经济及就业的发展。

(2) 城镇化中农村劳动力转移就业压力大

近年来,我国城镇化建设不断加快,城镇化率大幅提高,农村劳动力向城镇转移的步伐加快,城镇人口快速增加,我国城镇化率由2000年的36.2%上升到2013年的53.7%。在城镇化进程中,农村的就业压力减轻,但是劳动力转移就业压力增大。一是城镇对农村劳动力就业吸纳能力有限,每年城镇中新成长劳动力、高校毕业生需就业;二是农村劳动力向大中型城市转移的门槛较高。由于户籍限制、素质技能要求、就业信息不畅通等因素,农村转移劳动力寻找工作难度大。

(3) 新兴产业的加快发展影响到就业水平

一方面,在大力调整夕阳产业和淘汰落后产能时,要对涉及职工的转移安置提供帮助;另一方面,新兴产业在我国具有良好的发展前景,这其中必然导致技术技能人才短缺。此外,由于科技进步、劳动生产率提高等因素,也使一些企业减少新员工吸纳,甚至排挤出部分劳动力,这也会导致就业的结构性问题。

(4) 人口红利逐步消失,部分大型劳动密集型产业纷纷搬离

与很多国家一样,中国面临着人口老龄化的问题,未来五十年,中国劳动力人口会缩减1/5。按照这样的趋势,到那时每两名中国劳动人口就将负责一位年龄在65周岁以上的退休人员。而到2024年,中国劳动人口总数就会达到峰值。中国人口红利逐步消失。伴随着用工成本的上涨,耐克、阿迪达斯、H&M、ZARA、优衣库等国际大牌,几年前就完成了在东南亚的布局,如今国内的服装纺织上市公司也开始转移订单;富士康、船井电机、歌乐、

三星等世界知名企业也纷纷在东南亚和印度开设新厂,加快了撤离中国的步伐;国内代工成本猛增,华为正考虑在印度开厂生产。

(5)大学毕业生人数逐年增加,公招性岗位招聘数量大量缩减

教育部数据显示,2017届全国普通高校毕业生预计795万人,比2016年多出30万。官方数据显示,从2001年开始,中国普通高校毕业生人数一路上升。

2.当前大学生创业形势

近年来大学生就业已成为非常突出的问题,在大学生就业形势极为严峻的情况下,创业不失为一种较好的解决就业的途径,而且大学生创业利于促进科技创新与有效提高科学技术水平,在繁荣经济发展的过程中不断扩大就业。近年来政府与高校为促进大学生创业做出了积极的努力,也取得了一定的效果。但是受多种因素的限制,大学生创业总体状况并不容乐观,有必要通过社会、政府、高校与大学生等群体的共同努力,积极改善大学生创业环境,有效促进大学生创业。

对于大学生自主创业,国家从鼓励到支持引导,已经经过了很长的一段时间。国家对于大学的扶植政策主要体现在创业资金、税费减免、管理费用减免等方面。

大学生在大学里面学习,其创业肯定少不了学校方面的支持,学校以创业教育的方式对大学生自主创业进行帮助,学校教育对于大学生创业影响也较大。

创业环境良好

而与此同时创业环境是良好的。调查结果表明大部分大学生认为当前社会环境是有利于创业的,具体结果总结如下:

(1)我国的创业法律环境不断改善,自1999年8月,《中华人民共和国个人独资企业法》出台,预示着中国的个人自主创业将有一个更为宽松的法律和政策环境。

(2)优惠政策的出台使大学生创业的环境日益宽松,各地政府相继出台各种优惠政策包括注册登记优惠、金融贷款优惠、税费减免优惠等。

(3)国家各项资金来源多元化,大学生可以通过个人创业贷款,申请政府专门设立的大学生创业基金等方式获取启动资金。

3.地方高校及政府的优惠政策

为帮助大学生创业,各地政府都出台了相关政策综观这些政策,可以把优惠概括为如下几个方面:

(1)注册登记优惠

一是程序简化。凡申请从事个体经营或申办私营企业的,可通过各级工商部门注册大厅优先登记注册。申请人只需提交登记申请书、验资报告等主要登记材料,可先予颁发营业执照,并在一定期限内按规定补齐相关材料。二是费用减免。除国家限制的行业外,工商部门自批准其经营之日起1年内免收其个体工商户登记费、管理费和各种证书费。对申办高新技术企业的,如资金确有困难,注册资本达不到最低限额的,允许分期到位。高校

毕业生从事社区服务等活动的,一定期限内免予办理工商注册登记,免收各项工商管理费用。

(2) 金融贷款优惠

一是优先贷款支持、适当发放信用贷款。对高校毕业生创业贷款,可由高校毕业生为借款主体,担保方可由其家庭或直系亲属家庭成员的稳定收入或有效资产提供相应的联合担保。对于资信良好、还款有保障的,在风险可控的基础上适当发放信用贷款。二是简化贷款手续。三是利率优惠。对创业贷款给予一定的优惠利率扶持,视贷款风险度不同,在法定贷款利率基础上可适当下浮或上浮。

(3) 税费减免优惠

对新办的从事咨询业、信息业、技术服务业的企业或经营单位,对新办的独立核算的从事交通运输业、邮电通讯业的企业或经营单位,对新办的独立核算的从事公用事业、商业、对外贸易业、旅游业、仓储业、居民服务业、饮食业、教育文化事业、卫生事业的企业或经营单位,对到"老、少、边、穷"地区新办的企业,可以免征或减征一定年限、一定比例的所得税。

为促进大学生创业,许多高校通过开设创业学课程、成立创业指导中心与高科技创业园区等作法,并采取具有鲜明学校特色的创业措施,取得了积极效果。

4. 大学生对创业认识的偏差

(1) 创业等于赚钱

创业一定要追求盈利,但盈利不代表创业的全部;创业者在创业时要有所为,有所不为。

创业者要明白把"业"做好了才能有钱赚;不清楚自己能做什么,不从自己熟悉的专业和行业出发,创业只是追着"钱"跑,而无创业之心,注定要失败

(2) 好点子是一切

自认为好点子不能让别人知道,但是能改变一切的好点子是很少的。每一个人都能想到非常多的点子,相对来说是不值钱的。

创业的成功与否与你的方向把握是否准确、创业团队是否优秀、执行力是否强大有密切关系。

(3) 竞争等于你死我活

商场入战场,创业避不开竞争。商业实践证明:欲将对手置于死地而后快的竞争也会将自己拖入死地。如:康师傅水源门蒙牛、伊利"黑公关"、格力"血门案"。

创业者应学会从竞争走向竞合,学会尊重对手,无论自己有多么大的竞争优势,懂得给对手留有生存的空间和起码的尊严。学会共生共赢。

5. 创业教育的意义

(1) 培养创业意识

大学生身处的环境是相对封闭的校园,接触社会的机会不多,创新精神不足、创业意识不强、冒险精神缺乏是大学生普遍存在的状况。而创业教育的一个重要目的就是鼓励学生将创业作为自己的职业选择,并为学生的创业活动提供科学的指导和有利的平台。因此,创业教育能够极大地激发大学生的创业意识和创新精神,培养学生将被动就业的观念转变为主动创业的观念。

(2)提高创业活动的成功率

第一创业教育有助于提高大学生的创业素质;

第二创业教育有助于创业企业的顺利产生;

第三创业教育有助于提高创业企业对风险的防范能力;

第四创业教育有助于创业者管理水平的提高。

(3)提高大学生就业能力

第一创业教育有利于引领大学生转变就业观念;

第二创业教育有利于拓宽大学生的就业思路;

第三创业教育有利于提升大学生的就业竞争力。

任务三、创业素质和企业家精神

任务布置

1. 列举你眼中的创业者具备什么特质;
2. 对比分析知名企业家和普通创业者的主要区别;
3. 如果有机会,你想成为一个什么样的企业家。

一、创业者应该具备的素质

(一)心理素质

心理素质是指创业者的心理条件,包括自我意识、性格、气质、情感等心理构成要素。作为创业者,他的自我意识特征应为自信和自主;他的性格应刚强、坚持、果断和开朗;他的情感应更富有理性色彩。成功的创业者大多是不以物喜,不以己悲。

1. 热爱所从事的行业

对于创业者来说,只有对自己的事业具有浓厚的兴趣,才会在创业的过程中保持长久的工作热情和创业激情,才会树立起不达目标永不放弃的坚强决心和克服困难一往无前的无畏勇气,而这些,往往是创业成功的先决条件。

2. 与众不同的创新精神

是什么使微软从小公司一跃而起？比尔·盖茨的解释是："我们拥有当时巨人没想到的点子，我们总是在思考，曾经遗漏过什么可以使我们保持胜利的东西？如何才能成为一个成功的创业者？"崔普·霍金斯这样回答："要成为一个企业家，一定要记住，真正的企业家要富有创意，创意人创业不是为了赚钱，而是因为他们无从选择，必须完成它。"没有创新能力的创业者要想取得创业的成功，实在是一件难以想象的事

3. 敢于冒险的精神与搏击风浪的勇气

网易创始者丁磊在回忆自己当初的决定和选择时说："我自己对当时这个选择的看法是，Internet 刚进入中国，我周围的许多同事和我一样，都看到了机会的存在，但是到今天为止，只有我一个人出来做互联网。"我认为这一点值得思考。在你的一生中，你会面对许多这样的"机会"，但你能否认定它就是真正的机会，并且为了这个机会做出百分之百的努力，甚至不惜改变自己原有的、较好的、稳定的生活状态？选择冒险，确实需要魄力。但同时，你要知道，你或许已给自己选择了一条成功之路。要记住：创业需要冒险！

4. 切合实际的理性精神

不少大学生具有创业的激情，但仅有激情是远远不够的，创业是一项复杂艰苦的工程。在这个过程中，创业者事先要有充分的准备，在观察分析的基础上得出一个清晰的创业思路，选择一种可行的创业模式和一个合适的创业项目，踏踏实实做事，认认真真工作才更有可能取得成功，如果仅凭一时激情，好高骛远，不切实际，那么最终的结果往往只能是败走麦城。

5. 坚定的毅力和百折不回的执着信念

创业也是一项极端艰苦的活动，不要期望得到命运的垂青而一帆风顺、马到成功，我们往往看到成功创业者的无限风光，而成功的背后，他们在痛苦与磨难的深渊中苦苦挣扎时，又有谁，一如辛弃疾的悲叹，"倩何人，唤取红巾翠袖，揾英雄泪"？

6. 善于分享的性格特质

就创业者而言，创业活动往往不是个人的英雄行为，而是创业者带领一个团队或者作为团队的一员共同努力的一个过程。在这个过程中，创业者需要和团队其他成员分享目标、愿望、理念以及利益，只有这样，才能在团队中建立一种支持性的机制，有利于困难的克服和目标的达成。

(二) 身体素质

身体素质是指身体健康、体力充沛、精力旺盛、思路敏捷。现代中小企业的创业与经营是艰苦而复杂的，创业者工作繁忙、时间长、压力大，如果身体不好，必然力不从心，难以承受创业重任。

(三) 知识素质

创业者的知识素质对创业起着举足轻重的作用。创业者要进行创造性思维，要做出正确决策，必须掌握广博知识，具有一专多能的知识结构。具体来说，创业者应该具有以下

几方面的知识:做到用足、用活政策,依法行事,用法律维护自己的合法权益;了解科学的经营管理知识和方法,提高管理水平;掌握与本行业本企业相关的科学技术知识,依靠科技进步增强竞争能力;具备市场经济方面的知识,如财务会计、市场营销、国际贸易、国际金融等。

(四)能力素质

创业者至少应具有如下能力:创新能力、分析决策能力、预见能力、应变能力、用人能力、组织协调能力、社交能力、激励能力。当然,这并不是要求创业者必须完全具备这些能力素质才能去创业,但创业者本人要有不断提高自身素质的自觉性和实际行动。提高素质的途径:一靠学习,二靠改造。要想成为一个成功的创业者,就要做一个终身学习者和改造自我者。哈佛大学拉克教授讲过这样一段话:"创业对大多数人而言是一件极具诱惑的事情,同时也是一件极具挑战的事。不是人人都能成功,也并非想象中那么困难。但任何一个梦想成功的人,倘若他知道创业需要策划、技术及创意的观念,那么成功已离他不远了。"

二、企业家精神

企业家精神指企业家组织建立和经营管理企业的综合才能的表述,是一种重要而特殊的无形生产要素。它是建立在企业家对市场经济本质的把握与对企业特征、价值的理解和认识基础上的,反映着企业家在整个经营活动中的价值观念、工作准则和对事业的追求。是企业家经营管理企业的理想模式、价值取向和基本信念,是企业家进行企业管理的指导思想,是市场经济社会商业文化的主基调,是珍贵的文化资源,在构建社会主义核心价值体系中具有特别重要作用。

企业家精神的内涵非常丰富,包括:

(1)进取精神:扩张的冲动

(2)创新精神:不创新,毋宁死

(3)契约精神:通过制度创新追求公平

(4)诚信精神:君子一言,驷马难追

(5)敬业精神:朝圣者心情+顶礼膜拜的态度

(6)奉献精神:从心灵深处归航的诺亚方舟

(7)民族精神:经济全球化,企业家有国籍

企业家精神的核心:一是创新,二是实干,三是坚忍。

一是创新,创新一词包含了冒险。企业家精神的核心就是创新。任何企业的最终出路只有创新,道德不厌旧,知识不厌新,这是人类进化的真经。什么是创新?创新就是敢于失败,而非一举图成;创新就是破旧立新,而非容忍诟病;创新就是持续改善,而非因循苟且;创新就是谋划未来,而非活在当下。对企业家来说,创新不仅是技术创新,更是以机制

创新带动管理创新与技术创新。

二是实干，实干一词包含了务实。王阳明讲，想，都是问题；干，才是谜底。"宰相必起于州部，猛将必发于卒伍"，企业家是真正知行合一的人，好的企业家都是熬出来的，都是苦出来的。而双脚离地或坐而论道者，必然是想得天花乱坠、干得一塌糊涂。因此，企业家不是朝九晚五在海边度假，而是朝五晚九且全年无休；不是推杯换盏并讲经说道，而是孤灯苦修且自讨苦吃；不是一劳永逸并坐享其成，而是行走钢丝且如履薄冰。总之，企业家都是埋头苦干的人，是拼命硬干的人，如果不是极端热爱、心怀大境，就一定无法维系，难成大业。

三是坚忍，坚忍一词包含了执着。企业家创业，都会历经九九八十一难，没有坚持与忍耐就很难扛过去。对企业家来说，没有一劳永逸的事业，也没有永恒不变的市场。企业家都是终生的创业家，只有以愚公移山般的执着，咬定青山不放松，持续创新，才能在市场上占有一席之地，永葆品牌青春。企业家创业之路，也是一条不归路。当企业发生危机时，投资者可用脚投票，员工可退出企业或由政府保障，而企业家却是唯一不能逃避的人。因此，对企业家而言，唯有坚忍，才能图成。

中国企业家天生具有传统儒家的家国情怀，"穷则独善其身，达则兼济天下"。逐一比对研究发现，当今有所大成又深受社会尊重的中国企业家，无一不是将"修身、齐家、治国、平天下"转化为"修身、兴业、报国、富天下"的实践家，从而勾勒出当代中国企业家的精神特征。

人类过去两百多年的经济史，其实就是企业家的创新史和企业家精神的实践史。这其间不仅创造了人类历史上百分之九十以上的新产品和新技术，而且极大地改变了人类的交往方式和价值观念。中国过去三十多年之所以能取得举世瞩目的经济成就，一是因为改革开放的伟大国策；二是因为中华大地诞生了企业家群体和中国企业家精神。

从物质文明上看，只有企业家精神才能产生创新，只有创新才能创造有效需求，只有有效需求才能推动商业文明进步。从精神文明上看，企业家精神为人类社会创造了新的英雄叙事和价值取向，优化了几千年来中国"士农工商"的传统价值观。实际上，物质决定意识，精神创造物质，社会大发展，不仅需要优秀的物质文明，更需要优秀的精神文明。而企业家精神不仅是社会物质文明发展的原动力，更是社会精神文明发展的驱动力。

2017年9月25日，《中共中央国务院关于营造企业家健康成长环境弘扬优秀企业家精神更好发挥企业家作用的意见》正式公布，并首提"企业家是经济活动的重要主体"。10月18日，习近平总书记在十九大报告中再次强调"激发和保护企业家精神，鼓励更多社会主体投身创新创业"。这是新中国68年来第一次把"企业家精神"写入政府工作报告"："不忘初心，牢记使命"，中华民族的伟大复兴需要企业家精神。

市场活力来自人，特别是来自企业家，来自企业家精神。因此，建设现代化经济体系，作为市场活力来源的企业家精神显得尤为重要。深刻领会新时代中国特色社会主义思想的精神实质和丰富内涵，大力弘扬企业家精神，必将对夺取新时代中国特色社会主义伟大胜利和实现中华民族伟大复兴的中国梦，起到重要的推动作用。

【拓展阅读】

闽南文化与闽商精神解读

苏振芳

闽商是对从事产品生产、商品交换、对外贸易、金融业务等活动的福建商人的统称。自宋元尤其是明清以来，闽商在中国商界活跃了几百年的历史，创造了东渡日本、北达欧亚、西至南北美洲，南抵东南亚各国的辉煌历史，在中国商业历史上画上了重重的笔。以泉州为代表的闽商形成几百年至今兴盛不止，得益于它在商场运筹过程中，孕育和塑造了具有鲜明个性的闽商精神。

一、以闽南文化为代表的闽商精神的形成与发展

1. 福建人经商意识的形成

在唐代以前，福建人的主要经济活动还是小农耕作的农业。在经历了唐代的开放和五代十国"政权空白时期"对外贸易的大气候下，重商逐渐取代重农。宋元以后，随着阿拉伯穆斯林商人以及欧洲商人和印度商人的日益增多，福建人的经商对外贸易一发不可收，其足迹遍布东南亚、东北亚、印度洋，甚至远至东非、地中海等广大地区。福建人的经商意识与世界其他民族的经商思想有着密切联系。唐代以来，世界上几大自古便以从事海外贸易而著称的商人集团都曾落户福建泉州等地。在经商过程中既传播了文化，也传播了思想。

福建人的经商意识，首先表现在远航贸易。因有海外贸易，才会有闽商的富庶。其次是手工业生产地位突出。航海贸易的发展使舶货源源而来，同时也会有大量的本土货物，特别是手工产品出口海外。其三是促进农业产品的商品化。在商品贸易的强烈刺激下，农副产品在出口商品中也占了很大的比重。经商给福建带来的影响巨大，不仅促进了福建经济的发展，而且提高了商人在政治上的地位，也提高了福建在世界上的地位，从而造就了福建文化的多元性。

2. 闽商经营活动的地域性

明代中叶开始，闽商开始大规模进行国内贸易活动，福建山区商人依托本地土特产品也开始出现在省外市场上，如闽北延、邵两府纸商在万历时期销纸于北京，并捐资兴建延、邵会馆。闽西连城在明代印刷业就很兴盛，"以书版为业，刷就发售，几半天下，而关征从及之，其获利亦不少矣"。明清时期闽商在省外主要的活动区域是江浙沿海地区。广东也是闽商活动的重要区域，是闽商南下东南亚的中转站。清康熙年间，北洋航海开通，闽商大举北上，闽船北上华北、东北的商货以糖、茶叶、木材、纸张为大宗，南下的商货以大豆、芝麻、瓜子等农副产品为大宗，有力地加强了南北的经济交流。

在明清时期，闽商在国内形成了颇具实力、商界不可小觑的闽商集团。福建枕山面海的地理环境，与内省的陆上交通极不方便，但海运则成为与省外交通的特殊优势。明清时期，福建山区的造纸、制茶、冶铁、印刷；沿海平原地区的制糖、纺织、制盐、造船等行业，不仅产量大，而技术先进，成为闽商向外贩卖的对象。福建海外贸易较发达，这不仅为福建注入大量资金，而且还带来许多海外洋货，充足的资金和丰富的洋货为闽商从事国内贸易提供了客观条件。

3. 福建特殊的地理环境，形成各具特色的泉州、福州等商帮

闽商中最有影响的是以泉州为代表的闽南商帮、以福州为代表的福州商帮、以莆田为代表的兴化商帮，同时还有龙岩、汀州、永安、福安、延平、闽清、永泰等地的商帮。以泉州为代表的闽南商帮历史悠久，影响巨大，其特点是以家族为核心向海内外渗透。闽南商帮利用与台湾隔海相望的优势，基本上垄断对台贸易。其中，泉州商人大多经营茶叶，龙海商人大多经营纸箱，惠安商人大多经营中药材等。泉州商帮信奉"三分天注定，七分靠打拼"，推崇"少年不打拼，老来无名声""输人不输阵，输阵歹看面""争气不争财"、"三分本事七分胆"。以闽南文化为代表的闽南商帮的崛起和发展是中华民族"刚健有为、自强不息"精神的真实再现。

二、闽南商帮精神的重要特征

以闽南文化为代表的闽南商帮，在长期的经营活动中，形成具有自身特点的商帮精神，其特征具体表现在：

1. 从商务实的生计传统

地理环境决定了闽南人靠山吃山、靠海吃海、因地制宜、发展多元的生计模式。崇武人打石为生、德化人制瓷为业、晋江以陶出名、石狮以商取胜，每种资源都得到了他们的精心开发。严酷的自然环境，移民的生存意识，孕育了闽商文化的务实精神，而崇尚工商的传统，正是闽南人的务实精神的外化。改革开放之后，闽南人的这一重商务实精神，得到了更大的发扬。如厦门发挥其山水秀美的岛屿城市优势，发展旅游业，并把厦门的发展前景定位为旅游港口城市；石狮则发挥其华侨多、信息灵的优势，发展服装业，并使其成为全国闻名的服装城；漳州因地制宜种植花卉、瓜果，大力发展农业经济，并把其发展成为支柱产业等等。这些均是闽南商帮传统重商务实精神的传承与创新。

2. 冒险开拓的进取精神

闽南沿海居民世代以海为生，但"走海行船无三分生命"，海上遭风暴、遇礁石、船毁人亡，葬身鱼腹是常有之事，遇到海盗抢劫也不可避免。而为了生计他们又必须铤而走险，这样无形中成就了闽南人的冒险拼搏精神。另外，中原移民除了政治原因的战争移民外，大多是以拓展生存空间为目的而从事土地垦殖的经济性移民。他们在恶劣环境中从事拓垦，必须具有加倍坚韧、勇毅的勤俭拼搏精神才能立足，世代相承的这一精神流传了下来。正因为福建人普遍具有某种冒险开拓的人文性格，所以到了现代，福建籍的华侨华人

已经遍布世界各地,这也从另一侧面反映了闽南人勇于离乡离井、开拓异邦的冒险进取精神和漂泊坚韧的苦难历程。

3. 兼收并蓄的开放意识

相对于中国北方和内地居民,闽南人更具开放和向外发展的意识。海事活动技术性强、风险大、覆盖范围广、接触面宽,更容易接受外来的新事物。对外贸易频繁,各地各国商人云集,闽南沿海地区成了移民的活跃之地。鸦片战争后,清政府被炮开关,洋人入住闽南更多,鼓浪屿就成了"万国公地"。经过长期的文化交流和融合,闽南人民把中原华夏文明和古闽越文明及外域文明很好地结合在一起,形成以中原华夏文明为主体,以儒学为核心而带有浓厚海洋性和地域特征的文化系统。这不仅造就了闽商文化兼容性和开放性的特点,同时也成就了闽南人较强的适应性。林则徐成为近代中国"放眼看世界的第一人",严复成为近代中国最伟大的启蒙思想家,与其闽籍出身都有内在联系。

4. 历久不息的乡族观念

闽南人有着浓厚的乡土观念,北方移民背井离乡、颠沛流离之苦,又要受国内统治者和外国侵略者的双重侵害。在渡江南迁的过程中,在恶劣的环境和交通困难的条件下,他们统率宗亲,加强了相互扶助的血缘关系。定居之后便自然而然地采取了聚族或聚乡而居的形式,以稳固自己的生存空间和拓展本家族、乡族的社会势力。从某种意义上可以说,血缘家族的观念与关系促进了福建文明的开发和进步。鸦片战争后,外国侵略者驻扎厦门,无恶不作,甚至拐掠华工,当"猪仔"运送出洋买卖。抗战期间,厦门沦陷,人民备受亡国之害。离乡愁,民族恨,闽南人体会最为深刻。所以,闽南人历来爱国爱乡,涌现出许多反对外国侵略、维护祖国统一、为国为乡贡献毕生的英雄人物,如郑成功、施琅、陈化成、陈嘉庚等等。爱国爱乡的情感,不仅是闽南人反抗侵略、追求祖国统一的凝聚力,更是闽南人关心乡里,热心公益的激励力。

学习情境 2　组建创业团队

【知识目标】
1. 理解创业团队的定义
2. 了解创业团队的类型
3. 掌握创业团队成员角色分析

【能力目标】
1. 能总结成功创业团队的特征
2. 能组建自己的创业团队
3. 能分析自己组建的创业团队的合理性

【引言】
现代创业活动已经不是一种纯粹追求个人英雄主义的行为,成功的创业个案大都与是否能发挥团队密切协作相关。对于任何一个有发展后劲的创业企业而言,无论是创业者、创业经理人还是创业企业家,他们的个人才能总是有限的,都需要别人经验、能力、资源的补充。诸多调查显示:团队创业成功的机率要远远高于个人独立创业。

任务一 组建合理的创业团队

任务布置

1. 收集小组成员或身边亲戚朋友的资源；
2. 找准小组成员或身边亲戚朋友资源的比较优势；
3. 组建合理的创业团队，开始创业起航。

一、团队和创业团队的定义

不同的学者从不同的角度界定了团队(Team)的定义。

路易士(Lewis,1993)认为，团队是由一群认同并致力于达成一共同目标的人所组成，这一群人相处愉快并乐于工作在一起，共同为达成高品质的结果而努力。在这个定义中，路易士强调了团队的三个重点：共同目标、工作相处愉快和高品质的结果。

盖兹贝克和史密斯(Katezenbach and Smith,1993)认为，一个团队是由少数具有"技能互补"的人所组成，他们认同一个共同目标和一个能使他们彼此担负责任的程序。盖兹贝克和史密斯也提到了共同目标，共同的目标是团队区别于群体的重要特征，提到了成员"技能互补"和分担责任的观点，同时还指出团队是个少数人的集合，保证相互交流的障碍较少，比较容易达成一致，也比较容易形成凝聚力、忠诚感和相互信赖感。

因此，团队可以定义为：由少数具有技能互补的人组成，他们认同于一个共同目标和一个能使他们彼此担负责任的程序，并相处愉快，乐于一起工作，共同为达成高品质的结果而努力。团队就是合理利用每一个成员的知识和技能协同工作，解决问题，达到共同的目标的共同体。而创业团队，就是由少数具有技能互补的创业者组成，他们为了实现共同的创业目标和一个能使他们彼此担负责任的程序，共同为达成高品质的结果而努力的共同体。

二、创业团队的组成要素

创业团队需具备五个重要的团队组成要素，简称为5P。

(一)目标(Purpose)

创业团队应该有一个既定的共同目标，为团队成员导航，知道要向何处去，没有目标这个团队就没有存在的价值。目标在创业企业的管理中以创业企业的远景、战略的形式体现。

(二) 人 (People)

人是构成创业团队最核心的力量。三个及三个以上的人就形成一个群体,当群体有共同奋斗的目标就形成了团队。在一个创业团队中,人力资源是所有创业资源中最活跃、最重要的资源。应充分调动创业者的各种资源和能力,将人力资源进一步转化为人力资本。

目标是通过人员来实现的,所以人员的选择是创业团队中非常重要的一个部分。在一个团队中需要有人出主意,有人定计划,有人实施,有人协调不同的人一起去工作,还有人去监督创业团队工作的进展,评价创业团队最终的贡献,不同的人通过分工来共同完成创业团队的目标。在人员选择方面要考虑人员的能力和经验如何,要考虑人员的技能是否互补等。

(三) 创业团队的定位 (Place)

创业团队的定位包含两层意思:

一是指创业团队的定位。创业团队在企业中处于什么位置,由谁选择和决定团队的成员,创业团队最终应对谁负责,创业团队采取什么方式激励下属等。

二是指个体(创业者)的定位。作为成员在创业团队中扮演什么角色,是制定计划还是具体实施或评估;是大家共同出资,委派某个人集中管理,还是大家共同出资,共同参与管理,或是共同出资,聘请第三方(职业经理人)管理。这体现在创业实体的组织形式上,是合伙企业或是公司制企业。

(四) 权限 (Power)

创业团队当中领导人的权力大小与其团队的发展阶段和创业实体所在行业相关。一般来说,创业团队越成熟,领导者所拥有的权力相应越小,在创业团队发展的初期阶段,领导权相对比较集中。高科技实体多数是实行民主的管理方式。

(五) 计划 (Plan)

创业团队目标的最终实现,需要一系列具体的行动方案,我们可以把计划理解成达到目标的具体工作程序。按计划进行可以保证创业团队的顺利进度,只有在计划的指导下,创业团队才会一步一步地贴近目标,从而最终实现目标。

三、创业团队的类型

从不同的角度、层次和结构,创业团队可以划分为不同类型。依据创业团队的组成者来划分,创业团队有星状创业团队(Star Team)、网状创业团队(Net Team)和从网状创业团队中演化而来的虚拟星状创业团队(Virtual Star Team)。

(一) 星状创业团队

一般在团队中有一个核心人物(Core Leader),充当了领队的角色。这种团队在形成之前,一般是核心人物有了创业的想法,然后根据自己的设想进行创业团队的组织。因此,在团队形成之前,核心人物已经就团队组成进行过仔细思考,根据自己的想法选择相应人员加入团队，这些加入创业团队的成员也许是核心人物以前熟悉的人，也有可能是不熟悉的人，但这些团队成员在企业中更多时候是支持者角色(Supporter)。

这种创业团队有几个明显的特点：

1. 组织结构紧密，向心力强，主导人物在组织中的行为对其他个体影响巨大。
2. 决策程序相对简单，组织效率较高。
3. 容易形成权力过分集中的局面，从而使决策失误的风险加大。
4. 当其他团队成员和主导人物发生冲突时，因为核心主导人物的特殊权威，使其他团队成员在冲突发生时往往处于被动地位，在冲突较严重时，一般都会选择离开团队，因而对组织的影响较大。

这种创业团队的典型例子，如太阳微系统公司(Sun Microsystem)创业当初就是由维诺德·科尔斯勒(Vinod KhMla)确立了多用途开放工作站的概念，接着他找了乔(Joy)和本其托斯民(Bechtolsheim)两位分别在软件和硬件方面的专家，和一位具有实际制造经验和人际技巧的麦克尼里(Mc Neary)，于是，组成了Sun的创业团队。

(二) 网状创业团队

这种创业团队的成员一般在创业之前都有密切的关系，如同学、亲友、同事、朋友等。一般都是在交往过程中，共同认可某一创业想法，并就创业达成了共识以后，开始共同进行创业。在创业团队组成时，没有明确的核心人物，大家根据各自的特点进行自发的组织角色定位。因此，在企业初创时期，各位成员基本上扮演的是协作者或者伙伴角色(Partner)。

这种创业团队的特点是：

1. 团队没有明显的核心，整体结构较为松散。
2. 组织决策时，一般采取集体决策的方式，通过大量的沟通和讨论达成一致意见，因此组织的决策效率相对较低。
3. 由于团队成员在团队中的地位相似，因此容易在组织中形成多头领导的局面。
4. 当团队成员之间发生冲突时，一般都采取平等协商、积极解决的态度消除冲突，团队成员不会轻易离开。但是一旦团队成员间的冲突升级，使某些团队成员撤出团队，就容易导致整个团队的涣散。

这种创业团队的典型例子，如微软的比尔·盖茨和童年玩伴保罗艾伦，惠普的戴维·帕卡德和他在斯坦福大学的同学比尔·休利特等。多家知名企业的创建多是先由于关系和结识，基于一些互动激发出创业点子，然后合伙创业。

(三) 虚拟星状创业团队

这种创业团队由网状创业团队演化而来，基本上是前两种的中间形态。在团队中，有一个核心成员，但是该核心成员地位的确立是团队成员协商的结果，因此核心人物从某种意义上说是整个团队的代言人，而不是主导型人物，其在团队中的行为必须充分考虑其他团队成员的意见，不如星状创业团队中的核心主导人物那样有权威。

任务二　打造优秀的创业团队

任务布置
1. 学生分组，5~8人为一组；
2. 以小组为单位分析"西游记"案例；
3. 总结成功创业团队的特征。

一、创业团队的互补

创业团队的互补是指由于创业者知识、能力、心理等特征和教育、家庭环境方面的差异，对创业活动产生的不利影响，通过组建创业团队来发挥各个创业者的优势，弥补彼此的不足，从而形成一个知识、能力、性格、人际关系资源等方面全面具备的一个优秀创业团队。

(一) 创业团队互补的意义

从人力资源管理的角度来看，建立优势互补的创业团队是保持创业团队稳定的关键。研究表明，大多数创业团队组成时，并不是考虑到成员专业能力的多样性，大多是因为有相同的技术能力或兴趣，至于管理、营销、财务等能力则较为缺乏。因此，要使创业团队能够发挥其最大的能量，在创建一个团队的时候，不仅仅要考虑相互之间的关系，最重要的是考虑成员之间的能力或技术上的互补性，包括功能性专长、管理风格、决策风格、经验、性格、个性、能力、技术以及未来的价值分配模式等特点的互补，以此来达到团队的平衡。

创业团队由多个成员组成，这些成员在团队里究竟扮演什么角色，对团队完成既定的任务起什么作用，团队缺少什么样的角色，候选人擅长什么、欠缺什么，什么样的人与团队现有成员的个人能力和经验是互补的，这些都是必须首先界定清楚的。这样，我们就可以利用角色理论挑选和配置成员，所挑选出的成员，才能做到优势互补，用人之长。因为创业的成功不仅是自身资源的合理配置，更是各种资源调动、聚集、整合的过程。

(二) 不同角色对团队的贡献

不同角色在团队中发挥着不同作用，因此，团队中不能缺少任何角色。一个创业团队要想紧密团结在一起，共同奋斗，努力实现团队的远景和目标，各种角色的人才都不能或缺。

团队的主要角色

角色	行动	特征
协调者	阐明目标和目的，帮助分配角色、责任和义务，为群体做总结	稳重、智力水平中等，信任别人，公正，自律，积极思考，自信
决策者	寻求群体进行讨论的模式，促使群体达成一致，并做出决策	有较高的成就，敏感，好交际，喜欢辩论，具有煽动性，精力旺盛
策划者	提出建议和新观点，为行动过程提出新的视角	个人主义，知识渊博，聪明
监督评估者	分析问题和复杂事件，评估其他人的贡献	冷静，聪明，言行谨慎，公平客观，理智，不易激动
支助者	为别人提供个人支持和帮助	喜欢社交，敏感，以团队为导向，不具决定作用
外联者	介绍外部信息，与外部人谈判	有求知欲，多才多艺，喜爱交际，直言不讳，具有创新精神
实施者	强调完成既定程序和目标的必要性，并且完成任务	力求完美，坚持不懈，勤劳，注意细节，充满希望
执行者	把谈话和观念变成实际行动	吃苦耐劳，实际，宽容，勤劳

在了解不同的角色对于团队的贡献以及各种角色的配合关系后，就可以有针对性地选择合适的人才，通过不同角色的组合来达到团队的完整。并且由于团队中的每个角色都是优点和缺点相伴相生，领导者要学会用人之长、容人之短，充分尊重角色差异，发挥成员的个性特征，找到与角色特征相契合的工作，使整个团队和谐，达到优势互补。优势互补是团队搭建的根基。

在一个创业团队中，成员的知识结构越合理，创业的成功性越大。纯粹的技术人员组成的公司容易形成技术为主、产品为导向的情况，从而使产品的研发与市场脱节；全部是由市场和销售人员组成的创业团队缺乏对技术的领悟力和敏感性，也容易迷失方向。因此，在创业团队的成员选择上，必须充分注意人员的知识结构——技术、管理、市场、销售等，充分发挥个人的知识和经验优势。

二、优秀创业团队的特征

不同的创业者在共同的创业远景鼓舞下，形成了创业团队。搭建一支优秀的创业团队对任何创业者而言，都是一项至关重要的工作，是保证创业团队沿着共同目标，求同存异，最后实现团队远景的组织保证。

（一）知己知彼

有些创业者认为，绝大多数创业团队的核心成员都很少，一般是三四人，多的也不过十来人，如此少的团队成员从企业管理角度来看，实在是"小儿科"，因为人数太少，几乎每个从事管理工作的人都觉得能够轻易驾驭。但实际上，这个创业团队成员虽少，但是都有自己的想法、自己的观点，特别是当团队中具备领导特质的人有两个或两个以上时，团队成员在内心有不服管的信念。因此，我们对创业团队中的每个成员都不能抱以轻视的态度。

一个优秀的创业团队的所有成员都应该相互非常熟悉，知根知底。《孙子兵法》中云："知己知彼，百战不殆"，在创业团队中，团队成员都非常清醒地认识到自身的优劣势，同时对其他成员的长处和短处也一清二楚，这样可以很好地避免团队成员之间因为相互不熟悉而造成的各种矛盾、纠纷，迅速提高团队的向心力和凝聚力。同时，团队成员的熟悉更有利于成员之间工作的合理分配，最大可能地发挥各自的优势。

现在，国内许多大学生选择创业，他们选择的合作伙伴也多是同学、朋友、校友，但还是很快就失败了。为什么呢？因为他们选择的合作伙伴虽然都是他的"熟人"，但是他的那些"熟人"之间是缺乏交流、沟通的，说到底，团队成员还是相互陌生的。

（二）有胜任的带头人

在企业管理和市场营销中，经常谈论领导者的核心竞争力。事实上，在创业团队中，带头人作用更加重要。带头人正如大海航行中巨轮的舵手，指引着创业团队的方向。

创业团队中必须有可以胜任的领导者，而这种领导者，并不是单单靠资金、技术、专利来决定的，也不是谁提出什么好的点子谁就当头。这种带头人是团队成员在多年同窗、共事过程中发自内心认可的，应该在创业团队中有巨大的、无形的影响力，能够有一呼百应的气势和号召力的领导者。

许多创业团队在很短的时间内就消亡了，很重要的原因在于创业团队的带头人根本不是一个合格的领导者。而领导者的作用，就是"决定一切"！许多年轻人雄心勃勃，冀望一日升天，他们敢于第一个吃"螃蟹"，但是他们不一定是胜任的创业团队带头人，他们最多只是起到了一种"先锋"示范作用。

（三）有正确的理念

要坚信组织能够健康发展下去，相信创业团队一定能够获得成功。不要一开始就想着失败，尤其不要用那些"经典"的理论"只能共苦，不能同甘"、"天下没有不散的筵席"等支配自己的思想和行动，应该树立坚定的信念，要坚信团队的事业一定成功。

（四）有严格的规章制度

俗话说："没有规矩不成方圆"。最初创业时就把该说的话说到，该立的字据一定要立到，不要碍于情面。把最基本的责、权、利说得明白透彻，尤其股权、利益分配更要讲清楚，包括增资、扩股、融资、撤资、人事安排及解散等。这样在企业发展壮大后,才不会出现因利益、股权等的分配分歧产生团队之间的矛盾,导致创业团队的分散。

评价

组建创业团队评价表

评价项目	具体指标	小组自评	小组互评	教师评价	总评
创业团队名称	有创业团队名称,响亮上口				
团队成员结构	规模适当,性别、知识、技能等互补				
团队领头人	有队长,领头人能带领成员共同创业				

拓展训练

1. 你可否举出一些创业团队案例?这些团队的组建和发展具有什么特点?

2. 判断下列观点,表明你的态度。

(1)创业关注的核心是个人英雄主义的个体创业者。□ 对;□ 错

(2)没有团队的创业也许并不一定会失败,但要创建一个没有团队而具有高成长性的企业却极其困难。□ 对;□ 错

(3)团队并不等同于一般意义的"群体",团队是群体的特殊形态。□ 对;□ 错

(4)团队和群体的差别在于,团队中成员之间的工作在很大程度上是互换的,而群体中成员所作的贡献是互补的。□ 对;□ 错

(5)在一个团队中,每位成员往往具有不同的优势和劣势,在团队中发挥的作用也不尽相同。□ 对;□ 错

(6)创业团队就是指创立企业的一群人。□ 对;□ 错

(7)创业团队工作绩效等于所有个体成员独立工作时的绩效之和。□ 对;□ 错

(8)创业团队每一名团队成员的工作都直接影响企业价值创造。□ 对;□ 错

(9)创业者应当选择那些在各个方面都与自己相似的而非互补的成员。□ 对;□ 错

3. 选择合适的伙伴模拟测试。

许多新企业是由两个或更多的人创建的,所以,创业者选择一位好的合作伙伴(或者是多个合作伙伴)是一项重要的任务。为了做出正确的选择,你需要三个方面的基本信息:清晰评价自己能为潜在合作伙伴带来什么;清楚描述你从潜在合作伙伴中想要获得的是什么;准确地评估他人的能力,以便你能够知道他们是否具备你所需要的东西。这项练习能够帮助你获得这三方面的信息。

(1)自我评价。对你自己在以下每一个维度做出等级评价。对于每一个维度,请选择数字1—5(1=很低;2=低;3=中等;4=高;5=很高)。

A. 与你新创企业相关的经验_____；

B. 与你新创企业相关的技术知识_____；

C. 人际技能（与人相处、劝说他人等方面有用的技能）_____；

D. 成就的动机_____；

E. 对新创企业的承诺_____；

F. 适合做一位创业者的个人属性_____；

G. 不适合成为一位创业者的个人属性_____；

（2）你对合作创业者需要的是什么。考虑到第一部分中的等级评价，列出你从合作创业者所需要中获得的是什么。例如：如果你在技术知识方面是低的，你对合作伙伴需要的就是这种知识；如果你在人际技术方面是低的，你就需要在这方面较高的合作伙伴，等等。

A. 与你新创企业相关的经验_____；

B. 与你新创企业相关的技术知识_____；

C. 人际技能（与人相处、劝说他人等方面有用的技能）_____；

D. 成就的动机_____；

E. 对新创企业的承诺_____；

F. 适合做一位创业者的个人属性_____；

G. 不适合成为一位创业者的个人属性_____；

（3）你擅长社会感知吗？你能够准确地评价他人呢？为了回答这一问题，请指出下列每一项陈述是正确的还是错误的程度（1＝根本不正确；2＝不正确；3＝既不正确也不错误；4＝正确；5＝十分正确）。

A. 我能够很容易地发现其他人什么时候在说谎_____；

B. 我能够推测其他人的真实感受，如果他们试图对我隐瞒的话_____；

C. 我能够识别出他人的弱点_____；

D. 我是其他人的一位好裁判_____；

E. 我通常能够通过观察其他人的行为，准确地识别出其他的特点_____；

F. 我能够辨别出人们为什么会以多数情况下的方式来做事_____；

把你的答案相加。如果你的得分为 20 分或者更高，你可以把自己确认为擅长于社会感知。为了发现这一结论是否准确，可以请对你很熟悉的人对同样的这些项目作出评价。换言之，变换这些项目，就成为了"_____能够很容易地发现别人在说谎"（横线上填写你的名字）。如果他们的评价与你的相一致，那么，就要祝贺你啦！——你不但擅长于评价他人，也擅长于评价自己。

拓展阅读 1

西游记团队成员角色分析

团队管理这一名词是随着工商管理的概念进入中国的,但实际上最早阐述团队理念的是中国,那就是我们早已熟知的《西游记》,这部书的本身就讲述了一个团队合作的深刻案例,但国人本身没有去深刻挖掘,倒是"洋鬼子"们花了大量的功夫去研究。据说很多国外的学者、企业家从这部书里得到了团队管理的真谛,而且更有甚者,一位英国学者在读此书的时候,读到这样一个情节:孙行者揪下猴毛,霎时一吹,突然惊现一群小猴,这时英国学者大叹,"中国人真的是太聪明了,那个时候他们就有了克隆观念,而且是用猴毛基因。"我想在我们为古代文化自豪的同时,我们就现代管理来谈谈企业中的西游记案例。

《西游记》中的师徒四人组织成一个团队,而现代管理中的团队概念认为团队就是4个人或4-25人构成,看来我们的祖先已经认识到这一点,只是没有总结。那我们来分析一下他们的组织架构:首先肯定他们是一个成功的团队!

先分析唐僧。他是这个团队的最高领导,是决策层,在企业里面就好象是总经理等高层的管理人员,运用自己的强硬管理方式和制度(紧箍咒)来管理团队,并且通过"软权力"和"硬权力"的结合来调动整个团队,从根本上讲,几个徒弟很服从他,佩服他的学识(软权力),因为唐僧是当时名噪一时的佛学家,而且是个翻译,按现在衡量高层管理人员的标准,他是同声传译员而且是个工商管理硕士(如来佛主颁的),德高望重,绝对是个优秀的管理者,他领导团队去西天取经,并获得成功。

孙行者应该是这个团队中的职业经理人,具体一点就是部门经理。他本领高强,到哪里都能混口饭吃,而且此人社会关系和社会资源极其丰富,性格本身就是有点"猴急",从个人素质上来说是非常优秀的,通常总经理(唐僧)布置的任务都能高效率的完成,而且处处留下美名,颇有跨国公司职业经理人的风范,当然他是完美的化身,但是我想所有的主管、经理应该向他看齐,因为他是优秀的。

八戒虽然不太受人喜欢,但是作为组织中的小人物,他本人还是有很多优点,而且许多方面还在团队中起了不小的作用,比如调节矛盾,运用公共关系的方法来协调众人之间的关系,这都是他对组织的贡献。他本人幽默、可爱、充当着组织润滑剂的角色,所以在组织中功不可没,没有八戒的团队是残缺的,而且也是不完美的。组织中的侧重沟通、协调关系的角色都类似于他,是极其重要的。用一句话来概括:八戒是公司中跨部门沟通的典范!

沙僧自不必说,他朴实无华,工作踏实,从企业的角度讲,他是"广大劳动者",兢兢业业,是劳动的模范,他虽然没有职业经理人的风光与协调关系者的公关本领,但是他所做的工作却是最基础的,我个人认为,每一个人都应该学习他,主动挑起自己的责任,努力工作,为团队和组织做出自己的工作。

白龙马,更是一个默默无闻的劳动者身份,任劳任怨,主要工作就是唐僧的司机兼座驾,偶尔在关键时刻挺身而出表现一下。

在认同他们优秀的同时,我们还是要认识到他们的缺点,比如唐僧本人性格优柔寡断,不明是非等;悟空个人英雄主义严重,无视组织的纪律和制度,也是我们不应学习的;八戒的缺点大家都已熟知;沙僧本人的缺点我想是缺乏主见,工作欠灵活性等,这些都是我们应该注意的,熟悉自己的缺点我们才能将工作做好。

其实团队的角色还很多,但《西游记》如果用现代管理学的研究方法来分析,这个团队里面包含了大量的团队管理学知识,是值得我们每个人研究和学习的。

拓展阅读 2

"西少爷"股权纠纷

西少爷,是中国互联网餐饮第一品牌。2014 年 4 月 8 日,西少爷第一家店在宇宙中心五道口开业,随即火爆全城,成为各大媒体头条,一年内高速发展并开出多家连锁店面。主要售卖肉夹馍,以及擀面皮、小豆花、胡辣汤等具西北特色的快餐食品。

该品牌的创始团队分别来自全球著名互联网公司百度 Baidu、腾讯 Tencent,创立之初便受到全球媒体的广泛关注,掀起一阵"互联网+"热潮,成为争相学习的创业典范。西少爷肉夹馍的核心产品是陕西关中肉夹馍,并在其基础做出创新改良。从思维到理念,从产品到架构,西少爷将互联网完美引入,给顾客带来全新的餐饮体验。

2014 年 4 月,西少爷第一家店铺在位于宇宙中心的五道口首次营业,随后此 10 平米的小店创下 100 天卖 20 万个肉夹馍的记录;

2014 年 5 月,全球媒体相拥而至门庭若市,短短一个月就已经有将近一亿的估值投资。

2014 年 6 月,西少爷 创造全球最高坪效。

2014 年 7 月,全流程标准化体系建成,完成蜕变。

2014 年 8 月,第一家分店成功入驻 shopping mall,西少爷开始连锁之路。

2014 年 9 月,第二家分店顺利入驻中关村购物中心,紧邻肯德基,用同样的位置截然不同的业绩给了西少爷打造全球连锁品牌的自信。

2014 年 10 月,创业街店开业;在这个具有国际影响力的一流创业孵化服务。

2014 年 11 月,第 100 万个肉夹馍售出。

2014年12月，朝阳大悦城店开业，带来全新的潮流趋势。

2015年，历经整整一年，西少爷升级第一家店面，将10平米扩大至200余平。打造西少爷肉夹馍旗舰店。

2015年5月27日，望京SOHO店轰动开业，潘石屹亲自为其站台，第一天即送出7600个肉夹馍，成功掀起office商圈美食新浪潮。

2016年11月，获得B轮融资1150万美金，此次融资由弘毅投资领投、今日资本跟投，成为2016年国内餐饮业最高的一笔融资。

这样一家快速成长的互联网创业公司，却在创业初期经历了一场激烈的股东纠纷案。

2015年1月30日，西少爷创始人之一宋鑫以自身股东知情权无法得到履行为由，将曾参与创立的奇点兄弟计算机科技北京有限公司（以下简称"奇点兄弟"）告上了法庭。宋鑫表示，最终的诉求，一方面是确保自己在西少爷品牌的共有财产，另一方面是确保此前参与众筹的人拿到分红权。

为何"中国合伙人"的小伙伴们能"有难同当"却不能"有福同享"呢？

突然成名掩盖矛盾

孟兵、宋鑫、罗高景三人是在2012年底的西安交通大学北京校友会上认识的（彼时袁泽陆尚未加入）。已在投资机构工作3年的宋鑫，早就有了想要出来创业的想法，于是通过校友会的关系认识了有技术能力的孟兵等人。三人一拍即合，第二年4月份，成立了名为"奇点兄弟"的科技公司。由于孟兵承担了主要的产品研发工作，因此孟兵、宋鑫、罗高景的股权比例分别为40%、30%、30%。

公司成立之初依然做着孟兵擅长的互联网业务，孟兵和罗高景负责项目开发，宋鑫负责销售。而公司的第一个项目却很少被提及，用宋鑫的话说当时做的就是一个网页，连网站都算不上。三人的矛盾也就是那个时候开始积累的。还原很多资料可以看出，矛盾主要是创始人之间的相互指责：宋鑫认为产品本身存在问题因此才会卖不出去，而孟兵则将责任归结为销售不力。

2013年10月份，由于业绩实在不佳，孟、宋、罗三人不再坚持之前的项目，开始转做肉夹馍，袁泽陆也在这时候加入，形成"西少爷"四个创始人的状态。

于是，在2014年4月8日，西少爷肉夹馍开业。在开店之前，他们不忘用冲击性话题来开路，一篇名为《我为什么要辞职去卖肉夹馍》的文章悄然产生。文章里，北京的繁华、高悬的房价、物质的爱情、平凡枯燥的工作，一切都太有代入感，处处都敲击着白领和即将就业的大学生的心，于是，文章一夜之间被疯传。

孟兵说，自己团队所做的，就是对于用户体验的把握与对极致的追求。"很多行业追求的是用户满意度，但我们追求的是'用户尖叫度'，就是产品一定要超越大家的预期。"话虽如此，他拜师学艺只用了一个月便出师了，此言此行，不得不说多少还是有些浮躁。

而火爆的名气，更多的是靠名校高学历、名企高薪职位，对应的却是小摊、肉夹馍，这些奇妙的组合来引爆的。一时间西少爷成了各个网站的热点，尤其是被各种教育网站看重，成为网民讨论的热点，西少爷也扶摇直上，利用自己互联网人的身份优势，进行起了身份营销——凡是互联网企业的员工来这儿都有优惠，一系列营销做法效果显著，西少爷生意很是兴隆。

随着"西少爷"的走红，孟宋之间的不满在一片红火之下被暂时地"和谐"掉了。

股权分配升级矛盾

火爆的销售业绩加上"互联网思维"的外衣，孟兵以创业明星的姿态登上各类媒体讲述创业故事。"西少爷"开业不到一周，便有投资机构找来，并给出了4000万元的估值。

四个人认为这时候需要引入投资来扩大业务，但就在引入投资、协商股权架构的过程中，孟宋之间的矛盾被彻底激发。

在5月初，西少爷四人开始与投资人开始商讨有关投资的细节。据袁泽陆介绍，当时孟兵提到为了公司之后在海外的发展，希望组建VIE结构，他的投票权是其他创始人的3倍。对此其他三人都表示意外，而最终罗高景和袁泽陆表示2.5倍投票权是可以接受的，宋鑫却始终没有同意。由于国内的上市条件对公司的业绩利润要求较高，无形中为互联网企业铸成了一道门槛，许多互联网创业公司纷纷选择赴海外上市，而组建VIE结构则是一个必不可少的环节。宋鑫认为，孟兵当时提出变更投票权与风投的入场不无关系。

价值观的差异以及合伙人之间长期积压的不和，终在2014年6月15日爆发，经大股东投票，宋鑫被迫离开公司经营管理层。这件事对于宋鑫的打击是巨大的，"我当时只收到了一条微信说股东决议我必须离开，当时我都懵了。晚上又收到一条短信，说房子是属于公司的，我必须搬出去。"对于宋鑫的离开，孟兵表示："在这件事上，我们不得不承认自己的年轻，看待问题、处理问题的不周全。但这是为了保护公司不得已而为之，也是严格依照公司章程及行权协议所做的决定。"

对于宋鑫的股份，孟、袁、罗三人给出的方案是，27万元加2%的股份，买回宋鑫手中30%的股份。"这27万元是宋鑫之前在公司工资的4倍，4倍的投资回报应该也可以。"但宋鑫要1000万元，理由是当时西少爷的估值有4000万元，他可以分得1/4。"这根本是不可能的。"袁泽陆如此说道。

由于一直没有谈拢，目前宋鑫仍然有"奇点兄弟"近30%的股权，在7月份，宋鑫另起炉灶重新开了名为"新西少"的肉夹馍店。

草率众筹持续矛盾

然而宋鑫的黯然离队，并不意味着这场合伙人闹剧的终结。

去年11月，宋鑫的一封公开信把"西少爷"的矛盾纷争再次升级。宋鑫发公开信提出，公司初创时曾在2013年底和2014年5月份发起过两次众筹，共筹得85万元，但西少爷一直没有公开财报，分红等几项事宜也并未跟进。对此，袁泽陆解释称，公司会按照财报季度来向股东公开财报，而分红需要按照公司法的规定，通过股东大会来决议如何分红，分多少。

对于分红，双方还有一个争议点在于，能分几家店的收益。按照协议，众筹股东可以分得他们众筹起来的五道口店，和由这家店的收益所开起来的另外两家店。目前西少爷共有4家店，在宋鑫离开之后，孟兵三人注册了新的公司"奇点同舟"，之后所开的3家店所属于新公司。"这3家店的资金是用天使投资开起来的，没有用到五道口店的资金，因此如果分红的话，目前也只能分五道口这一家店。"袁泽陆如此解释道。

对于众筹人无法拿回本钱，西少爷方面的回应是，按照《公司法》的话，股东是没有办法这样随便退出的，需要经过协议。鉴于特殊情况便同意退还本钱，但宋鑫方面迟迟没有给出转账凭证。

双方各执一词，真相很难还原。目前朝阳法院证实，宋鑫状告孟兵确有其事，孟兵一方认为，此案不应由朝阳法院管辖，故此案尚处于管辖异议阶段，并没有正式开庭。

专家点评

美国高锐律师事务所合伙人刘真：初期股权比例的分配有时取决于核心团队是如何搭建形成的。现在有一些核心创始团队，原先就在同一家公司或同一个领域工作，有了一致的想法出来创业，这类团队可能各创始人职能和作用上比较平均，因而彼此之间股权比例也是如此，但这种情况应该说还是少数。更多时候，一家公司起源于一位灵魂人物，他最早出来创业，然后去寻找技术伙伴、产品伙伴和其他团队成员，在吸收关键人才的过程中可能给这些外部人才"共同创始人"的头衔作为激励之一，那么他和这些其他创始人在股权分配上可能就会有较大差别。

通商律师事务所合伙人陈浮（系宋鑫一方辩护律师）：合伙人法律纠纷频现的症结在于，很多团队在创业初期并没有引入职业经理人和经验丰富的律所，对股权结构、公司架构、运营和决策机制、股票股权等方面做好安排。很难要求几个充满激情的创业者一开始就把法律问题都想清楚。

天使街股权众筹平台联合创始人刘思宇：对于西少爷的这种众筹方式我并不支持。自股权众筹渠道融资的好处是省事，创业者只需要刷新信誉，人格就是担保，早期投资人和亲友一般不会深究，但这种看似强壮但无形的羁绊为日后的争端埋下伏笔。

仁达方略管理咨询公司资深咨询师杨祥祥：关于众筹公司创始阶段过后投资人的股权处置问题，一般而言，如果一个项目度过了初创阶段，进入了高速发展的时期，那么项目可能需要经历B轮甚至C轮的融资，而在这个过程中，如何处理项目开始之时众筹人的权利和利益保障是十分关键的。如果当时众筹人数较多，股权较为分散，那么对于管理者的集中管理能力会造成较大的制约。同时，为了给未来的股权设置和投资人入股留下更大的空间，可以采取回收部分股权的形式来扩增之前的股权。

对于众筹人的股权退出，按照《公司法》的规定，股东入股之后，不能随意退出，这是由于股权融资具有特殊性,投资人承担了股东的角色,其资金只有在特定的情况下才能退出,例如公司上市、并购等。为此,需要在股权众筹早期,融资方和投资方在协议中对后期的退股机制做出约定。

西少爷在股权处置方面没有进行明确规划,且操作缺乏透明。西少爷出现此种问题并最终引发股东矛盾,正是在股权众筹早期缺乏对后期股权处置管理进行约定的结果。

曾经,总是在"抱歉,售罄"之后,四个创始人才能围坐下来喘口气儿,总结一下今天谋划一下明天。现在,此情此景不在。

(本文根据网络资料整理而得)

学习情境 3　明确创业项目

【知识目标】

1. 掌握创业环境分析的方法
2. 掌握我国中小企业的政策体系内容
3. 了解影响经营地点遴选的主要因素和选址的步骤，了解不同行业间选址的差异
4. 了解企业取名的方法以及标志设计

【能力目标】

1. 能合理分析自己所处的创业环境
2. 能确定创业团队的项目
3. 会选择合适的项目经营地点
4. 能设计出适合自己创业项目的名称与标志

【引言】

创业如同婚姻：没有最好的项目，只有更合适的项目。创业者到底应该选择什么样的项目？这是个至关重要的问题。可以说，项目选择好了，就相当于成功了一半。中国创业招商网对创业者进行调查的报告中显示：80%的创业者在创业初期都会感到确定创业项目"十分头疼"、"很难抉择"；在创业失败的案例中，60%的创业者会觉得"创业项目选择失误"、"创业项目不对头"；而在成功的创业案例中，70%的人认为"良好的创业项目成就了事业"。

任务一　分析创业环境

任务布置

1. 以自己组建的创业团队为单位；
2. 通过查阅网络、书刊等方式收集创业外部环境和行业环境方面的资料；
3. 根据所收集的资料，运用SWOT分析法，对自己所处的创业环境做出正确的分析。

知识准备

《孙子兵法》曰："知己知彼者，百战不殆；不知彼而知己，一胜一负；不知彼，不知己，每战必殆。"作为创业者，在创业前必须要明确三个问题：我想做什么？我能做什么？环境允许我做什么？只有了解了自己兴趣、爱好、能力、特长、情商、智商、财商以及思维习惯等方面情况后，创业才会有方向。同时，创业者还需合理分析自己所处的创业环境，认清自身的优势与劣势，只有将现实存在的优势与外部机遇有机地结合起来，才有可能创业成功。

一、创业环境分析的意义

创业环境是指创业者周围的环境。即在创业过程中，围绕创业者的创业和发展变化，并足以影响创业的一切内外部条件的总和。分析创业环境是发现创业机会、寻找创业项目的基础，是进行创业可行性分析的前提。随时可变的创业环境，既给创业者带来商机，也能给他们带来威胁。创业者必须清楚地从外部、行业、内部等环境因素分析其发展趋势，从而分析企业哪些机会可以挖掘，哪些因素会给企业带来不利影响。只有这样，企业才能把握有利的机遇，避免威胁，成功创业。

二、创业环境分析的内容

（一）创业的外部环境分析

一个国家或地区的市场开发程度、金融市场的有效性以及政府的国际地位、劳动力市场的完善程度、法律制度的健全与否等，构成了创业的外部宏观环境。主要包括政治环境、经济环境、社会环境、科技环境等方面。外部环境分析对企业的创办、生存和发展有着重要的影响。

1. 政治、法律与政策环境分析

政治、法律与政策环境指的是党和国家制定的相关法律与政策等。对于一个中小企业，政治、政策与法规环境是不可控因素，有较强的约束力。中小企业要能灵敏地预测出政府和管理部门的决定，以便为企业带来机会，求得生存与发展。

政治因素的分析主要包括：对国家制度和政策的分析；对国家或地区之间的政治关系进行分析；对国有化政策的了解和分析；对政治和社会稳定进行分析。同时，创业者如能了解一些常用的法律与政策，将会使企业发展一帆风顺，自己的权益得到保障。与创业相关的法律与法规大致可分为三类：涉及企业主体、调整平等主体之间关系的主体法和程序法。如《中华人民共和国民法通则》（简称《民法通则》）等；涉及企业运营和对于企业运行进行规范、管理的法律。如《中华人民共和国票据法》（简称《票据法》）等；涉及税收法律，如流转税法（包括增值税、营业税、消费税）和所得税法（个人所得税和企业所得税）等。

2. 经济环境分析

经济环境是指一个国家或地区的整体经济发展状况。主要包括经济发展水平、社会经济结构、经济体制、物价水平和劳动力情况等。

经济发展水平是指国家或地区的经济发展规模、速度及所能达到的水平。创业者首先应该考虑的是自己所处经济环境的国民生产总值（GNP）和人均GNP，失业率和消费者可支配的收入等。通常在不考虑人口因素的情况下，GNP越高，市场规模就越大，但是市场的需求主要由人们的购买能力决定。因此，人均GNP基本上决定了人均收入水平，从而决定人们的购买能力，这是决定市场需求的基本因素。同样，就业状况和消费者的可支配收入也是影响市场环境的主要因素。近几年来，我国的国内生产总值（GDP）均保持在8.0%以上的增长速度，对于创业者而言，整个宏观经济环境持续良好无疑是一个十分有力的因素。社会经济结构是指一个国家的产业结构、分配结构、技术结构、消费结构及所有制结构。其中产业结构最为关键，了解这一点，有利于企业在制定战略时把握长远的方向，从而推动企业的发展。经济体制决定了国家与企业、企业与企业、企业与各个部门之间的关系，并通过一定的管理手段和方法，调控和影响社会经济活动的范围、内容和方式。

3. 社会环境分析

社会环境主要包括人口状况、社会文化、社会道德观念、社会公众的价值观念、人口统计特征等因素。市场是由那些想购买产品同时又具有购买能力的人构成的，这种人越多，市场规模就越大，因此人口的多少直接决定市场的潜在容量。如由于我国实行计划生育政策，20世纪末和21世纪初，在人口结构上已经发生了变化，人口结构趋于老龄化，从而影响企业劳动力的补充。但是另一方面，人口结构的老龄化又出现了一个老年人的市场，这就为生产老年人用品和提供老年人服务的企业提供了一个老年人的市场和良好的发展机会。

4. 科技环境分析

科技环境是指一个国家或地区的科技发展水平。科学技术是第一生产力，创业者应随时关注创业地区的最新的科技发展动向，特别注意国内外科技总的发展水平和发展趋势，不仅要从国内的技术环境出发，更要紧紧把握国际前沿的技术变化趋势，识别和评价技术机会和威胁。

(二)创业的行业环境分析

行业是影响企业生产经营活动最直接的外部因素,是企业赖以生存和发展的空间。任何一个新创企业都可以也必然归类到某个行业或某几个行业,因此行业环境的分析对新创企业尤为重要。

美国学者迈克尔·波特(Michael Porter)的五种力量模型较好地反映了新创企业的行业环境因素,五力模型(如图3－1所示),又称波特竞争力模型,主要用于竞争战略的分析。五力分别是:供应商的讨价能力、购买者的还价能力、潜在竞争者进入的能力、替代品的替代能力、行业内竞争者现在的竞争能力。

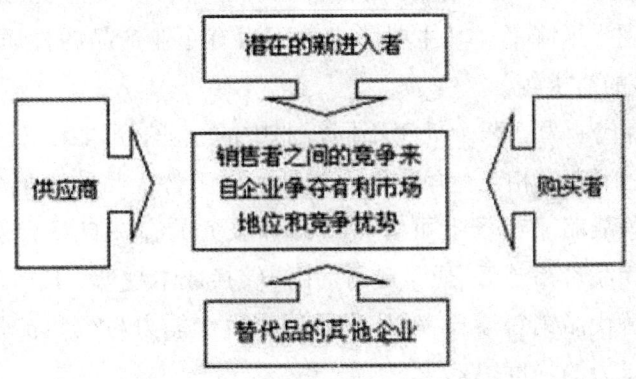

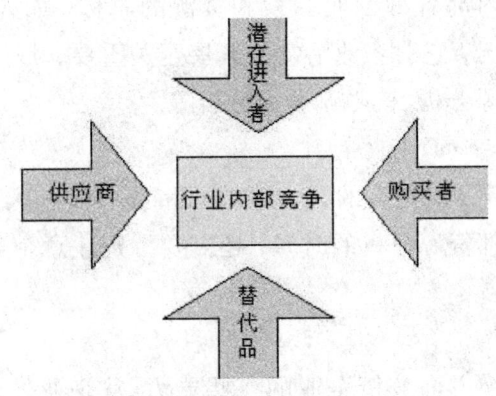

图3－1 波特的五力模型

第一,行业内企业的竞争。企业本身面对的市场是一个竞争市场,所制造和销售的产品通常不止一家企业。多家企业生产相同的产品,必将采取各种措施争夺购买者,从而形成市场竞争。行业内企业的竞争,将直接决定中小企业的利润水平,以及其生存和发展。现有企业之间的竞争常常表现在价格、广告、产品质量、品牌、售后服务等方面,其竞争强度与许多因素有关。

第二，潜在进入者的威胁。一种产品的开发成功必然会引来其它许多企业的加入，特别是一些壁垒不高的行业，这将进一步加大企业之间的竞争。创业者在创业中应考虑如何保持自己产品的优势，产品最好做到人无我有，人有我新。同时，加大技术壁垒也可以限制他人生产相关产品或从事此行业。

第三，供应商的讨价能力。在行业形成初期，行业内的企业要寻找供应商；当行业进入成熟期时，产品标准化程度比较高，供应商也已成熟，因而它们会在营销方面更为积极主动。供方主要通过其提高投入要素价格与降低单位价值质量的能力，来影响行业中现有企业的盈利能力与产品竞争力。

第四，购买者的还价能力。不同用户的讨价还价能力会诱发企业之间的价格竞争，从而导致现有企业的盈利水平降低。其主要考虑的因素有企业产品的性质、用户购买量的大小、企业产品对购买者的需求等。

第五，替代品的替代能力。两个处于不同行业中的企业，可能由于所生产的产品可互相替代，从而在它们之间产生相互竞争行为，这种源自于替代品的竞争会以各种形式影响行业中现有企业的竞争战略。市场上可替代产品和服务的存在自然会使你的产品和服务的价格受到限制。替代品价格越低、质量越好、用户转换成本越低，其所产生的竞争压力就越强。我们可以通过替代品销售增长率、替代品厂家生产能力与盈利扩张情况等分析来自替代品生产者的竞争压力的强度。

（三）创业内部环境分析

内部环境是创业组织内部各种创业要素和资源的总称，如人员、资金、设施、技术、生产、管理、运营等方面的情况，它对企业活动的开展至关重要，是创业活动的根基。创业的内部环境分析包括内部资源分析、核心竞争力分析等。

1. 企业内部资源分析

在创业阶段，主要分析目前拥有的财力、物力、市场、环境、人力、技术等方面的资源就足够了。但在进行企业内部资源分析的时候，还需要特别注意企业的无形资源，如信誉资源、文化资源等。

2. 企业核心能力分析

创业者应该从以下几个方面分析企业的一些能力：从企业外部获取资源能力分析；生产能力分析；营销能力分析；科研与开发能力分析。而企业核心能力主要指企业拥有的有价值、稀有、难以模仿及不可替代的能力，它是企业持久竞争优势的源泉。一般认为，企业培育核心能力的途径主要有两种：传统途径和现代途径。传统途径就是产品经营，指企业为了实现内部资源的最优配置而采取的一系列管理行为，包括生产作业管理、供应管理、技术创新、市场营销管理、财务管理、人力资源管理等。现代途径就是资本运营，指企业为了有效整合外部资源而采取的更为复杂的管理行为，包括兼并、收购、分拆、上市、联营、破产等。因而核心能力的培育涉及企业经营管理的各种活动。

三、创业内外部环境的 SWOT 分析

SWOT 分析法由美国哈佛大学 K. J. 安德鲁斯教授于 1971 年提出,又称为态势分析法,是一种企业内外部环境综合分析方法,即根据企业内在的条件进行分析,以识别各种优势、劣势、机会和威胁因素,有利于开拓思路,能够较准确客观地分析和研究一个企业现实情况的方法。其中四个字母分别代表:strength(优势),weakness(弱势),opportunity(机会),threat(威胁)。从整体上看,SWOT 可以分为两部分:第一部分为 SW,主要用来分析内部条件;第二部分为 OT,主要用来分析外部条件。

利用这个分析方法,可以将问题按轻重缓急分类,明确哪些是目前急需要解决的问题,哪些是可以稍缓的事情,哪些属于战术上的问题,哪些是属于战略目标上的障碍,并将这些研究对象列举出来,按照矩形形式排列,然后运用系统分析思想,将这些似乎独立的因素相互匹配起来进行综合分析,从中得到一系列相应的结论,而这些结论通常带有一定的决策性,有利于企业的领导者和管理者做出正确的决策,使得企业战略计划的制定更加科学全面。

现将此方法分为横纵两个维度,加以对照分析,既一目了然,又可从内外环境条件的相互联系中做出更深入的分析评价,如表 3-1 所示。

表 3-1 K. J. 安德鲁斯的 SWOT 分析法

创业项目			外部环境	
			机会(O)	威胁(T)
内外部环境综合分析的 SWOT 分析法			1. 2. 3. 4. 5.	1. 2. 3. 4. 5.
内部条件	优势(S)	1. 2. 3. 4. 5.	SO 战略: 利用机会,发挥优势,抢占市场,扩大规模	ST 战略: 利用优势,抵御威胁;如果不足以抵御威胁,就要考虑优势转向
	劣势(W)	1. 2. 3. 4. 5.	WO 战略: 强化能力,抓住机会;如果不能有效提升能力,消除劣势,只有放弃	WT 战略: 面对外部威胁与自身劣势,最佳的战略就是尽量避免或放弃

在利用表3-1所示的SWOT分析法时需要注意:在开始寻找机会与威胁、优势与劣势时,要尽可能多地去挖掘,找得越多越好。当进行分析时,如果找到很多的机会与威胁、优势与劣势,就从每个选项中找最重要的3~5个因素放在表3~1中进行综合分析,这样就能做出有效的创业战略选择。

下面举一个著名管理顾问公司科尔尼公司通过SWOT分析识别邮政物流宅送业务创业机会及设计战略动作的例子,如表3-2所示。

表3-2 邮政物流宅送业务SWOT分析

创业项目		外部环境	
		机会(O)	威胁(T)
内外部环境综合分析的SWOT分析法		1. 随着电子商务的普及,对寄件需求增加; 2. 能够确保应对市场开放的事业自由度; 3. 物流及IT等关键技术的飞跃性发展。	1. 通信技术发展后,对邮政的需求可能减少; 2. 现有宅送企业的设备投资及代理增多; 3. WTO邮政服务市场开放的压力; 4. 国外宅送企业进入国内市场。
内部条件	优势(S)	1. 作为国家机关,拥有公众的信任; 2. 目标客户对邮政服务的高度亲近感与信任感; 3. 拥有全国范围的物流网; 4. 拥有众多的人力资源; 5. 具有创造邮政/金融的可能性。	
		SO战略: 以邮政网络为基础,积极进入宅送市场和配送市场;开发灵活运用关键技术的多样化的邮政服务。	ST战略: 灵活运用范围宽广的邮政物流网络,树立积极的市场战略;与全球性的物流企业进行战略联盟;提高国外邮件的收益性及服务;为了确保企业目标客户,树立积极的市场战略。
	劣势(W)	1. 上门取件输电网力及车辆不足; 2. 市场及物流专家不足; 3. 组织、预算、费用等方面的灵活性不足; 4. 包裹破损的可能性很大; 5. 追踪查询服务不完善等。	
		WO战略: 构成邮寄包裹专门组织;对实物与信息的统一化进行实时的追踪及物流控制;将增值服务及一般服务差别化的价格体系的制定及服务内容的再整理。	WT战略: 根据服务的特性,对包裹运送网分别运营;对已经确定的邮政物流运营提高效率,由此提高市场竞争力。

从表3-2中,我们能够理性分析邮政物流宅送业务的创业环境,并一一提出可行的

对策。通过这种SWOT分析,在创业环境的层面上,我们不难识别一个创意是否属于创业机会,并能提出发展这个创业机会的战略动作来。

任务二 明确政策支持

任务布置

1. 以自己组建的创业团队为单位;
2. 明确国家支持小微型企业的相关优惠措施;
3. 了解大学生创业的相关优惠政策;
4. 广泛讨论不同创业项目的政策支持。

知识准备

完善支持自主创业、自谋职业政策,加强就业观念教育,使更多劳动者成为创业者。创业者在创业过程中不可避免地会遇到法律法规、相关政策等方面的问题,这也决定了企业必须关注和研究政府的法律法规制定、政策走向方面的信息,以掌握自身发展的主动权。

一、创业政策制度

为支持创业者创业,2008年9月26日,国务院办公厅转发人力资源和社会保障部等部门《关于促进以创业带动就业工作的指导意见的通知》(国办发[2008]111号),该通知发布并执行后,各地区、各有关部门高度重视,通过政策支持和服务保障,优化创业环境,鼓励和扶持更多劳动者成为创业者。

(一)放宽市场准入

加快清理和消除阻碍创业的各种行业性、地区性、经营性壁垒。法律、法规未禁止的行业和领域向各类创业主体开放,国家有限制条件和标准的行业和领域平等对待各类创业主体。在法律、法规规定许可的范围内,对初创企业,可按照行业特点,合理设置资金、人员等准入条件,并允许注册资金分期到位。按照法律、法规规定的条件、程序和合同约定允许创业者将家庭住址、租借房、临时商业用房等作为创业经营场所。扩大政府采购范围,制定促进小企业发展的政府采购优惠政策。各地区、各有关部门可根据实际情况,适当放宽高校毕业生、失业人员以及返乡农民工创业的市场准入条件。

(二)改善行政管理

全面实行收费公示制度和企业交费登记卡制度,禁止任何部门、单位和个人干预创业企业的正常经营,严格制止乱收费、乱摊派、乱罚款、乱检查、乱培训行为。进一步清理和规范涉及创业的行政审批事项,简化立项、审批和办证手续,公布各项行政审批、核准、备案事项和办事指南，推行联合审批、一站式服务、限时办结和承诺服务等，开辟创业"绿色通道"。依法保护创业者的合法私有财产，对严重侵犯创业者或其所创办实体合法权益的违法行为，有关部门要依法查处。对创业者提出的行政复议申请，政府部门要及时受理，公平对待，限时答复。登记失业人员、残疾人、退役士兵，以及毕业2年以内的普通高校毕业生从事个体经营的，要按有关规定，自其在工商部门首次注册登记之日起3年内，免收管理类、登记类和证照类等有关行政事业性收费。

（三）强化政策扶持

全面落实有利于劳动者创业的税收优惠、小额担保贷款、资金补贴、场地安排等扶持政策，促进中小企业和个体私营等非公有制经济发展，扶持劳动者创业。从实际出发，建立健全促进以创业带动就业的政策措施，细化操作办法。多渠道筹集安排资金，支持以创业带动就业工作的展开。要针对经营成本上升以及政策和市场环境变化的情况，兼顾行业稳定发展和结构调整升级，积极采取有效措施，扶持、保护创业企业的生存和发展，鼓励创业企业扩大就业规模。对农民工返乡创业的，劳务输出地区要积极探索完善相关扶持政策。

（四）拓宽融资渠道

积极推动金融产品和金融服务创新，支持推动以创业带动就业。积极探索抵押担保方式创新，对于符合国家政策规定、有利于促进创业带动就业的项目，鼓励金融机构积极提供融资支持。全面落实小额担保贷款政策，创新管理模式，提高贷款服务的质量和效率，并进一步加大对符合条件的劳动密集型小企业的支持力度。鼓励和支持发展适合农村需求特点的多种所有制金融组织，创新农村贷款担保模式，积极做好对农民工返乡创业的金融服务。建立健全创业投资机制，鼓励利用外资和国内社会资本投资创业企业，有条件的地区可设立各种形式的创业投资引导基金，引导和促进创业投资企业的设立与发展。

二、中小企业创业政策

（一）高新技术企业

我国政府大力扶持高新技术企业，对科研机构、高等院校研究开发高新技术并将其转为科技成果提供了以下优惠政策：

第一，科研机构和高等院校的技术转让收入免征营业税。

第二，科研机构和高等院校服务于各行业的技术成果转让、技术培训、技术咨询、技术服务、技术承包所取得的科技性服务收入暂免征收企业所得税。

第三，科研机构和高等院校转化科技成果以股份或出资比例等股权形式给予个人奖励，获奖人在取得股份、出资比例时，暂不缴纳个人所得税（取得按股份、出资比例分红或转让股权、出资比例所得时，应依法缴纳个人所得税）。

（二）小型民营企业

为了改善中小企业经营环境，促进中小企业健康发展，扩大城乡就业，发挥中小企业在国民经济和社会发展中的重要作用，2003年1月1日起，我国实行《中华人民共和国中小企业促进法》。建立中小企业发展基金，促进了小型民营企业的发展。在具体政策上，放宽中小企业进入领域，取消对中小企业贷款、融资、股票上市的歧视性规定，简化中小企业投资项目的审批手续等。

（三）西部地区个体、私营企业

为配合西部大开发战略，积极引导和鼓励西部地区个体、私营等非公有制经济快速发展，国家计委表示，我国将在税收政策上对西部地区实行倾斜。

三、国家进一步促进小微型企业的政策措施

2012年2月，国务院总理温家宝主持召开国务院常务会议，研究部署进一步支持小型和微型企业健康发展。

会议要求认真落实国务院2011年10月12日常务会议确定的各项财税和金融支持政策，包括：提高增值税和营业税起征点，将小型微利企业减半征收企业所得税政策延长至2015年底并扩大范围，对金融机构与小型微型企业签订的借款合同三年内免征印花税，将贷款损失准备金税前扣除政策延长至2013年底；银行业金融机构对小型微型企业贷款的增速不低于全部贷款平均增速，对达到要求的小金融机构执行较低存款准备金率，适当提高对小型微型企业贷款不良率的容忍度等。

会议确定了进一步支持小型微型企业健康发展的政策措施：（一）完善财税支持政策。扩大中小企业专项资金规模，中央财政安排150亿元设立中小企业发展基金，主要支持初创小型微型企业。政府采购安排一定比例专门面向小型微型企业。对小型微型企业三年内免征部分管理类、登记类和证照类行政事业性收费。加快推进营业税改征增值税试点，完善结构性减税政策。（二）努力缓解融资困难。建立小企业信贷奖励考核制度。支持符合条件的商业银行发行专项用于小型微型企业贷款的金融债。加快发展小金融机构，适当放宽民间资本、外资和国际组织资金参股设立小金融机构的条件，放宽小额贷款公司单一投资者持股比例限制，符合条件的小额贷款公司可改制为村镇银行。支持小型微型企业上市融资。继续对符合条件的中小企业信用担保机构免征营业税。制定防止大企业长期拖欠小企业资金的政策措施。（三）加快技术改造，提高装备水平，提升创新能力。中央财政扩大技术改造资金规模，重点支持小型微型企业应用新技术、新工艺、新装备。完善企业研发费用所得税税前加计扣除政策，支持技术创新。鼓励有条件的小型微型企业参与产业共性关键技术研发、国家和地方科技项目以及标准制定。实施创办小企业计划，培育和支持3000家小企业创业基地。（四）加强服务和管理。建立和完善4000个中小企业公共服务平台。支持小型微型企业参加国内外展览展销活动，为符合条件的企业提供便利通关措施，简化加工贸易内销手续。对小型微型企业招用高校毕业生给予培训费和社会保险补贴。建立和完善小型微型企业分类统计调查、监测分析和定期发布制度。加快企业信用体系建

设，推进企业信用信息征集和信用等级评价工作。落实企业安全生产和产品质量主体责任，提高小型微型企业管理水平。

会议要求各地区、各有关部门结合实际，研究制定配套政策措施，创造有利于小型微型企业发展的良好环境。

四、福建省支持小微型企业发展的金融财税措施

2011年10月，为贯彻落实国务院关于支持小型和微型企业（以下简称小微企业）发展的有关政策措施，福建省人民政府颁布《关于支持小型和微型企业发展的十二条金融财税措施》（闽政[2011]89号），提出如下十二条扶持措施。

（一）加大对小微企业的信贷倾斜

确保小微企业贷款增速高于全部贷款平均增速，高于全国小微企业贷款平均增速，增量占比高于上年同期水平。对市场前景良好，短期出现资金困难的小微企业不抽贷、不压贷，保持必要资金支持力度。加强小微企业贷款资金用途监测，确保用于小微企业正常的生产经营。完善小微企业信贷审批流程，开辟"绿色通道"，提高信贷审批效率。创新小微企业流动资金贷款还款方式，简化续贷手续，与小微企业实际需求有效对接。进一步落实小微企业金融服务"四单"管理，单列小微企业信贷计划，单独配置人力和财务资源，单独客户认定与信贷评审，单独会计核算。由省金融办牵头，会同有关部门建立每月对小微企业信贷投放通报制度，年底对各银行投放情况进行评比，对季均小微企业贷款与全部贷款的占比增幅在各设区市排名前5位的银行业金融机构给予奖励。对于小微企业贷款余额占企业贷款余额达到一定比例的地方法人银行机构，优先支持发行专项用于小微企业贷款的金融债，拓宽信贷资金来源渠道。

（二）切实降低小微企业融资成本

进一步完善对小微企业的贷款利率定价机制，尽量执行基准利率，不上浮或少上浮。清理纠正金融服务不合理收费，禁止对小微企业贷款收取承诺费、资金管理费，严格限制向小微企业收取财务顾问费、咨询费等费用。降低小微企业抵押评估登记费用，除登记费和工本费外，登记部门不得收取其他费用；继续使用同一抵押物申请贷款抵押登记，距上一次登记未满2年的，登记费减半收取。评估机构收取的小微企业贷款抵押物评估费不得高于现行有关规定收费标准的50%；贷款抵押物登记期满后需再评估的，评估费用按不超过规定收费标准的30%计收。

（三）完善小微企业金融服务网络

积极引进省外中小商业银行在闽设立分支机构，增加小微企业信贷供给。对小微企业金融服务良好的商业银行放宽准入限制，允许其批量筹建同城支行，支持小微企业发展。鼓励商业银行新设或改造设立专门从事小微企业金融服务的专业分行或特色分行。支持商业银行向县域和社区延伸机构网点，拓宽服务渠道和对接平台。加快村镇银行组建步伐,力争年底前组建3家以上村镇银行。积极稳妥发展小额贷款公司,还未成立小额贷款公司的县(市、区)要抓紧组建。合理布局典当企业,鼓励典当企业增资做大,拓展业务领域。对以小微企业为服务对象的融资性担保机构、小额贷款公司,优先接入人行征信系统。

(四)加强小微企业出口金融服务

对小微外贸企业投保出口信用保险实行保费优惠政策。创新出口信用保险服务方式,优先满足小微外贸企业出口商高风险地区的保险限额,加强对小微外贸企业的理赔服务。支持小额贸易承保,提升出口信用保险对小微企业的渗透率。继续落实对小微企业信用保险保单融资的支持政策措施。扩大人民币跨境贸易结算出口试点企业名单,将符合条件的小微企业纳入试点范围。

(五)完善小微企业融资担保服务

鼓励支持民间资本依法进入融资性担保行业。金融机构要多元创新小企业贷款担保与保证方式,在各类权利质押、动产抵押、企业联保、集体土地使用权抵押等方面取得新突破,并在风险可控的前提下积极推进信用贷款方式,提升小微企业融资能力。鼓励发展小微企业贷款保证保险业务。鼓励我省担保机构为小微外贸企业提供低费率担保服务,省级财政对担保费率低于银行同期贷款基准利率40%的小微外贸企业融资担保业务,按年担保额给予一定比例的资金扶持,扶持比例为银行同期贷款基准利率40%与实际担保费率之差,扶持比例上限为1%。

(六)实施差别化的金融监管政策

对商业银行进行差异化考核,将单户500万元以下的小微企业贷款视同零售贷款计算风险权重;对商业银行发行金融债所对应的单户500万元以下的小微企业贷款,不纳入存贷比考核范围;提高小微企业贷款不良率的容忍度。开展小微企业信贷政策导向效果评估工作,对政策执行成效良好的金融机构优先办理再贴现、再贷款;对达到要求的中小金融机构继续执行较低存款准备金率。

(七)推进小微企业发债和信托融资

由省金融办牵头,会同人民银行福州中心支行等有关部门成立小微企业发债融资指导小组,指导小微企业在银行间债券市场运用短期融资券、中期票据等债务性融资工具进行融资。鼓励成长性好、经营管理规范、信用度较高的小微企业发行集合票据和集合债券。鼓励信托公司通过发行中小企业集合资金信托计划,为小微企业提供信托融资服务。

(八)推进小微企业股权融资

各地要设立扶持小微企业发展的创业投资引导资金和股权投资基金,引导各类风险投资、创业投资、券商直投、股权投资资金投向小微企业。积极争取福州、厦门、泉州高新技术园区进入代办股份转让系统试点范围,提高高新技术企业股权流动性,吸引创业资本集聚。加快省创新创业企业股权融资与交易市场建设,为技术产权、科技项目成果和非上市创新创业企业股权转让提供高效融资、交易服务。加快"海峡股权交易所"组建和运营步伐,为小微企业股权融资和交易提供有效平台。

(九)减轻小微企业税费负担

按照财政部、国家税务总局确定的小微企业增值税、营业税起征点范围,确定我省的执行标准,最大限度支持小微企业发展。贯彻落实小微企业的减半征收企业所得税政策,并将执行时间延长至2015年底。对确有困难的小微企业在2015年底前按规定减免房产税、城镇土地使用税。进一步清理取消和减免一批涉企收费。将符合条件的国家中小企业公共技术服务示范平台纳入科技开发用品进口税收优惠政策范围。

(十)落实服务小微企业金融业务的优惠政策

对金融机构向小微企业贷款合同三年内免征印花税。将金融企业中小企业贷款损失准备金税前扣除政策延长至2013年底,符合条件的小额贷款公司比照上述政策执行。将符合条件的农村金融机构金融保险收入减按3%征收营业税的政策,延长至2015年底。对小额贷款公司农户小额贷款的利息收入,免征营业税;对农户小额贷款的利息收入在计算应纳税所得额时,按90%计入收入总额;对贷款余额的70%用于单户贷款余额100万元以下的小额贷款公司,其缴纳的企业所得税地方留成部分和营业税,可由同级财政按其50%给予奖励;涉及省级负担部分,由市县先行垫付,年终通过上下级财政结算下达。对以小微企业为服务对象、符合条件的中小企业信用担保机构免征3年营业税,按照不超过当年年末担保责任余额1%的比例计提担保赔偿准备,按照当年担保费收入50%比例差额计提未到期责任准备,并允许在企业所得税税前扣除。

(十一)加大对小微企业的财政扶持力度

省级财政每年安排小企业贷款风险补偿专项资金5000万元;风险补偿资金的补偿标准,以上一年度金融机构对小企业贷款季均余额为基数,按本年度小企业贷款季均余额比上年净增加额的0.5%予以风险补偿;各级政府要根据自身财力情况,建立小企业贷款风险补偿专项资金。省级财政继续安排中小企业融资担保机构风险补助专项资金,引导担保机构开展小微企业融资担保服务,提高抗风险能力,对为小企业提供担保的担保机构按年度担保额的1%比例补偿,对为微型企业提供担保的担保机构按年度担保额的1.6%比例补偿。

(十二)维护金融稳定

采取有力措施有效遏制民间借贷高利贷化倾向,依法打击非法集资、金融传销等违法活动。禁止采取压票、限制客户转账等不正当手段影响小微企业正常经营。禁止贷款时强制搭售理财、保险等金融产品。严格监管,禁止金融从业人员参与民间借贷。强化对担保公司、小额贷款公司、典当行的监管,防止非法集资、非法吸收和变相吸收存款、违规放贷等行为,防范金融风险。

五、大学生自主创业政策

为扶持大学生自主创业，国家出台了一系列的优惠政策，涉及融资、税收、开业、培训、创业指导等诸多方面，对于打算创业的大学生来说，了解这些政策，才能走好创业的第一步。

（一）注册登记优惠

2005年6月29日，中共中央办公厅、国务院办公厅印发《关于引导和鼓励高校毕业生面向基层就业的意见》的通知，为创造良好的政策环境和市场条件，鼓励和支持高校毕业生到基层自主创业和灵活就业提供了条件。对高校毕业生从事个体经营的，除国家限制的行业外，自工商行政管理部门登记注册之日起3年内免交登记类、管理类和证照类的各项行政事业性收费。同时，在许多文件中也规定：凡申请从事个体经营或申办私营企业的，可通过各级工商部门注册大厅优先登记注册，简化了注册程序。

（二）金融贷款优惠

2009年1月19日，国务院办公厅发布《关于加强普通高等学校毕业生就业工作的通知》（国办发[2009]3号），关于进一步完善小额（担保）贷款政策作出相关规定。通知中规定：在当地公共就业服务机构登记失业的自主创业高校毕业生，自筹资金不足的，可申请不超过5万元的小额担保贷款；对合伙经营和组织起来就业的，可按规定适当扩大贷款规模；从事当地政府规定微利项目的，可按规定享受贴息扶持。根据此通知，福建省人民政府发布《关于做好2009年高校毕业生就业工作的通知》（闽政[2009]3号），通知中除规定可申请最高不超过5万元的小额担保贷款外，还给予自主创业的高校毕业生享受由财政按中国人民银行公布的同期贷款基准利率上浮3个百分点以内的全额贴息。

（三）税收减免优惠

为鼓励和支持高校毕业生自主创业，2010年10月22日，财政部、国家税务总局发出《关于支持和促进就业有关税收政策的通知》（财税[2010]84号），通知中明确规定：高校毕业生自毕业年度（毕业所在自然年，即1月1日至12月31日）起三年内自主创业可享受税收减免的优惠政策。具体内容如下：毕业年度内高校毕业生在校期间凭学校出具的相关证明，经学校所在地省级教育行政部门核实认定，取得《高校毕业生自主创业证》（仅在毕业年度适用），并向创业地公共就业服务机构申请取得《就业失业登记证》；高校毕业生离校后直接向创业地公共就业服务机构申领《就业失业登记证》。对持《就业失业登记证》（注明"自主创业税收政策"或附着《高校毕业生自主创业证》）人员从事个体经营（除建筑业、娱乐业以及销售不动产、转让土地使用权、广告业、房屋中介、桑拿、按摩、网吧、氧吧外）的，在3年内按每户每年8000元为限额依次扣减其当年实际应缴纳的营业税、城市维护建设税、教育费附加和个人所得税。

(四)其他优惠政策

2009年1月19日,国务院办公厅发布《关于加强普通高等学校毕业生就业工作的通知》(国办发[2009]3号),对于有创业意愿的高校毕业生参加创业培训的,按规定给予职业培训补贴;强化高校毕业生创业指导服务,提供政策咨询、项目开发、创业培训、创业孵化、小额贷款、开业指导、跟踪辅导的"一条龙"服务。同时,一些地区还规定,在一定时间内,可在有关网站免费查询人才、劳动力供求信息,免费发布招聘广告等;政府人事行政部门所属的人才中介服务机构免费为其保管人事档案两年;高校毕业生从事自主创业的,可在各级社会保险经办机构设立的个人缴费窗口办理社会保险参保手续。以上各种优惠政策,为促进和鼓励高校毕业自主创业给予了无限的支持。

任务三 确定创业项目

任务布置

1. 以创业团队为单位,讨论自己身边存在哪些创业机会;
2. 对这些创业机会进行初步分析和研究;
3. 通过分析和研究,选择和确定适合自己团队的创业项目。

知识准备

创业到底创什么业?选择什么样的项目作为自己的创业目标,这是个重要的问题。有的创业者,错选了项目,投入了大量的资金和人力,结果毫无收益,甚至负债累累、倾家荡产。那么,如何识别、评价、选择创业项目呢?

一、识别创业项目

在识别创业项目过程中,由于存在隐蔽性、偶然性、易逝性、时代性等特征,使人们难以识别和把握。创业者需要主动寻找合适的创业项目,在变幻莫测的市场大环境中,创业项目寻找的得与失直接关系到企业的生死存亡。选择合适的创业项目,主要通过以下两个方面来识别:

(一)在信息中识别

对于创业者而言,善于利用各种信息,从中识别机会,并很好地把握和充分利用机遇,就能有效地拓宽市场,把潜在的效益变成现实的利益。最明显的信息来源主要来自于商贸杂志、政府部门或专门咨询机构等已有的一些数据或第二手资料。当然,因特网也可以提供有关竞争者和行业的深层信息。另外,也可从第一手资料中收集信息,主要包括可通过一些问卷调查、访谈、观察或试验等方式获得。

（二）在现实需求中识别

谁能抓住现实的需要，谁能开发出适合消费者"品味"的产品，谁就能抓住机遇，找到最合适的创业项目。要推出受消费者欢迎的项目，可以从以下两个方面入手：

第一，市场细分法。每个消费者的需求都是有差异的，创业者应根据消费者的购买能力与购买习惯的不同，把一个动态的市场整体划分成若干不同的消费者群体，找出市场的空白点，就能从中发现良好商机。比如日本某电器商在深入调查研究后，精心挑选了长期受美国所忽视的空白市场——小型复印机，从而顺利地敲开了美国尘封已久的市场大门。

第二，观念细分法。当市场无法再细分下去时，创业者可采取观念细分法来寻找良好的创业项目。所谓观念细分法，就是将顾客的想法、认识和概念进行仔细的划分，根据企业所确定的营销角度，寻找与产品或服务的对应关系，然后采取营销手段作用于这一观念区间，激活后上升为购买欲望或动机，并在满足该需要的基础上，不断启发新的需求。例如吉列公司开发的女士刀片，以及万宝路公司推出的女士香烟，都是运用观念细分法发现商机的绝好例子。

二、选择创业项目的步骤

（一）充分细致的市场调查

市场调查主要是为了弄清社会需要，即创业者打算经营的项目，是否有市场，社会的需求有多大？有的创业者喜欢坐在家里空想，或者只通过查阅一些报刊杂志收集信息来计算自己的利润，以为这样就能赚大钱，这是创业者最忌讳的。没有深入实际的市场调查和社会调查，就不会发现与环境相容且能满足顾客需要的创业项目。

1. 创业者要经营项目的市场需求有多大

了解市场需求多少，可直接通过与消费者访谈，或者采用问卷调查方式，还可以委托咨询公司调查。对于小项目的创业者可采取前两种方法，但调查前一定要做好准备工作，想好如何与消费者沟通，问题如何设计，这样调查的结果才能对创业者的决策起到一定的参考作用。

2. 在同一区域内有多少同行

主要是了解同行的实力，他们占有多大的市场份额，还是否有创业者生存的空间；同行的运营模式是怎么样的，是否适用于自己的企业；同行中成功与失败的例子；经营项目在本地区的发展空间和现状等。

（二）根据自身资源优势选择创业项目

选择创业项目需要四个字："知己知彼"。知己，就是清醒地审视自己：优势、强项、兴趣、知识积累与结构等。知彼，就是对社会未来发展趋势的认识，稳定的、潜在的需要。对于项目选择，不能单纯地以社会上的冷、热来作为自己取舍的唯一标准。因此，创业者还应该考虑自身具备的资源和优势，有潜力，才能出特色，有特色，才能促发展也才能占领市场。所谓优势，比如你有现成客户，典型的如很多外贸公司销售员出去自己创业，把自己积累的客户带去新公司；或者你拥有的技术，比如学徒工出师后自己开店；或你的至亲好友中有着某方面特殊资源的人等。

三、评价创业项目的方法

成功识别创业项目后，便进入项目的评价阶段。每个创业项目都会为创业者带来益处，但也同样存在一定的风险。因此，创业者在确定创业项目之前要对其进行科学地分析与评价，然后做出选择的决策。对创业项目的评价，目前尚无一种一致公认的方法，下面介绍几种常用的评价方法。

（一）五维度机会评价法

冯婉玲等在《高新技术创业管理》一书中指出，可以从5个维度来选择创业机会。分别如下：

第一，机会的原始市场规模。市场越来越大，但大市场可能会吸引更多更强的竞争对手，因此小市场可能更友善。

第二，机会将存在的时间跨度。

第三，预期特定机会的市场规模将随时间而发生变化。

第四，好机会。一般具有市场前景可明确界定，创业者能够获得利用机会所需的关键资源，创业者可以利用不同的方式创造额外的机会和利润等特点。

第五，特定机会对特定创业者的现实可能性。

（二）标准打分矩阵法

约翰.G.巴奇在 Entrepreneurship 中提出了标准打分矩阵法的评价方法。该方法是通过选择对创业项目成功有重要影响的因素，再由专家小组对每一个因素进行最好（3分）、好（2分）、一般（1分）三个等级的打分，最后求出对于每个因素在各个创业项目下的加权平均分，从而可以对不同的创业项目进行比较（如表3—3所示）。

表 3-3 标准打分矩阵法

标准	专家评分			
	最好(3分)	好(2分)	一般(1分)	加权平均
易操作性				
质量和易维护性				
市场接受度				
增加资本的能力				
投资回报				
市场的大小				
制造的简单性				
专利权状况				
广告潜力				
成长的潜力				

(三)保本点评价法

不做亏本生意,这是创业者选择创业项目时的基本要求。如果保本点越高,即销售量要很大才能赚回本钱的生意,就不是一个好的创业项目。每个生意都有自己的"本"、"量"、"利",而且成本、销售量、利润之间有以下关系:

$$保本点 = \frac{项目总投资}{单位销售价格 - 单位变动成本}$$

降低保本点的做法如下:一是控制总投资,特别是一次性资本投资更需严格控制,能不花的钱尽量不花。二是提高单位销售价格,价格的上限就是市场,下限是成本。三是降低变动成本,但这也是有极限的,因为一定的成本支持一定的质量。四是加快产品循环周期,快速运转增加流量,这是一个最有潜力的好办法。当然,一旦超过保本点,往往投资最大的项目赚钱也最多,投资少的项目赚钱也少。创业者可利用表3-4所示的表格从保本点角度来评价创业项目。

表 3-4 保本点评价表

创业项目	总投资	单位销售价格	单位变动成本	保本点
1.				
2.				
3.				
4.				
5.				
6.				
7.				
8.				
9.				
10.				

保本点最低的项目是：

  该项目的市场需求情况： 高   中   低

  该项目占创业者资源的： 9% 20% 50% 80% 90%

  该项目的风险情况：   高   中   低

  该项目的回报率：

保本点第 2 低的项目是：

  该项目的市场需求情况： 高   中   低

  该项目占创业者资源的： 9% 20% 50% 80% 90%

  该项目的风险情况：   高   中   低

  该项目的回报率：

保本点第 3 低的项目是：

  该项目的市场需求情况： 高   中   低

  该项目占创业者资源的： 9% 20% 50% 80% 90%

  该项目的风险情况：   高   中   低

  该项目的回报率：

保本点第 4 低的项目是：

  该项目的市场需求情况： 高   中   低

  该项目占创业者资源的： 9% 20% 50% 80% 90%

  该项目的风险情况：   高   中   低

  该项目的回报率：

从保本点角度对项目的综合评价：

  作为被选方案的是：

  作为陷阱杀掉的是：

任务四　遴选经营地点

任务布置
1. 创业团队根据所确定的创业项目，对可供选择的经营地点进行实地调查或分析；
2. 根据实地调查或分析的结论，确定符合创业项目的经营地点。

知识准备
根据香港工业总会和香港总商会的统计，在众多开业不到两年就关门的企业中，因经营地点选择失败的企业就占到总量的50%以上。因此，经营地点的选择是创业者在创业初期面临的一大难题。面临复杂的市场状况，如何科学合理地选择经营地点变得非常重要。因为不论什么时候，创业者都必须选择适宜于企业发展的最佳环境。

一、影响遴选经营地点的主要因素

经营地点的遴选是一项重要的基础性工作，选择经营地点应该注意市场因素、商圈因素、物业因素、个人因素、价格因素等。

（一）市场因素

市场因素，可以从顾客和竞争对手两个角度来考虑。从顾客角度看，要考虑经营地点是否接通顾客，周围的顾客是否有足够的购买力。特别对于一些行业，如零售业和服务业来说，店铺的客流量和客户群体的购买能力决定着企业的业务量。从竞争对手角度看，经营地点的选择有两种不同的思路：第一是选择同行聚集的地方，这样有利于人气的聚合与上升，如小商品市场、服饰一条街等；第二是"别人淘金我卖水"，别人都蜂拥到某地去淘金，成功者固然腰缠万贯，但失败者也要能维持生存。如果到他们当中做好一些相关的服务工作，也是有利可图的。

（二）商圈因素

商圈是指以经营地点为中心，沿着一定的方向和距离扩展，以吸引顾客为目的的辐射范围。商圈因素，就是指要对特定商圈进行特定分析。如车站附近是旅客往来比较集中的地区，适合发展餐饮、食品、生活用品；商业区是居民购物、聊天、休闲的理想场所，除了适宜开设大型综合商场外，特色鲜明的专卖店也很有市场；影剧院、公园名胜附近，适合经营餐饮、食品、娱乐、生活用品等；在居民区，凡能给家庭生活提供独特服务的生意，都能获得较好的发展；在市郊地段，不妨考虑向驾车者提供生活、休息、娱乐和维修车辆等服务。

（三）物业因素

物业因素，同样也不能忽略。在置地建房或租用店铺前，创业者应首先了解地段或房屋的规划用途与自己的经营项目是否相符；该物业是否有合法权证；还应考虑该物业的历史、空置待租的原因、坐落地段的声誉与形象等。同时该地区是不是环境污染区，有没有治安问题等都是创业者选择时需要关注的因素。

（四）个人因素

个人因素需要关注，但有时会被一些创业者过多地关注。一些人常常会考虑选择在自己的住所附近经营，或者选择离自己的亲朋好友近些的地点经营，然而这种做法，可能会令创业者丧失更好的机会或因经营受到局限，最终使得购买力无法得到突破。

（五）价格因素

创业者在选择经营地点时，要充分考虑价格因素，包括资金、业务性质、创业成功或失败后的安排、物业市场的供求情况、利率趋势等，以免做出错误的决定，对企业的经营造成不良影响。

二、不同行业企业的选址

（一）零售业、服务业企业的选址

零售和服务业企业成功的基础是拥有稳定的客流量，是选择人口密集的繁华闹市区，还是选择临近居民区的街面房，完全取决于你对顾客的定位和投资规模。以下是企业在选址时需要考虑的重要因素。

1. 顾客的数量和质量

零售服务业企业合理选址是为了最大限度地满足消费者的社会服务需求量。因此，在选择经营地点时应充分考虑顾客的数量和质量，一个较大的顾客群体，对市场的消费需求也就较高。由此可见，一个设置于闹市区的零售和服务业企业自然要比一个设置在偏僻地区的企业能获得更多更好的经济效益。同时，顾客的质量往往能决定他们的消费层次，因此，在企业选址时，也应充分考虑到企业的经营特色是否与当地的消费层次相适应。企业在选择地点时，一般应以可支配收入较多者的居住区域为企业的最佳经营地点。

2. 交通状况

城市道路交通是联系顾客与零售和服务设施的载体，也是重要的因素之一。在选择经营地点时，要考虑距离车站的远近、道路状况、车站性质及流动人员的数量和质量等。一些高档的消费场所也需要调查物业当中及周边是否包含足够数量的停车位，这也是很多消费场所失去顾客的无奈因素。

3. 商业环境

选择店址应考虑创业企业的经营地点附近的同行业规模和数量，如果在同一地区内已有过多的同行业商店，势必影响商店的经营效果。同时也需考虑周边地区是否有同类或配套的消费场所，有时消费场所共同扎堆就会形成一个圈子，这样既为消费者提供了便利，增加了消费者选择的余地，又能够利用这个优势来吸引大批量的顾客。

（二）批发业企业的选址

服务业主要追求特色与服务质量，而对于批发业而言，经营、公关、策划显得更重要。知名度、信誉度是批发业经营的基本策略，因此在选址方面，其自由度会更大一些。

1. 区位方面。批发市场与主城区距离远近要适宜。太远不利于流通效率；太近不利于周边环境、交通和居住状况的改善。批发场所必须有优越的公共基础设施条件。

2. 资源方面。首先要有足够的土地资源，以利于未来市场的发展；其次，有的批发市场建立在商品生产城市或者场所附近，有效发挥资源的聚集效应。

3. 交通方面。批发市场选择地址应是交通便利，能够高效、快捷地到达邻近的零售市场的地点。

4. 人文方面。批发市场的建立和发展，必须得到附近居民和单位的认同，避免存在利益冲突，影响发展。

5. 政府的支持。有些地方的政府对于批发业的选址进行了规划，将某一行业的批发商集中安排在某一街区中，从而形成一个以批发为主，零售为辅的商业圈。

（三）生产企业的选址

1. 自然条件。每个生产企业的厂址对于用地的面积、地形、工程地质、水文地质条件，用水的数量、质量，"三废"的排放与处理，供电、供热、运输等方面都有特定的要求，选择地点时应尽量满足。

2. 国家和政府相关要求。生产企业的厂址应符合国家和政府在国防、安全、卫生、防震和防火等规范的相关要求。

3. 交通情况。要注意靠近原材料的生产地或靠近销售市场，同时便利的交通还可以减少运输成本、人员的住宿和交通费等。

4. 对环境的影响。工业企业往往对周围生态环境产生影响，对附近的居民区带来诸多不便，也会影响到自身的生产动作。因此，在选择厂址时应尽量选择有相应配套的工业区，否则企业就需要引进先进设备，无形中增加企业的生产成本。

三、创业企业选址的步骤

（一）商圈调查

创业企业的销售活动通常都有一定范围的地理界限，即相对稳定的商圈。因此，在选址方面，事先要做好细致科学的调查研究。对企业周边的交通因素、地理位置、经营规模等方面的情况进行了解，并根据这些资料开始划分商圈。比如，以肯德基划定商圈为例，就应该调查如下情况：某个地区有一个大型商场，商场营业额在1000万元的加一分，5000万元的加5分；有一条公交线路加多少分，有一条地铁线路加多少分等。通过细致的打分，把商圈划分成几大类。以北京为例，有市级商业型、区级商业型、定点消费型、社区型、社区商务两用型、旅游型等。

(二)确定范围和目标

按照企业发展战略,在商圈调查的基础上,选择某一地区,再在同一地区选择若干经营场所。以零售店铺为例,搜索的途径很多,可以通过房屋中介公司、物业公司或者各种商用房等的招租广告或实地查找。但一般来说,物美价廉的好商铺通常非常紧俏,不通过中介公司代理出租,这时就可采用房屋租赁网站、专业服务公司的信息平台等信息搜索渠道逐个搜索。

(三)取得合适的经营场所

要取得合适经营场所,首先必须了解可租赁场地的情况,如商铺、办公室、厂房、仓库等。其次,要进行租赁谈判。其内容包括:租赁期、租金、押金/违约金和支付条件;装修、物业、水电等费用;审核业主的产权文件;签订租赁合同。除此之外,还应注意一些租赁陷阱,如房屋是否违章建筑或有无合法产权等。

任务五 设计名称与标志

任务布置

1. 以创业团队为单位,设计符合自己创业企业的名称;
2. 设计符合自己创业企业的标志;
3. 阐述创业企业名称的含义和标志设计的理念。

知识准备

对于企业而言,名称与标志存在于消费者头脑中,会形成一种与众不同的内在印象和认知,代表的是一种客户资源。因此,好的名称和标志,能引起消费者的注意,会成为创业者与消费者之间的良好媒介。百度,名字比较有诗意,"百度"二字源于中国宋朝词人辛弃疾的《青玉案·元夕》词句"众里寻他千百度",象征着百度对中文信息检索技术的执著追求。而且百度的核心价值观是简单可依赖,与古词的内容相契合,再加之简单易记,由此风行开来。

一、企业名称的设计

(一)企业名称设计的要求

现代企业很注重通过宣传、推广企业的名称来树立企业形象,开拓市场。企业名称一般由专用名称和通用名称两部分构成。前者用来区别同类企业,后者说明企业的行业或产品归属。中国人历来重视"名",所谓"名不正则言不顺",名不仅是一个称呼,一个符号,而且体现企业在公众中的形象。企业的命名除以国别、地名、人名、品名、产品功效名、动物、植物等作为考虑因素外,还应考虑艺术性,应当尽可能运用寓意、象征等艺术手法。企业取名要求可概括为:简练明确、易记好懂、针对问题、符合厂情、富于个性、形象生动。

(二)企业名称设计的种类

企业名称不仅仅是消费者识别企业的标志,更重要的是如何利用名称来吸引、征服消费者的心,从而带动企业产品的销售,带来长远直接的经济效益。常见的企业名称设计的种类如下:

1. 以主营商品命名,唤起消费者的依赖感。例如,北京老字号"六必居酱菜园"突出了该店商品用料必净、加工必细等特点;"精时钟表店"可使人联想到钟表的精确和准时。

2. 以人名命名,使特定的人和特定的商品建立起直接联系,容易使商品在消费者心理留下深刻印象。如东坡肉、叫花鸡等,这种名称命名方法可以诱发消费者购买商品的积极态度。

3. 以商品的产地命名,符合消费者求名、求特、赏新的心理。如云南白药、北京烤鸭、汾酒、金华火腿等等。这种方法可以增加商品的名贵感和知名度,使消费者买到货真价实的特色商品。

4. 以象征吉祥、美丽、发达的名词命名,迎合消费者的喜庆吉祥心理。我国消费者受民族文化传统影响,历来把吉祥喜庆作为一种重要的心理需求。因此,以寓意美好的词语或事物命名,可以给消费者以吉祥如意的心理感受。如北京的"全聚德"、"同仁堂"、"稻香村"等老字号,因其美好的命名而备受消费者的青睐,历久不衰。

(三)企业名称设计案例分析

案例一:索尼

1953年,日本索尼公司创始人盛田昭夫第一次出国时,就察觉到他们公司的全名"东京通信工业公司"放在产品上不大好看,读起来像绕口令,决定改个名字。

盛田昭夫和井深大(现任索尼公司名誉董事长)常常一起翻字典找名字。有一天,他们翻到一个拉丁字Sonus,意为"声音",听起来很有音感,刚好同该公司从事的行业关系密切,于是他们开始在这个字上打转。这个拉丁字相关的英文,不管是Sonny或者Sunny(阳光普照),都有乐观、光明、积极的含义,这点非常符合他们的自我形象。美中不足的是,Sonny读起来与日本字"输钱"谐音,有些"触霉头",后来盛田昭夫灵机一动,去掉一个"n",就拼成了"Sony"。

案例二:张裕

一百多年的历史积累,使张裕常生出些神秘,这也包括"张裕"名字的本身。曾有人猜测,张裕是某人的姓名,此言仅对一半。张裕创始人是张弼士,张裕无疑取一张姓,那么"裕"字又做何解呢?其实这是选择了一个吉兆字眼,总之是有"丰裕兴隆"之意。张弼士在南洋及两广一带的公司及铺面也常取"裕"字做宝号,如裕和、裕兴、裕昌、富裕等。而在"裕"字之前加以张姓,却绝无仅有,有特别看重之意。

二、企业标志的设计

所谓标志,是以独特造型的物体或特殊设计的色彩附加于企业的建筑上而形成的一种识别载体。企业标志是企业的一面旗帜,是企业形象、实力、规模、效益、价值观的浓缩和凝练表达,同样也是企业文化、理念、精神凝聚的灵魂。

(一)企业标志设计的基本要求

第一,新颖独特。避免相似或雷同是设计标志最基本的要求。别具一格的标志可以将本企业与其它企业明显地区别开来,使消费者形成正确而清晰的认知。

第二,统一。连锁店或企业集团内各个分店或分支机构的标志必须是统一的,使消费者从标志中感知到企业的整体形象。

第三,鲜明。标志力求色彩鲜明,以便形成的视觉冲击效果,给消费者留下深刻的印象。如肯德基快餐店的红白对比,麦当劳快餐店的红黄对比,这些标志都因对比鲜明而产生了良好的视觉效果。

第四,醒目。标志在形状大小和位置设计上还应做到醒目突出,能够为消费者迅速觉察。例如,日本的大百货商店建筑物顶端常竖有葵花、和平鸽等巨型标志,数百里之外仍清晰可见。

(二)企业标志设计的定位

1. 以企业理念为题材。企业理念包含企业的宗旨,企业文化等,比较抽象。将企业独特的经营理念和企业精神、企业文化、采用抽象化的图形或符号具体的表达出来就显得尤为重要。一般可运用象征、联想、借喻的手法进行构思。

2. 以经营内容与企业经营产品的外观造型为题材。对于一些行业特点较强,其形态具有广泛认知度的企业可使用这一点进行设计,这个方法具有形象直观,易认易记的优势。

3. 以企业名称的首字母为题材。一般是由单字母、双字字首等多种形式。其设计特点,在于取字首形成强烈的视觉冲击力,强化字首特征,增强了标志的可视性,便于消费者辨认与记忆。如麦当劳(McDonal's),就是取 M 作为其企业标志。

4. 以企业名称或字首与图案组合为题材。这种设计形式是文字标志与图形综合的产物,兼顾文字说明和图案表现的优点,具象和抽象的结合。两种视觉形式相辅相成。

5. 以企业名称和品牌名称为题材。这是近年来在国际上较为流行的做法,易识、易记。即所谓名称标志,他可以直接传达企业的信息。在企业名称字体的设计中,采用对比手法,使其中某一字母具有独特的差异性,以增强标志图形的视觉冲击力。

(三)企业标志设计案例分析

案例一:金利来商标

金利来商标是公司创始人曾宪梓先生1970年亲自设计的。它包括商标图案、牌名英文goldlion、中文金利来三者构成一个整体。

Goldlion中文译为金狮,是喜庆吉祥的象征,给人带来幸福。狮为百兽之王,喻示在服饰行业里,独占男人世界的鳌头,具有王者的风采,创出中国名牌,世界名牌。但是粤语金狮和"今输"同音,为免犯忌,便用音译,便成了今天的"金利来",中文牌名的改动,既不失原来金狮的王气,又含有金利滔滔的佳兆。牌名响亮,雅俗皆宜,大受欢迎。

金利来的商标图案是goldlion的缩写G.L拼合而成的,其内涵还是金狮,其视觉形象使人联想到〇为地球,L是金狮,地球上雄踞着一头金狮——唤醒东方,预示金利来企业的产品有着无限的广阔前程,在英文牌名金狮的上方,恰似金狮戏绣球。而且在中国人的心目中,圆还有圆满、完美的意蕴,这是金利来的产品的品质追求。英文标准字用毛笔书写,飘洒起伏的笔画间,描绘出丝绸之路的逶迤,闪动着东方民族的神韵,英文字的底线则起着联结的作用,商标的标准色为金黄色,象征着金元滚滚而来的好运。

案例二:日本三菱企业

日本三菱企业的象征物由3个菱形组成,这个标志蕴含了三菱形"人和"的企业理念,并表达出企业内部所孕育的朝气。三个菱形的标志,是公司创始人岩崎弥太郎在狱中设计的—就因为他在狱中,所以此标志的诞生让人感到惊讶。岩崎弥太郎是德川幕府末期的上佐藩士,在当时很活跃。他在狱中认识了一个神奇的老人,这位老人告诉他,如果想要推翻德川幕府,推行王政复古运动,必须拥有政策资金,所以,先要学习、研究经济学,并告诉他企业发展最重要的是"人和"。他在这位老人的启发下,把3个人形组成一个图案,最后修正为3个菱形的标志。据说岩崎祖先是武田流水笠原氏,三个重叠的菱形是他家族的族徽,因此,三菱形象征物还具有纪念的意义。

评价

寻找创业项目评价表

评价项目	具体指标	小组自评	小组互评	教师评价	总评
创业环境的分析	资料收集的针对性,分析的准确性和深入性				
创业项目的选择	有市场前景,有自身特色,可操作性强				
经营地点的选择	能明确分析经营地点所处的商圈情况,符合行业发展的要求				
创业项目名称与标志的设计	名称设计的简练明确、易记好懂、形象生动,标志设计的独特、新颖、鲜明,有文化内涵				

拓展训练

作为一个创业者,首先要思考什么是自己的创业资源,包括"没有左膀右臂"也应该作为资源来对待;其次要考虑这些资源在怎样的运作下才能成为优势,要跳出传统的框框去思考。运用上述思想,认真思考并按下列材料进行总结。这是一个重新组织自己创业资源的过程,要实事求是,有就写,没有就空着。材料中所列的各项资源仅供选择时参考,适合就打"√",不适合就在后面"其他"项自行填写。

创业者资源检视

针对你的创业愿望,请重新评估你的创业资源。

我的有形资产资源是:现金□ 房屋□ 设备□ 材料□ 运输工具□ 其他:_____

我的有形资产的优势是:_____

我的有形资产的劣势是:_____

针对创业我拟采取的对策是:_____

我的无形资产资源是:特殊技能□ 经营权□ 秘方□ 口碑□ 声誉□ 其他:_____

我的无形资产的优势是:_____

我的无形资产的劣势是:_____

针对创业我拟采取的对策是:_____

我的社会关系资源是:亲属□ 朋友□ 同学□ 其他:_____

我的社会关系的优势是:_____

我的社会关系的劣势是:_____

针对创业我拟采取的对策是:_____

我的人际交往资源是:人缘□ 交际能力□ 其他:_____
我的人际交往优势是:_____
我的人际交往劣势是:_____
针对创业我拟采取的对策是:_____
我的体力资源是:力量□ 速度□ 耐力□ 灵活□ 其他:_____
我的体力资源优势是:_____
我的体力资源劣势是:_____
针对创业我拟采取的对策是:_____
我的脑力资源是:算术□ 语言□ 悟性□ 记忆□ 其他:_____
我的脑力资源的优势是:_____
我的脑力资源的劣势是:_____
针对创业我拟采取的对策是:_____
我的技术资源是:经营管理□ 销售□ 烹饪□ 修车□ 养鱼□ 品茶□ 其他:_____
我的技术资源的优势是:_____
我的技术资源的劣势是:_____
针对创业我拟采取的对策是:_____
我的知识资源是:学历□ 阅历□ 社会知识□ 其他:_____
我的知识资源优势是:_____
我的知识资源劣势是:_____
针对创业我拟采取的对策是:_____
我的学习资源是(能学什么):手艺□ 语言□ 其他:_____
我的学习资源优势是:_____
我的学习资源劣势是:_____
针对创业我拟采取的对策是:_____
我的兴趣资源是:花卉□ 汽车□ 其他:_____
我的兴趣资源优势是:_____
我的兴趣资源劣势是:_____
针对创业我拟采取的对策是:_____
我的经历资源是:下乡□ 参军□ 其他:_____
我的经历资源优势是:_____
我的经历资源劣势是:_____
针对创业我拟采取的对策是:_____
我的经验资源是:销售经验□ 经商经验□ 管理经验□ 其他:_____
我的经验资源优势是:_____

我的经验资源劣势是:_____

针对创业我拟采取的对策是:_____

我的年龄资源是:年轻□ 中年□ 老年□ 其他:_____

我的年龄资源优势是:_____

我的年龄资源劣势是:_____

针对创业我拟采取的对策是:_____

我的民族资源是:少数民族□ 特殊风俗□ 其他:_____

我的民族资源优势是:_____

我的民族资源劣势是:_____

针对创业我拟采取的对策是:_____

我的相貌资源是:憨厚□ 机灵□ 俊美□ 其他:_____

我的相貌资源优势是:_____

我的相貌资源劣势是:_____

针对创业我拟采取的对策是:_____

我的其他资源是:_____

我的优势是:_____

我的劣势是:_____

针对创业我拟采取的对策是:_____

按重要性排序,我的优势资源是:

1._____ 2._____

3._____ 4._____

5._____ 6._____

按重要性排序,我的劣势资源是:

1._____ 2._____

3._____ 4._____

5._____ 6._____

扬长避短,把自己最大的资源优势转化为创业优势的对策是:_____

很多人在进行该资源分析后,发现自己的优势资源并不多,甚至很少,从而感到很渺茫,不知所措。其实这是正常的现象。分析创业者创业资源的目的就是根据创业的特点重新清理和整合个人资源,搞清楚什么是自己的优势资源,什么是自己的劣势资源,从而扬长避短,充分利用自己的优势资源进行成功创业。

拓展阅读

拓展阅读1 福州市台江商圈分析

在创业项目选择合适的经营地址过程中,商圈的调查起到关键性的作用,下面以福州市台江商圈调查为例，进一步说明商圈调查的重要性。

一、商圈背景

台江商圈，历来是福州商品批发的主要集散地，具有自己的风格。台江区，作为全省商贸中心区，经济实力雄厚，市场商贸繁荣，拥有年成交量和营业额居全国同行业前列的鳌峰洲水产批发市场。区内"三大商贸圈"日臻完善：中有福州步行街、榕城美食街、元洪美食大世界、服装鞋帽城、特艺城、沃尔玛购物广场、好又多量贩超市；东部鳌峰洲，以糖酒、农副干杂、油脂、家禽、水产等 10 大批发市场组成全省重要的副食品批发走廊；西部以台西科技园为主，开辟工贸市场，同时铸就了 10 条商贸专业街。台江商圈，正逐渐成为地段繁华、人流量大的商业地带。

二、主要业态分布

经历千年沧桑的台江商圈，现今经过政府的精心改造，政府对台江商圈长远的规划、定位和政策扶持，使该地区以台江元洪城为中亭街中心，初步形成了服装、家具、家用电器三大主导业为主的商贸业态。尤其是君临天华和群升国际新型商业项目的入驻让台江商圈如虎添翼，逐渐成为福州的一个聚宝盆。

号称东亚第一的室内步行街——中亭街，主要业态为服装批发、家居饰品类、家电类。其中，服装以批发为主，零售为辅，主要是经营中低档服饰，消费群体为工薪收入的市民和年轻人，一次性购买数量大。而连接服装批发的中亭美居家具博览中心、台江步行街及元洪城，也以自己的群体地位，为台江商圈吸引来大量的人气。其次，中亭街的家电连锁氛围也是很引人注目的。国美电器、苏宁电器、永乐生活电器以及大中电器的相继进驻，使中亭街铸就成福州人气最旺的家电零售中心。现在虽然大中电器已是明日黄花，但是中亭街的家电销售份额依旧位居榕城第一。关注全国各地的家电销售，业内人士都称，福州中亭街的家电销售状态，在全国也是少有的。同时，为把台江区建设成富有特色的全省现代商贸中心区，台江不断引进新型业态。国内外大型企业、知名品牌纷纷抢滩入驻，餐饮业、娱乐业突起，将新的商业、娱乐设施、大型购物中心等新型社区设施融为一体。尤其是安平和天华地块的改造，把中亭街和"两街"有机相连，形成了新的旅游、购物、文化、餐饮黄金旺地。

三、商圈定位

台江商圈是商贸旺地，是福州人的共识，而"中低档"也是目前福州人对其的共识。多年来，不少当时新型商业物业均信心百倍地入驻台江商圈，主要有两个意图：一是占领传统商贸旺地，二是改变这块商业土壤的"低档"成分，借其商业人气，"抢夺"区域同期缺位的高端商业"蛋糕"。这种商业理想从上世纪 90 年代至今从未间断：亚细亚、华联商厦、元洪购物广场、步行街，中亭街、君临天华、群升国际，明里暗里似乎都在较劲着，希望将这块传统商业旺地拖出"低档消费场所"的阴影。但现实是：亚细亚最终败走，目前变身为木地板材批发市场；华联商厦名噪一时，最终关门转让；元洪购物广场经营多年后同样转手新东百。期间，当时最为人瞩目、商业体量最大的中亭街改造，至今也没起到完全脱离台江商圈"低端"的名声。

不过，也正因此台江商圈在多次的商业洗牌中，其消费环境确实得到了不断提升，且因华联商厦、元洪购物广场、步行街、中亭街的努力，商圈内的中端产品也占据了一定市场，中低端商品消费区基本成形。因此，台江商圈可以以销售服装、电子类产品为主，同时兼容餐饮和娱乐业，形成具有特色的商业街。

四、商圈的优劣势

（一）商圈优势

1. 地理优势

台江在历代都以商业定位作为城区发展的模式，宋代就形成集市，物华天宝，商贾云集，是福州商贸文明的发祥地。近代五口通商后一直是福州的口岸码头，那时建成的上下"双杭"是福州商业的见证和发源地。在当时，其影响已经遍及了国内外的商务活动中，造就了一大群的豪门商贾。自从成为街市以来，福清、长乐、连江和闽东南生意人进军福州都在这里落脚。这种商贸型发展根深蒂固地刻印在人的思维和城市的建设之中，因此，台江商业文化的底蕴是其他地方不可比拟的。此外，台江达江路则是台江商贸圈的腹心地带。达江路是福州市区南北走向的重要干道，位于五一南路和中亭街之间，与达道路和台江路南北成工字形交接，北向同广达路相连，全长约700米，东侧分布有南方灯具市场、安平五金城两大专业市场，西侧为正在开发的"君临天华"商业步行街一层近百间独立临街店面；其地处台江商圈的中心，素有"黄金宝地"之盛名。

2. 商业规划优势

自从省委省政府提出建设海峡西岸经济区的发展战略后，福州作为海峡西岸经济区的首位城市将如何"做强、做大"已摆上福州各级政府的重要议事日程，中心城市的优越地理位置使其的辐射力得到进一步增强。而台江区域2000多年历史所积淀下来的商业辐射力也无形中得以扩展深化。福州市不久前通过的《城市商业网点"十五"建设及2010年发展规划》为大福州商业发展定位，即成为我国东南沿海地区的区域性商贸中心城市，并确定城市中心商业零售网点布局的发展结构为"一个商业核心区（城市商业核心区，即鼓台商业核心区）、一个滨水开发带（即闽江滨水商业景观带）、七个片区"，即"一核一带七区"。规划还重点突出了福州市要建设35条商业街区的构想，同时在批发市场及物流园区建设上，提出了要着力建设一批辐射全省乃至全国的市场。

3. Shopping Mall 优势

Shopping Mall，意为超级购物中心。它是指在一个毗邻的建筑群或一个大型建筑物中，由一个管理机构组织、协调和规划，把一系列的零售商店、服务机构组织在一起，集多种商业业态于一体，提供购物、休闲、娱乐、饮食、旅游、金融等全方位服务的一站式消费中心。

随着MALL入驻台江商圈，它们也对该商圈的发展起到了一个很好的托市作用，而台江是MALL这种新型商业业态在福州的起源地，因为在福州最早提出MALL概念的就是位于台江的商业地产项目中洲岛，而且目前台江商圈是福州MALL最集中的商圈，而MALL的辐射面是针对整个福州城的,福州良好的经济发展前景给MALL的发展带来了良好的条件,它们的繁荣将会使台江商圈成为占据福建首位的商业经济区。现在立足台江商圈的几个MALL的规划均配套完善,管理科学,商业业态分布合理,有自己经营特色。比如像宝龙·城市广场,不仅具有五星级国际影城、大型童话世界及异国风情的购物环境,且与商业妥善配合,并具有高素质的商业管理队伍。

4. 产业市场优势

台江台农服装城(原台江农贸市场)和中亭街服装中心,是福州的两大服装交易中心。台农服装城的前身是台江农贸市场。1990年1月8日开业至今已有15年的历史,经历了台江农贸市场、台江集贸市场、福州服装鞋贸城和台农服装城四个阶段。开业之初,台江农贸市场即以其规模宏大、品种繁多、交易活跃而远近闻名,是当时全国最大的室内农贸市场。台江农贸市场是台江中部商贸圈的核心,是福州的"商魂"。

(二)商圈劣势

政府将"两街"定位于百年老店特色街和现代都市休闲区,但由于后期的商业经营管理不善,古街和步行街的定位一再调整,导致整个街区特色不突出,文化品位不高。而长期以来,台江商圈中批发、小商品商户占大多数,缺乏一个能够拉升带动整个商圈的有力商户。但最主要是由于台江商圈档次低、规划差。台江商圈一度繁华,曾引领过福州商业的发展潮流,三大老街更是福州旧时商业的集中地,但在发展中,台江商圈逐渐成为低档商品横行的市场。在中亭街,不少店面依旧以批发为主,档次并不高,"跳楼大甩卖"的标语和口号也不少见,这些都很容易让消费者认为台江商圈整体档次低下。此外,缺少规划一直是台江商圈档次不高的症结所在,以中亭街为例,曾经的环宇百货、闽台书城在进驻不久后就纷纷撤离,在规划过程中,中亭街曾多次更改规划设计,因为规划凌乱,经营上也曾经不尽如人意。

五、发展趋势

从福州未来商业规划来看,福州地区的发展将按三个圈城来规划:核心圈城以鼓楼、台江为主,中心圈城以三环路以内为主,外围圈城从三环到闽江口流域。而以鼓楼、台江为主的核心圈城将发展成为海峡西岸经济繁荣带的商业、物流中心,是福州市政府规划中的重中之重。同时,在加快建设海峡西岸经济区、做强做大省会中心城市的浪潮中,福州城市将不断扩大、发展,经济水平、消费人口、消费能力及区域辐射能力也将不断得到进一步提高。

拓展阅读2 北大法硕卖米粉,曾被董明珠狠批

张天一生于1990年,伏牛堂创始人,北大法学硕士。今年四月,他写的《我硕士毕业为什么卖米粉》在朋友圈广为传播,"硕士粉"一时成为热词。

以下为张天一的讲话全文:

一、不想堵车才骑自行车

简单的说我就是卖米粉的,我的店叫伏牛堂,今年4月4号成立。最早是由我和三位小伙伴，凑了10万块钱，找了高大上的环球金融中心的地下室的拐角，开了一家30平方米的、比路边摊好一点的牛肉米粉店。到今天伏牛堂运作三个月，我们更好、更强大的朝外SOHO店也开起来了。三个月，我们发生了怎样的变化呢？

首先团队成员从原来的4个人变成了现在的14个人，以及场所由最早的30平方米变成了现在的180平方米。短短三个月，我们的人员翻了将近300%，场地面积翻了将近400%。我遍查人类发展史，达到这样快速发展的组织好像只有一个，就是我们党。所以目前来看，伏牛堂还是一个比较有前途的企业。

现状看来比较风光，但不妨把镜头倒回三个月前，看看我们的苦逼岁月。我们是怎样开始的？以及我们为什么要卖米粉？

说到卖米粉这个话题非常沉重，因为就在半年前，我还是一个应届毕业生，面临着找工作的问题，从来没想过创业。我学金融法，工作去向很窄，苦逼的人去金融街，牛逼的人去投行。所以找工作时，我产生了两个困惑。

第一，所有人都去投行搞金融，谁来搞实体？投行的钱投给谁？我发现现在不是项目招投资人，而是投资人追着项目跑，钱没地方去。

第二，当所有人都去挤仅有的几个选择时，却有大把的工作没有人做。这就像我每天去伏牛堂上班，路过国贸时的一个场景：三环路上永远在堵车。国贸是个好地方，大家都想去，可更有可能的结果，不是大家都到了这个好地方，而是都堵在了通往好地方的路上。

所以每天早上八点半，我最爽的一件事，就是骑着我的破二手自行车，慢悠悠把一辆辆奔驰、宝马、丰田、本田甩在身后。创业对我而言，更像是一个被动选择，我不想堵车，所以选择骑自行车。我们是非主流创业者，被逼出来的，恐惧一种生活，所以选择另一种生活。我们知道如果做不好，只能苦逼的回到不想过的生活上去。

这就是我创业的初衷。决定卖米粉时，心理压力非常大。硕士毕业出来卖米粉，怎么跟老师、朋友、周围人说？困惑很大，心理负担也很大，几宿几宿地睡不着觉。直到有一天，我北大的导师吴先生给我讲了一个50年代中国发生的事情。

时任国家主席的刘少奇，接见北京的一位掏粪工人。他是全国的劳模，当时刘少奇主席握着他的手说了一句这样的话："你我本无不同，只是分工有别，都是为人民服务。"这个故事是一个50后讲给我这个90后听的一个发生在50年代的故事，居然给了我非常大的触动。他给我传达了这样一个信息：一件再小的事，只要肯用心去做，做一辈子，最后都会实现你的个人价值和社会价值。

二、别拿互联网思维说事儿

很多人说伏牛堂是一个互联网思维经营的米粉店，对于这种论调，我只有两个字回应，呵呵。我们就是一个卖米粉的，最终吃到嘴里的就是一碗米粉。所以要澄清一下，我们是一个非常传统的米粉店，虽然在今天这样一个互联网平台上演讲，但跟互联网关系真的不大。

但是作为一群在互联网时代从事传统行业创业的年轻人，互联网到底有没有给我们带来改变呢？这一点我不能否认，互联网确实对我们的商业是有影响的，但仅局限于三点：

第一，借助互联网吸引人流。我们只有10万块钱，10万块在北京找一个像样的地方，搞装修、搞风格，基本是不可能的事。找来找去最后找到环球金融中心地下室的拐角，一个没有人敢接盘的地方。但是我们一看乐了，这就是我们要的地方，一流的商圈、十流的位置。我们相信互联网可以给我们引来人流，所以愉快地选了这儿。

第二，借助互联网精确找到消费者。湖南米粉在过去的一百年间，都没有在北京打开过市场，因为它又油又辣，根本不是北方人的菜。包括今天也有很多人给我们伏牛堂提建议，说你的米粉太辣了、太油了等等，但是我的米粉依然是这么油这么辣。因为我清楚地知道，在这个互联网时代，我能精准地找到北京大约30到40万接受我这个口味的湖南人。我不需要满足2000万人的胃，我只需要坚持做我自己就好了。

第三，借助互联网保持核心竞争力。传统的餐饮是封闭、保守的，它全部的核心秘密在于厨房，厨房的核心秘密在于招牌菜的配方。可是对我们而言，我的厨房是开放、公平、包容的，伏牛堂的核心配方我们会以漫画的形式，清清楚楚、明明白白地告诉大家，如果感兴趣甚至可以来伏牛堂找我教你。我清楚地知道，既使我交了这个配方，明天我旁边出现伏猪堂、伏鸡堂、伏狗堂，但跟我们是不一样的。因为我们真正的生机在于我们运营了三个月，我们有了8个QQ大群、3个微信大群，以及微博上这将近1万人的湖南人的粉丝群体，这才是我们真正的核心竞争力。

这三点是互联网对伏牛堂这样一个传统餐饮企业带来的改变，但远远没有到思维的层面上。如果一定要用一句话总结互联网对我们的影响，我总结了一句这样的话：互联网为我们4个一无所有的年轻人，提供了一个在一无所有的时候坚持做自己的机会。要知道在传统时代，一个人没有资本，面对强大的社会与现实，要谈自己、做自己是一件很奢侈的事情。但至少现在看起来，我们做到了。

三、需要的不是被改变 而是尊重和理解

做了三个月，最大的收获在哪儿？我现在发现创业三个月，最大的收获跟我在创业之初所预期的不太一样。创业之初我怀着勃勃的雄心，想改造餐饮这个传统行业，把它做大、做强，有更多店、融更多钱、招更多人。目前来看这些都做到了，但不是我最兴奋的东西，我最兴奋反而不来自于创业本身，来自于别的地方。

刚做伏牛堂时，只有我们4个合伙人。牛肉是我们自己切的，自己炒的，自己炖的；米粉是我们自己进货、自己泡，自己发，自己煮。所有的工作都是自己做，所以在最开始创业时，我们有两个身份。第一，创业者。第二，基础的体力劳动者。我最大的收获不是来自于创业，而来自于我们作为基础的体力劳动者。

在从事基础的体力劳动的过程中，我突然发现，我要跟很多以前接触不到的社会的边边角角打交道，卖菜阿姨、垃圾房大叔、保安哥哥……跟这些人打交道，看到他们的生活状态，会有一个震撼式的改变。那就是曾经你在进入这个行业时，你想改变世界的想法是错的，因为对这个社会绝大多数人而言，他们需要的不是被改变，而是尊重和理解。

举个例子，伏牛堂环球金融中心店的东南角是一个鸡蛋灌饼摊，一家三口，大哥大姐还有一个不到10岁的小妹妹。旁边是一辆铺着棉絮的板车，三个人轮流卖饼，谁累了谁去睡觉。在伏牛堂有时干得非常累，对客人没办法笑，我去那儿买鸡蛋灌饼，他们依然微笑地跟我聊天。这时我就意识到，我这种累跟他们比，真的是一种书生式的无病呻吟。

再举一个例子，伏牛堂早期有很多新闻媒体关注，天天跟着跑。有次两位电视台的同志，一直跟我们拍一个纪录片。那会儿我们每天工作到晚上2点、3点甚至更晚，一天我们已经两点钟收摊了，摄像大哥跟我商量说，我们去环球金融中心旁边的天桥上，你摆一个45度角仰望星空的造型，我们拍一个空镜吧。我当时直接无语了，我说："哥，不行，我太累，我要回去睡觉了。"就回去了。

等到第二天早晨这两位同志又来了，全在那儿狂打喷嚏。我他怎么回事儿，他说当天晚上我没有去，所以他们两个人单独扛着摄像机去天桥上拍天桥去了。4月份北京的晚上还是比较冷的，那一刻我突然意识到，不是我一个人累，不是我一个人苦，其实媒体同志也很苦，谁愿意跟着一个90后的小孩，深更半夜拍东西还求着。所以从那儿以后但凡见到有媒体同志来采访，我只要有时间，一定不给通稿，一定跟他聊，尽量地配合。

经历了这样三个月的历练也好、体验也好，我发现现在我的生活节奏改变了。在马路上遇到发传单的同志，我一定接过他的传单对他笑一下，因为我自己给伏牛堂发过传单，我知道这个事儿有多难。每天用完洗手间，一定要把洗手间擦干净，因为我自己给客人收盘子，我知道保洁阿姨一大早起来收拾洗手间有多难；晚上回家看到门口站着的保安大哥还是早上那位，我一定对他笑一下，因为我自己当服务员，我知道脚在地上站一天是什么样的感觉。

这可能是我创业三个月以来最大的收获，我曾经想，如果我毕业了直接去当公务员、去当律师，我会想什么？说我想的更多的可能是公务员怎么更快地升迁，律师怎么更快地当上合伙人。虽然学校教过我为人民服务，但我从来没有在学校里见过什么是人民。所以，如果有一天伏牛堂确实经营不善，我回到老路循规蹈矩的生活，怎么办？可能我真的会坐下来，安安静静地想一想，如果我是公务员，怎样为人民服务。我这个年纪，可能是心怀梦想、迫切要实现个人价值的时候，这时如果一些事情给我们点醒一下，告诉你应该考虑考虑怎么才能为社会创造什么样的价值，这可能是人生一辈子的财富。

四、餐饮也可以很好玩儿

伏牛堂一个传统餐饮企业，可又是一群90后在做，在尊重传统行业规律的基础上，难道它不应该变得更好玩儿吗？我同意这点，只要我们把米粉做好，伏牛堂它应该更好玩儿，那怎么来玩儿呢？

第一个主题叫连接。有一句话叫做万物皆可连，不仅人跟人之间可以连接，事情跟事情之间也可以连接。所以未来在做好米粉的基础上，我们会把一切看上去跟米粉没有关系的东西，都连起来。我们花7天时间统计过一个数据，发现来伏牛堂消费的顾客超过45%是湖南人。那未来伏牛堂能不能做大数据企业,能不能针对顾客群挖掘数据,甚至说米粉是免费的,我制造一些消费场景,去卖湖南人需要的东西。

例如这件霸蛮衫,不是湖南人只会觉得这两个字很怪,湖南人就明白其中意思。这本来是我们所有的伙伴穿的衣服,但不停有湖南人问卖不卖,现在已经卖掉300多件。未来的伏牛堂有没有可能一半吃米粉,一半是服装店呢?我觉得是有可能的。

第二个主题是沙龙。普通连锁餐饮企业是一切都要标准化,但我们不这么做。我们第一家店是拉面风格,第二家就是咖啡店风格,用的是皮沙发。北京有车库咖啡,为什么不能有车库米粉呢?为什么大家不能边吃米粉边聊事儿呢?现在我们就在办这样的沙龙,效果很好。

第三个主题叫牛掰。你来店里吃米粉,店员跟你掰腕子,赢了免费,输了付双倍,多的钱我会捐给公益组织。未来我希望伏牛堂每一个店都好玩儿,都能给顾客带来不同的体验。

再比如在北京做湖南米粉,最难的是南北方的水质有别。我们就想有没有可能用科技手段来解决,就跟大洋彼岸的美国公司联系,问3D打印能不能打印牛肉米粉。米粉没聊明白,但下半年他会推出一种专门打印食物的3D打印机,确定至少能够打印一种糖果,叫伏牛糖。我们也不知道它有什么用,纯属因为好玩儿。

这就是我对伏牛堂的一个预期,能够把很多靠谱、不靠谱的想法马上实施。就像手机一样,可能我们传统的店只是一个手机而已,未来真正的价值取决于,我们有多少好玩儿的App加载进来,让它的功能更加强大。

五、未来要卖掉十万碗粉

我们尽力地让伏牛堂更有趣,但还是会反复遇到一些朋友说,我们做的事情不像改变人类未来的科技企业那样炫酷。但我前几天看到了这样一个故事,当年人类登月时,整个计算机系统的运算能力赶不上今天的一台iPhone,但当年人类就是凭着这样的科技,迈上了走向探索外太空的第一步。而今天每个人都拿着这样一台可以把人类送上月球的手机,干的事情却是刷朋友圈、刷人人、刷微博。我得出的结论是,改变人类未来的从来不是科技。科技是手段、是工具,不是目的,改变人类的只能是我们人类自己。

在这个人人都在谈颠覆、谈改变的时代,我认为真正炫酷的事情,是能不能让人回归人本身,回归人性。所以我坚定地认为,那些每天在我伏牛堂上演的事情,就是一件酷毙的事情。一位写字楼里衣衫革履的先生,或衣冠楚楚的女士,他走进了我的店,点了一碗又油又辣的米粉,10分钟之后,他衣冠不整、满头大汗,更有甚者哎呦喊辣。或者一个原本口音夹英夹中的人,吃了一碗米粉后会统一地变成湖南的普通话。

这种人心的回归是我认为最炫酷的事情,它和做谷歌、做App一样有趣、有意义。在这样一个大家都在谈情怀、谈思维的时代,我觉得与其整天谈这些有的没的,不如好好地把我的粉卖好。因为当一个时代大家都追捧一个东西的时候,恰恰说明一件事情,那就是这个时代缺这个东西。

未来的伏牛堂的愿景是什么？截止到今天我统计了一下，我们在三个月的时间，卖掉了15301碗粉。接下来的半年时间，有人问你要开多少家店、融多少钱、找多少人，都不是，我们只有一个目标，就是要卖掉10万碗粉。我是一个金牛座，很土的星座，我又是湖南人，很土的一群人中的一个，所以土上加土，创业这样的生活总让我觉得很虚浮、很不踏实。我宁愿把我的目标化成一碗又一碗的粉，这样我很踏实。

如果有投资人决定投资伏牛堂，我可以给一个投资建议，就是你对伏牛堂的估值永远不要是不靠谱的千万、亿这种单位，没有意义。对于我们这样一个土得掉渣的企业，我发明了一个估值单位，叫头牛。我们现在卖掉了1.5万碗粉，总共用掉了1.5头牛。到年底如果我们顺利地卖掉10万碗粉的时候，我希望投资人给我们的估值是7头牛。

谢谢大家。

以下为张天一与腾讯产品家的对话：

腾讯产品家：刚开始创业时怎样找到团队成员的？

张天一：我感觉早期创业公司招人，跟传销组织找人的方向是一样的，没有任何现实的回报，所以只能从朋友、亲戚等身边的人开始下手。早期招人还有一个非常重要的是搞股权。激励是没有用的，你必须让人对你这个组织先负上责。我的三个合作伙伴，一个准备要出国的，一个是实习的，还有一个我表弟，都是这样一样的情况，比较像传销。

腾讯产品家：选择风险投资机构时比较看重哪些方面的？

张天一：我是做传统行业的，一般接触的投资人都是做TMT的。所以就一个原则，问我毛利率、流水的话，这种投资人我们是不合作的。你跟我聊流水、平效，我就不聊了，你想投就投，不投我就不管了。

腾讯产品家：怎样保持自己创业的动力？

张天一：行为动机理论说一个人的动机有两个，一个是积极的因素，一个是消极的因素。绝大多数的创业者把创业当做一种信仰和追求，但对于我们而言，我是被动创业，好像后面有一个狼在追我一样，必须保持前进的动力。

腾讯产品家：怎么给自己开工资的？

张天一：我们就像是早期是根据地建设的红军，同工同酬，所有员工工资都是一样的。海底捞的高管曾想空降我们这儿，我说你降一半工资，他说不接受，那就不要来了。

腾讯产品家：对于短板有什么思考？

张天一：我最近有个困惑就是，突然有点儿思考不明白人生意义，不知道创业到底是目的还是手段。伏牛堂我有信心把它做到20家、30家连锁，但是有什么意义。技术上的问题都很好解决，但缺乏更上层的一些思想来指导，创业是一件很琐碎的事情，通常没有时间去读点儿哲学、宗教的东西。所以还是希望最后终极的目的，我能够搞得更明白一点。

（本文摘自第一财经网）

学习情境 4　选择商业模式

知识目标

1. 了解商业模式的含义；
2. 掌握商业模式的构成要素；
3. 了解企业商业模式的类型及学习借鉴方法。

能力目标

1. 能确定业务范围；
2. 能定位目标客户；
3. 能确定创业项目的盈利点；
2. 能分析团队商业模式的合理性。

引言

最近十年来,"商业模式"已经替换了"管理""营销""投融"等概念,成为全球顶尖企业家和管理大师的研究重点。管理学大师德鲁克指出:当今企业之间的竞争,不是不同产品之间的竞争,而是商业模式之间的竞争。有专项研究表明:美国、日本、韩国等地的那些以强健的生命力渡过危机的企业,大多数是商业模式健全的企业。戴尔、宜家、亚马逊等一批创新商业模式的卓越企业,不断为人们创造出更优质的生活,同时也给企业自身带来了巨额的财富。

任务一　解析商业模式

任务布置

1. 以小组为单位，查找一个企业的商业模式并进行分析；
2. 设计创业企业初步的商业模式。

一、商业模式的定义

商业模式（Business Model）也被称为商务模式、业务模式。关于商业模式的定义，理论界没有形成统一的权威解释，归纳起来大致可以分为三类：

（一）盈利模式论

此种理论认为商业模式就是企业的运营模式、盈利模式。埃森哲公司的王波、彭亚利（2002）认为，对商业模式可以有两种理解：一是经营性商业模式，即企业的运营机制；二是战略性商业模式，指一个企业在动态的环境中怎样改变自身以达到持续盈利的目的。迈克尔·拉帕（2004）认为，"商业模式就其最基本的意义而言，是指做生意的方法，是一个公司赖以生存的模式，一种能够为企业带来收益的模式。他认为，商业模式规定了公司在价值链中的位置，并指导其如何赚钱。

（二）价值创造模式论

此类理论认为商业模式就是企业创造价值的模式。阿米特和左特（2000）认为，商业模式是企业创新的焦点和企业为自己、供给商、合作伙伴及客户创造价值的决定性来源。Petrovic等（2001）认为商业模式是一个通过一系列业务过程创造价值的商务系统。杜波森等人（2002）认为，商业模式是企业为了进行价值创造、价值营销和价值提供所形成的企业结构及其合作伙伴网络，以产生有利可图且得以维持收益流的客户关系资本。阿福亚赫和图西（2000）提出，应当把商业模式看成是公司运作的秩序以及公司为自己、供给商、合作伙伴及客户创造价值的决定性来源，公司依据它使用其资源、超越竞争者和向客户提供更大的价值。

（三）体系论

此类理论认为商业模式是一个由很多因素构成的系统，是一个体系或集合。马哈迪温（2000）认为，商业模式是对企业至关重要的三种流量——价值流、收益流和物流的惟一混合体。托马斯（2001）认为，商业模式是开办一项有利可图的业务所涉及流程、客户、供给商、渠道、资源和能力的总体构造。贝因霍克和卡普兰（2003）强调了商业模式的综合性、直觉和创造精神。翁君奕把商业模式界定为由价值主张、价值支撑、价值保持构成的价值分析体系，提供了商业模式创意构思和决策的一种思维方法。罗珉、曾涛和周思伟（2005）认为，商业模式是一个组织在明确外部假设条件、内部资源和能力的前提下，用于整合组织本身、顾客、供给链伙伴、员工、股东或利益相关者来获取超额利润的一种战略创新意图和可实现的结构体系以及制度安排的集合;商业模式至少包括三个层面的含义:一是任何组织的商业模式都隐含有一个假设成立的前提条件,如经营环境的延续性,市场和需求属性在某个时期的相对稳定性以及竞争态势等等,这些条件构成了商业模式存在的合理性。二是商业模式是一个结构或体系,包括组织内部结构和组织与外界要素的关系结构,这些结构的各组成部分存在内在联系,它们相互作用形成了模式的各种运动。三是商业模式本身就是一种战略创新或变革,是使组织能够获得长期优势的制度结构的连续体。袁新龙和吴清烈(2005)认为,商业模式可以概括为一个系统,它由不同部分、各部分之间的联系及其互动机制组成;它是指企业能为客户提供价值,同时企业和其他参与者又能分享利益的有机体系;它包括产品及服务流、信息流和资金流的结构,包括对不同商业参与者及其角色的描述,还包括不同商业参与者收益及其分配的划分。

三类理论从不同的角度论述了商业模式的内涵。盈利模式论从企业运营的角度切入,认为商业模式就是企业如何因应环境变化合理配置内部资源实现盈利的方式,比较浅显易懂。价值创造模式论主要从价值创造的视角来考察商业模式,认为商业模式是企业创造价值的决定性来源。体系论强调了商业模式的综合性,研究的视角更宽泛、更全面,能够从各个维度更系统地诠释商业模式的实质。

商业模式的设计是商业策略的一个组成部分。而将商业模式实施到公司的组织结构及系统中去则是商业运作的一部分。这里必须要清楚区分两个容易混淆的名词:业务建模通常指的是在操作层面上的业务流程设计;而商业模式和商业模式设计指的则是在公司战略层面上对商业逻辑的定义。

二、商业模式的构成要素

目前,商业模式概念的多样性以及研究者对商业模式认识的侧重点不同,势必影响到研究者对商业模式构成要素与要素结构划分的高度差异化。研究者认为,商业模式的构成要素少则3个以上,多则20几个不等,其中价值提供、生产运作模式、顾客界面/关系、伙伴关系与内部基础设施/活动是被广泛关注的要素。

Osterwalder(2004)在综合了各种概念的共性的基础上,提出了一个包含9个要素的参考模型。这些要素包括:价值主张、消费者目标群体、分销渠道、客户关系、价值配置、核心能力、合作伙伴网络、成本结构、收入模型,如表4—1所示。

表 4-1　Osterwalder 商业模式的构成要素

要素	要素释义
价值主张	企业通过其产品和服务所能向消费者提供的价值、确认了企业对消费者的实用意义
消费者目标群体	企业所瞄准的消费者群体，这些群体具有某些共性，从而使企业能够针对这些共性创造价值
分销渠道	企业用来接触消费者的各种途径，这里阐述了企业如何开拓市场。
客户关系	企业同其消费者群体之间所建立的联系
价值配置	资源和活动的配置
核心能力	企业执行其商业模式所需的能力和资格
合作伙伴网络	企业同其他公司之间为有效地提供价值并实现其商业化而形成的合作关系网络
成本结构	所使用的工具和方法的货币描述
收入模型	企业通过各种收入流来创造财富的途径

赫迈尔（Hnmel）认为商业模式的主要素有核心战略、战略资源、伙伴网络、顾客界面。其中每个主要素还包括相应的次级要素，如表 4-2 所示。

表 4-2　赫迈尔（Hnmel）商业模式的构成要素

主要素	次级要素
核心战略	企业使命、业务范围、竞争差异
战略资源	核心能力、战略资产
合作伙伴	供应商、其他合作关系
顾客界面	目标市场、销售实现与支持、定价结构

三、制造企业的商业模式

制造商、品牌商、经销商、终端商，都有自己比较独特的商业模式。针对快速消费品与耐用消费品制造企业来说，制造企业商业模式主要有以下六种形式。

（一）直供商业模式

主要应用在一些市场半径比较小，产品价格比较低或者是流程比较清晰，资本实力雄厚的国际性大公司。直供商业模式需要制造商具有强大的执行力，现金流状况良好，市场基础平台稳固，具备市场产品流动速度快的特点。由于我国各地市场特点迥异，渠道系统复杂，市场规范化程度比较低，在全国市场范围内选择直供商业模式是难以想象的，因此，即使如可口可乐、康师傅等企业也开始放弃直供商业模式。但是利润比较丰厚一些的行业与产业还是会选择直供商业模式，如白酒行业，很多公司就选择了直供的商业模式。

（二）总代理制商业模式

这种商业模式为我国广大的中小企业广泛使用。由于我国广大的中小企业在发展过程中面临着两个核心难题：其一是很难在短时间内构建一个庞大的执行团队，而选择经销商做总代理可以省去很多当地市场执行面的困难；其二是资金实力比较薄弱，选择总代理制商业模式，可以在一定程度上占有总代理一部分资金，从而实现企业快速发展。

（三）联销体商业模式

随着大量中小企业选择总代理制商业模式，市场上好的经销商成为一种稀缺的战略性资源，在这样的市场状况下，很多比较有实力的经销商为了降低商业风险选择了与企业进行捆绑式合作，即制造商与经销商分别出资，成立联销体机构，这种联销体既可以控制经销商市场风险，也可以保证制造商始终有一个很好的销售平台。联销体方式受到了很多有理想、有长期发展目标的制造商欢迎。如食品行业的娃哈哈就采取了这种联销体的商业模式；空调行业巨头格力也选择了与区域性代理商合资成立公司共同运营市场，取得了不错的市场业绩。

（四）仓储式商业模式

仓储式商业模式也是很多消费品企业选择的商业模式。很多强势品牌基于渠道分级成本高，制造商竞争能力大幅度下降的现实，选择了仓储式商业模式，通过价格策略打造企业核心竞争力。比如 20 世纪 90 年代，四川长虹电视在我国大陆市场如日中天，为降低渠道系统成本，提高企业在市场上价格竞争能力，长虹集团就选择了仓储式商业模式，企业直接将产品配送到消费者手里。

仓储式商业模式与直供最大的不同是，直供属于企业不拥有直接的店铺，通过第三方平台完成产品销售，企业将货源直接供应给第三方销售平台。而仓储式商业模式是企业拥有自己的销售平台，通过自己的销售平台完成市场配货功能。

（五）专卖式商业模式

随着我国市场渠道终端资源越来越稀缺，越来越多的中国消费品企业选择专卖形式的商业模式。如 TCL 幸福村专卖系统、五粮液提出的全国两千家专卖店计划、蒙牛乳业提出的蒙牛专卖店加盟计划、云南乳业出现的牛奶专卖店与牛奶总汇等。选择专卖店商业模式需要具备三种资源中的任何一种模式或者三种特征均具备。其一是品牌。选择专卖商业模式的企业基本上属于具备很好的品牌基础，消费者自愿消费比较多，而且市场认知也比较成熟。其二是产品线比较全。要维系一个专卖店具有稳定的利润，专卖店产品结构就应该比较合理，因此，选择专卖渠道的企业必须具备比较丰富的产品线。其三是消费者行为习惯。必须看到，在广大的农村市场，可能我们这种专卖模式就很难起到推动市场销售的功能，因此，专卖商业模式需要成熟的市场环境。

专卖式商业模式与仓储式商业模式完全不同，仓储式商业模式是以价格策略为商业模式核心，而专卖商业模式则是以形象与高端为商业模式核心。

(六)复合式商业模式

由于我国市场环境复杂,很多快速消费品企业在营销策略上也选择了多重形式。复合式商业模式是一直基于企业发展阶段而作出的策略性选择。但是,要特别注意的是,一般情况下,无论多么复杂的企业与多么复杂的市场,都应该有主流的商业模式,而不能将商业模式复杂化作为朝令夕改的借口,使得营销系统在商业模式上出现重大的摇摆。而且,我们应该了解,一旦我们选择了一种商业模式,往往需要在组织建构、人力资源配备、物流系统、营销策略等方面都应该做出相应的调整,否则,我们就不能认为这个企业已经建立了成熟的商业模式。

四、学习借鉴商业模式的方法

(一)全盘复制的方法

即对优秀企业的商业模式进行直接复制,将优秀的商业模式全盘拿来为我所用,当然有时也需要为适合企业情况略加修正。全盘复制的方法主要适用于行业内的企业,特别是同属一个细分市场或拥有相同的产品的企业,更包括直接竞争对手之间商业模式的互相复制。

在电子商务领域,亚马逊公司是电子商务企业中是最早做B2C商业模式的,这种模式具有独立的销售平台,具有成本低、容量大、长尾效益等优点,主要依靠销售商品及服务来盈利,解决了传统零售业面临经营成本偏高、店面过度膨胀、零售利润下滑、经营品种受限等问题。由于亚马逊公司的主营业务主要在美国,所以就给了中国企业复制并运用到中国市场的机会,当当网则是国内最早模仿复制亚马逊商业模式的企业,在当当网之后卓越网则是基本复制了亚马逊和当当网的商业模式。在中国网络游戏市场,各主要竞争对手之间的商业模式也是互相复制,盛大将网络游戏的商业模式改为免费游玩,其主要竞争对手也就完成复制。

全盘复制优秀企业的商业模式有两个注意点:一是需要快速捕捉到商业模式的信息,谁先复制就可能具备先发优势;二是主要进行细节调整,复制不等于生搬硬套,需要针对本细分市场或企业情况进行适应性调整。

(二)借鉴提升的方法

1.引用创新点

通过学习和研究优秀商业模式,对商业模式中核心内容或创新概念给予适当提炼和节选,通过对这些创新点的学习,比照本企业的相关内容,寻找本企业商业模式与这些创新点的不足,如果这些创新点能够比本企业现阶段商业模式中的相关内容更符合企业发展需要,企业就应结合实际需要将这些创新概念在本企业给予引用并发挥价值。引用创新点学习优秀商业模式的方法适用范围最为广泛,不同行业、不同竞争定位的企业都适用。

百度初始的商业模式是通过给门户网站提供搜索技术,获取服务费用,当发现给门户网站提供技术服务难以有较大发展的时候,百度对自己的商业模式进行了修正,通过出售应用软件与服务获得经济回报,这个商业模式帮助百度度过了艰难的创业期。但是这个商业模式目标人群较小,是对自我技术的出售,不可能做大主营业务和持续发展,百度需要找到能够快速发展和做大的商业模式。2001年百度才确定了现在的商业模式——基于竞价排名的网络推广方式,而这个创新是百度通过借鉴Overture公司的竞价排名,并将竞价排名作为自己的主要盈利模式,最终百度通过引用国外商业模式的创新点而使自己成功上市。

腾讯的商业模式是通过增加用户黏性,将长尾效应发挥最大价值,使用户自愿花钱购买腾讯的增值服务。在此指导思想上,腾讯实施混合业务,横跨多个业务领域,并不断借鉴行业内其他比较好的商业模式使旗下业务均能实现盈利。

虽然引用商业模式中的盈利模式对企业效益的提升较为明显,但是产品模式、运营模式、业务模式的引用也可为企业带来明显的价值,并提升企业的核心竞争能力和支撑盈利模式实施的能力,所以企业也需不断加强对产品模式、运营模式和业务模式的学习和优化,这点需要引起创业企业的注意。

2. 延伸扩展

具体做法是:通过对最新商业模式的了解,寻找使用这种商业模式的企业所在行业及细分市场,通过穷尽分析和专业分析找到同一行业内尚未开发的其他细分市场,将该种商业模式的主体框架率先运用在同一行业不同细分市场,使商业模式的应用范围不断扩展到其他细分市场,当然商业模式在实际运用中需要针对细分市场进行优化和调整。这种学习方法的优点是借助商业模式的研究,寻找到尚未开发的其他有效细分市场,并有机会构建先发竞争优势,且使用范围也更为广泛,并适用于行业内所有的企业。如果行业外的企业想多元化发展,寻找新的业务发展机会,也可以直接复制或学习这种商业模式,使其顺利进入该行业。

互联网产业开始时只有获取信息的功能,门户网站当时就满足了大众对于信息获取的需要,互联网后来又延伸出了人际沟通、休闲娱乐、电子商务等几大类其他市场。如果在门户网站盛行之时,将门户网站较为成熟的商业模式复制到其他几大类市场,就有可能构筑先发优势,这就是马云那时做阿里巴巴的高明之处。当然延伸拓展的思路还可以在互联网行业几大类市场内不断的细化,如电子商务中在后来又细分为B2B、B2C、C2C、行业电子商务等市场,如果我们在首先出现B2B的商业模式后,就通过拓展延伸的思维优先进入B2C、C2C等其他细分市场,同样能够取得更为明显的先发优势。在传统行业,如产品日益趋同的饮料市场,各企业之间的商业模式基本一致,此时更看重商业模式在细分市场的复制。汇源首先开发了高浓度的果汁,统一则延伸开发了低浓度的果汁,农夫山泉依据品牌的高端定位开发了高端果汁,而康师傅则专注于低价全系列低浓度果汁,业绩证明果汁市场的延伸拓展思路均取得了较好的效果。

延伸拓展具体实施时有两个难点:一是在于对细分市场的寻找和分析,如何能够找到尚未开发的细分市场;二是原则上进入同一市场内部不同细分市场的商业模式无需做较大的调整,但是如何依据细分市场特点做针对性调整和优化则是关键。

3. 逆向思维

通过对行业领导者商业模式或行业内主流商业模式的研究学习，模仿者有意识实施反向学习，即市场领导者商业模式或行业内主流商业模式如何做，模仿者则反向设计商业模式，直接切割对市场领导者或行业内主流商业模式不满意的市场份额，并为他们打造相匹配的商业模式。逆向思维的学习方法主要适用于行业内的挑战者，主要包括处于行业内前5位左右的企业，或某细分市场的领导者。

互联网行业领导者微软公司的商业模式比较传统，主要是卖软件、产品以及许可证的传统商业模式，通过提供产品和技术赚钱。微软的主要竞争对手依据逆向思维的办法制定相反的商业模式，并借此打击微软的垄断定位，比如谷歌等有实力的企业已经开始尝试在软件业实施开源软件，即消费者不再掏钱购买软件，为消费者免费享受软件打造另一种商业模式，以谷歌为代表的企业已经开始付出行动，并且在商业软件领域已经取得进展。与此相类似的是中国360度杀毒软件也在近期采用了开源模式，及消费者开始可以免费使用杀毒产品，而360度的商业模式转向为客户增值的个性化服务。

采取逆向思维的方式学习商业模式时有三个关键点：一是找到行业领导者或行业主流商业模式的核心点，并依据此制定逆向商业模式；二是企业在选择逆向制定商业模式时不能简单追求反向，需确保能够为消费者提供更高的价值，并能够塑造新的商业模式；三是防范行业领导者的报复行动，评估领导者的可能的反制举措，并制定相应的措施。

(三) 整合超越的方法

1. 整合创新

基于企业已经建立的优势或平台，依托消费者对本企业的忠诚度或用户黏度，通过吸收和完善其他商业模式进行整合创新，使自己在本领域拥有产业链优势、混合业务优势和相关竞争壁垒。整合创新模式主要适用于行业领导者或细分市场领导者，其余企业尚不具备整合所需的各项能力和要素。

在传统行业，普通游乐园是通过建立游乐设施、出售门票等方式构建商业模式，而迪斯尼则在此基础上，利用世界各地的迪斯尼乐园建立的卡通形象的品牌力量，整合影视、图书、玩具、礼品、服装、商业地产等多种产品，通过品牌形象的多层次深入开发和利用，不但保持了迪斯尼的领先定位，也实现迪斯尼品牌在多领域的溢价和永续发展。在互联网行业，腾讯正借助社区的黏性和流量朝着新闻门户、网络游戏和C2C电子商务三个方向渗透，力争成为中国最大的"在线生活"服务提供商，为更好地打造"在线生活"服务商的商业模式，腾讯从最初的移动增值服务，到后来的QQ秀、网络游戏，再到后来的QQ空间、QQ宠物、品牌广告，无一不是对商业模式的持续整合与创新，腾讯已经初步具有沟通、门户、商务、搜索和支付这五类互联网业务的最佳组合，已经成为中国web2.0的领导者。

采取整合创新的方式学习商业模式时，需要特别关注企业现有平台是否具备一定优势，能否承担整合平台的重任，否则整合创新将失去基础，所以这种方法更多的被行业领导者或细分市场领导者所采用。

2. 颠覆超越

借助行业内技术更新换代的时机，围绕技术变革可能出现的新机会，对现有产品的商业模式进行颠覆性创新，打造适合新技术条件下，对现有产品产生替代作用产品的商业模式，使企业凭借新商业模式实现跨越式超越。实施颠覆超越的企业显然需要具备超强的技术研发实力，所以颠覆超越模式主要适用于行业内巨头级企业或在新技术背景下拥有核心技术的企业。

在电视机行业，背投时代在行业中领先的是日系企业，三星还是属于跟随者，而由于电视机技术的发展，行业从背投时代过渡到液晶时代，由于三星的技术领先优势，三星的液晶板被行业内公认为最好的液晶板，液晶技术帮助三星实现了颠覆超越。在准备到来的3D时代，索尼已经完成产业链布局和技术研发，如果3D时代真的来临，那么索尼将有可能凭借3D技术而夺取行业领导者的地位。中国企业比亚迪则是凭借拥有电池方面的技术进军汽车产业，其战略意图则是在新能源汽车替代现有能源汽车中获得颠覆超越的行业机会。

在实施颠覆超越学习方法时，关键在于对技术未来发展趋势的准确判断，技术发展趋势的判断会存在两个关键点：一是新技术是否会出现；二是新技术到底来自哪个方向。

任务二　明确业务范围

任务布置

1. 以小组为单位，查找一个企业的业务范围并进行分析；
2. 明确小组创业项目的业务范围和核心产品或服务。

一、企业业务范围的含义

企业业务范围是指企业集中推出的产品和面对的市场。每个企业都需要根据内部和外部条件确定自身业务范围并随着企业实力的增加而扩大业务范围。如腾讯公司起初建立了即时通信平台，后来逐渐增加了网络游戏、门户网站和电子商务等其他产品，同时公司也将自身定位为在线生活服务商。同样，我国的几个门户网站也都是以新闻起家，最终都涉及了其他方面的业务，网易转入网络游戏就是其中的成功案例。

需要注意的是，随着企业的成长和市场环境的变化，企业在发现了新的市场机会之后往往会贸然进入，超出了自身的资源和能力，以致造成投资失败。

二、企业业务范围导向

企业业务范围导向指企业确定业务范围时的指导思想。企业业务范围确定、扩大都自觉或不自觉地受一定导向支配,这种导向可分为五种类型,应用条件和竞争策略都各不相同。

(一)产品导向业务范围

产品导向指企业业务范围限定为经营某种定型产品,在不从事或很少从事产品更新的前提前下设法寻找和扩大该产品的市场。

企业的每项具体业务包括4个方面的内容:要服务的顾客群;要迎合的顾客需求;满足这些需求的技术;运用这些技术生产出的产品。照这些内容可知,产品导向指企业的产品和技术都是已定的,而购买这种产品的顾客群体和所要迎合的顾客需求却是未定的,有待于企业寻找和发掘。企业业务范围扩大是指市场扩大,即顾客购买量增多和所迎合需求增多,而不是指产品种类或花色品种增多。

实行产品导向的企业把生产同一品种、规格产品的企业视为竞争对手,而不把生产不同品种、规格的同类产品企业视为竞争对手。产品导向的适用条件是市场商品供不应求和自身实力薄弱。

在商品供不应求的条件下,消费者持币抢购,各类商品只要生产出来就能卖得出去,企业可根据自身条件确定生产何种产品,无须分析消费需求。其他花色品种的同类产品只要不侵入自己的领地,就不会对本企业构成威胁。由于产品单一,易形成规模效益,生产成本和促销成本低,省却了产品更新和开发所需的投资,利润相对较高。在供不应求条件下实行产品导向往往优于其他导向。

表4-3 企业业务范围的产品导向定义

公司名称	产品导向定义
铅笔公司	我们生产学生铅笔
自行车公司	我们生产加重自行车
灯具公司	我们生产家用白炽灯泡
化肥公司	我们生产磷肥
酒厂	我们生产散装白酒

如果企业资金缺乏,技术薄弱,无力从事产品更新和开发,则只能维持原有产品生产,实行产品导向。当市场上该商品出现供过于求的趋势而企业又无力开发新产品时,营销活动只能从扩大市场需求和市场份额入手,主要营销策略是市场渗透和市场开发。市场渗透指设法增加现有产品在现有市场的销售量,扩大产品的市场占有率。市场开发指寻找新的目标市场,用现有产品满足新市场的需求。

(二)技术导向业务范围

技术导向指企业业务范围限定为经营以现有设备或技术为基础生产出的产品。业务范围扩大指运用现有设备和技术或对现有设备和技术加以改进开发出新的花色品种,增加生产和营销能力。技术导向指生产技术是确定的,而用这种技术生产出何种产品、服务于哪些顾客群体、满足顾客的何种需求却是未定的,有待于根据市场变动去寻找和发掘。

技术导向把所有使用同一技术、生产同类产品的企业视为竞争对手,适用于某具体品种已供过于求,但不同花色品种的同类产品仍有良好前景的市场条件。技术导向具有两个优点:一是不脱离原有设备和技术,节约投资和新产品开发时间。如果企业没有足够的资金和技术实力进入一个陌生的生产领域,则宜采用技术导向;二是可以利用原有的技术优势和原有的产品信誉取得顾客信任,开拓市场。

与技术导向相适应的营销策略是产品开发和一体化发展。产品开发指以原有技术为依托改革原有产品,如增加产品的使用功能与效果、增加产品新的特性或功能、增加产品的外观美感等。一体化发展指企业充分利用原有产品和技术的优势,同时生产与原产品处于同一领域的不同阶段的产品。

表4-4 企业业务范围的技术导向定义

公司名称	技术导向定义	产品种类
铅笔公司	我们生产铅笔	学生铅笔、绘画铅笔、绘图铅笔、办公铅笔、彩色铅笔
自行车公司	我们生产自行车	加重车、轻便车、山地车、赛车、变速车
灯具公司	我们生产灯具	白炽灯、日光灯、吊灯、壁灯、落地灯、吸顶灯、医用灯、舞厅剧场照明灯
化肥公司	我们生产化肥	磷肥、氮肥、钾肥、复合肥
酒厂	我们生产白酒	低档酒、中档酒、高档酒、家用酒、礼品酒、宴会酒

(三)需要导向业务范围

需要导向指企业业务范围确定为满足顾客的某一需求,并运用互不相关的多种技术生产出不同大类的产品去满足这一需求。需要导向指所迎合的需要是既定的,而满足这需要的技术、产品和顾客群体却随着技术的发展和市场的变化而加以确定。不管什么技术、什么产品,只要与此需要的满足有关,就都属于企业业务范围之内。不管哪一顾客群体,只要有此需要,就都是企业的服务对象。

根据需要导向给业务范围下定义时,应避免过窄或过宽的定义。过窄则市场太小,无利可图;过宽则力不能及。例如,铅笔公司若将自身业务范围定义为满足低年级小学生练习硬笔字的需要,则太窄,许多其他的铅笔市场被忽视;若定义为满足人们记录语言的需要,则太宽,衍生出许多力不能及的产品,如打字机、电脑、录音机等。

实行需要导向的企业把满足同一需要的企业都视为竞争对手,而不论它们采用何种技术、提供何种产品。适用条件是市场商品供过于求,科学技术发达,企业实力强。需要导向的优点是可以在更高视野上发现机会与危险,制定竞争策略,增强竞争能力,占领更广阔的市场。缺点是要求企业具有强大的投资能力和运用多种不同技术的能力。满足同一需要可用不同大类产品，这些产品的制造技术和设备往往互不相关，企业必须重起炉灶，建立生产线和新的营销网络，开展相应的促销活动，实力弱的企业无法采用。

需要导向的竞争策略是新产业开发，即密切注视新技术与新产业的发展，扩大经营与现有产品和现有技术无关但都能满足顾客某一需要的产品，更稳固地占领现有市场。

表4-5　企业业务范围的需要导向定义

公司名称	需要导向定义	产品种类
铅笔公司	我们满足书写需要	铅笔、钢笔、圆珠笔、墨水笔、毛笔、打字机电脑
自行车公司	我们满足中短程交通需要	自行车、助力车、摩托车、汽车
灯具公司	我们消除黑暗	灯具、发光涂料、夜视镜
化肥公司	我们增加农作物产量	化肥、农业机械、农业生产资料、良种、农业技术
酒厂	我们提供佐餐饮料	白酒、啤酒、红酒、黄酒、果汁、可乐和各种饮料

（四）顾客导向业务范围

顾客导向指企业业务范围确定为满足某一群体的需要。业务范围扩大指发展与原顾客群体有关但与原有产品、技术和需要可能无关的新业务。顾客导向指企业要服务的顾客群体是既定的，但此群体的需求有哪些，满足这些需求的技术和产品是什么，则要根据企业内部条件和外部市场条件去发掘。

实行顾客导向的企业把向同一顾客群体提供产品的企业都视为竞争者。适用条件是企业在某一顾客群体拥有极高的信誉和稳固的市场，有运用多种技术提供不同产品的能力。顾客导向的优点是能够充分利用企业在原顾客群体中的信誉、业务关系或渠道销售其他类型产品，减少进入市场的障碍，增加企业销售和利润总量。例如，某著名玩具公司长期以来在婴幼儿玩具市场建立了极高的信誉，可利用这种信誉经营与玩具无关的其他产品如婴幼儿服装、食品和书籍等，全面占领婴幼儿市场。顾客导向的缺点是，要求企业拥有丰厚的资金和运用多种技术的能力，一般企业难以做到。并且，新增产品若未能获得顾客满意，将损害原有产品的声誉。

表4-6　企业业务范围的顾客导向定义

公司名称	顾客导向定义	产品种类
铅笔公司	我们满足小学生学习和生活需要	铅笔、钢笔、圆珠笔、墨水笔、打字机、学生电脑、练习本、书包和其它用具、少儿食品、服装、玩具、书籍
玩具公司	我们满足婴幼儿的娱乐和生活需要	婴幼儿玩具、婴幼儿服装、婴幼儿食品、婴幼儿书籍

（五）多元导向业务范围

多元导向指企业通过对各类产品市场趋势和获利状况的动态分析确定业务范围，新发展业务可能与原有产品、技术、需要和顾客群体都没有关系。多元导向的优点是可以最大限度地发掘和抓住市场机会，撇开原有产品、技术、需要和顾客群体对企业业务发展的束缚。缺点是要求企业有经营不同行业产品和开发不同市场的雄厚实力，一般企业无法采用。

任务三　定位竞争差异

任务布置
1. 比较分析两个业务范围一致的企业采取的竞争差异化策略；
2. 确定团队创业项目的市场定位及竞争策略。

一、市场定位的定义

市场定位是指企业针对潜在顾客的心理进行营销设计，创立产品、品牌或企业在目标客户心目中的某种形象或某种个性特征，保留深刻的印象和独特的位置，从而取得竞争优势。

市场定位可分为对现有产品的再定位和对潜在产品的预定位。对现有产品的再定位可能导致产品名称、价格和包装的改变，但是这些外表变化的目的是为了保证产品在潜在消费者的心目中留下值得购买的形象。对潜在产品的预定位，要求营销者必须从零开始，使产品特色确实符合所选择的目标市场。创业企业在进行市场定位时，一方面要了解竞争对手的产品具有何种特色，另一方面要研究消费者对该产品的各种属性的重视程度，然后根据这两方面进行分析，再选定本公司产品的特色和独特形象。

二、市场定位的步骤

市场定位的关键是企业要设法在自己的产品上找出比竞争者更具有竞争优势的特性。

竞争优势一般有两种基本类型：一是价格竞争优势，就是在同样的条件下比竞争者定出更低的价格。这就要求企业采取一切努力来降低单位成本。二是偏好竞争优势，即能提供确定的特色来满足顾客的特定偏好。这就要求企业采取一切努力在产品特色上下工夫。

（一）分析目标市场的现状，确认本企业潜在的竞争优势

这一步骤的中心任务要回答以下三个问题：一是竞争对手产品定位如何？二是目标市场上顾客欲望满足程度如何以及确实还需要什么？三是针对竞争者的市场定位和潜在顾客的真正需要的利益要求企业应该以及能够做什么？要回答这三个问题，创业企业必须通过切实有效的调研手段，系统地设计、搜索、分析并报告有关上述问题的资料和研究结果。通过回答上述三个问题，企业就可以从中把握和确定自己的潜在竞争优势在哪里。

(二)准确选择竞争优势，对目标市场初步定位

竞争优势表明企业能够胜过竞争对手的能力。这种能力既可以是现有的，也可以是潜在的。选择竞争优势实际上就是一个企业与竞争者各方面实力相比较的过程。比较的指标应是一个完整的体系，只有这样，才能准确地选择相对竞争优势。通常的方法是分析、比较企业与竞争者在经营管理、技术开发、采购、生产、市场营销、财务和产品等方面究竟哪些是强项，哪些是弱项。借此选出最适合本企业的优势项目，以初步确定企业在目标市场上所处的位置。

(三)显示独特的竞争优势和重新定位

这一步骤的主要任务是企业要通过一系列的宣传促销活动，将其独特的竞争优势准确传播给潜在顾客，并在顾客心目中留下深刻印象。为此，企业首先应使目标顾客了解、知道、熟悉、认同、喜欢和偏爱本企业的市场定位，在顾客心目中建立与该定位相一致的形象。其次，企业通过各种努力强化目标顾客形象，保持目标顾客的了解，稳定目标顾客的态度和加深目标顾客的感情来巩固与市场相一致的形象。最后，企业应注意目标顾客对其市场定位理解出现的偏差或由于企业市场定位宣传上的失误而造成的目标顾客模糊、混乱和误会，及时纠正与市场定位不一致的形象。

三、市场定位的策略

(一)避强定位

避强定位策略是指企业力图避免与实力最强的或较强的其他企业直接发生竞争，而将自己的产品定位于另一市场区域内，使自己的产品在某些特征或属性方面与最强或较强的对手有比较显著的区别。优点是能使企业较快地在市场上站稳脚跟，并能在消费者或用户中树立形象，风险小。缺点是往往意味着企业必须放弃某个最佳的市场位置，很可能使企业处于最差的市场位置。

(二)迎头定位

迎头定位策略是指企业根据自身的实力，为占据较佳的市场位置，不惜与市场上占支配地位的、实力最强或较强的竞争对手发生正面竞争，而使自己的产品进入与对手相同的市场位置。显然竞争过程中往往相当惹人注目，甚至产生所谓轰动效应，企业及其产品可以较快地为消费者或用户所了解，易于达到树立市场形象的目的。但是具有较大的风险性。

(三)创新定位

创新定位策略是指寻找新的尚未被占领但有潜在市场需求的位置，填补市场上的空缺，生产市场上没有的、具备某种特色的产品。如日本的索尼公司的索尼随身听等一批新产品正是填补了市场上迷你电子产品的空缺，并进行不断的创新，使得索尼公司即使在二战时期也能迅速的发展，一跃而成为世界级的跨国公司。采用这种定位方式时，公司应明确创新定位所需的产品在技术上、经济上是否可行，有无足够的市场容量，能否为公司带来合理而持续

的盈利。

(四) 重新定位

公司在选定了市场定位目标后，如定位不准确或虽然开始定位得当，但市场情况发生变化时，如遇到竞争者定位与本公司接近，侵占了本公司部分市场，或由于某种原因消费者或用户的偏好发生变化，转移到竞争者方面时，就应考虑重新定位。重新定位是以退为进的策略，目的是为了实施更有效的定位。例如万宝路香烟刚进入市场时，是以女性为目标市场，它推出的口号是：像5月的天气一样温和。然而，尽管当时美国吸烟人数年年都在上升，万宝路的销路却始终平平。后来，广告大师李奥贝纳为其做广告策划，他将万宝路重新定位为男子汉香烟，并将它与最具男子汉气概的西部牛仔形象联系起来，树立了万宝路自由、野性与冒险的形象，从众多的香烟品牌中脱颖而出，成为全球香烟市场的领导品牌。

市场定位是设计公司产品和形象的行为，以使公司明确在目标市场中相对于竞争对手的位置。公司在进行市场定位时，应慎之又慎，要通过反复比较和调查研究，找出最合理的突破口。避免出现定位混乱、定位过度、定位过宽或定位过窄的情况。而一旦确立了理想的定位，创业企业必须通过一致的表现与沟通来维持此定位，并应经常加以监测以随时适应目标顾客和竞争者策略的改变。

四、差别化市场定位战略

(一) 产品差别化战略

产品差别化战略是指从产品质量、产品款式等方面实现差别，寻求产品特征是产品差别化战略经常使用的手段。

例如在众多的鞋企品牌当中，提起篮球鞋就会想到耐克，提起足球鞋就会想到阿迪达斯，提起帆布鞋就会想到匡威，这就是产品差异化反应。企业应该在满足顾客基本需要的前提下，率先推出具有较高价值和创新特征的产品，以独特个性的特点争取到有利的竞争优势地位。

产品差异化战略的内容包括：

1. 产品质量的差异化战略。产品质量的差异化战略是指企业为向市场提供竞争对手不可比拟的高质量产品所采取的战略。产品质量优异，能产生较高的产品价值，进而提高销售收入，获得比对手更高的利润。例如，奔驰汽车，依靠其高质量的差异，售价比一般轿车高出近一倍，从而为公司创造了很高的投资收益。再如，海尔电冰箱，以高质量形象进入国际市场，开箱合格率达100%，从而建立起质量独特的形象，赢得国内外用户的信赖。

产品质量差异化战略是日本企业占领国际市场的重要战略之一。20世纪50年代前"日本货"是劣质货的代名词。50年代中期，日本企业引进美国质量管理专家，开始推行全面质量管理运动。70年代后，日本企业产品在全球市场上成为优质产品的象征。依靠优质的质量和卓越的市场营销，日本的手表、汽车、彩色电视机、录像机、半导体等产品先后占领了美国、西欧等国家消费市场。

2.产品可靠性的差异化战略。产品可靠性的差异化战略是与质量差异化相关的一种战略。其含义是，企业产品具有绝对的可靠性，甚至出现意外故障时，也不会丧失使用价值。

美国坦德姆计算机公司开发了一种多部系列使用电子计算机系统，这种系统操作时，某一计算机发生故障，其余计算机立即可替代工作。该公司这种独特的产品可靠性在市场上影响很大，甚至连国际商用机器公司开发的操作系统都难适应。因此，公司将营销重点集中于那些使用计算机的大客户，如联网作业的金融机构、证券交易所、连锁商店等，满足了这些客户不愿因系统故障而停机的要求。

3.产品创新的差异化战略。拥有雄厚研究开发实力的高技术公司，普遍采用以产品创新为主的差异化战略。这些公司拥有优秀的科技人才和执著创造的创新精神，同时建立了鼓励创新的组织体制和奖励制度，使技术创新和产品创新成为公司的自觉行动。

如美国的国际商用机器公司、明尼苏达矿业制造公司、中国的联想集团、四通集团都以高科技为先导，为市场创造新颖、别致、适用、可靠、效率高的新产品，成为世人瞩目的高技术创新企业。实践证明，产品创新差异化战略，不仅可以保持企业在科技的领先地位，而且大大增加企业的竞争优势和获利能力。

4.产品特性的差异化战略。如果产品中具有顾客需要，而其他产品不具备的某些特性，就会产生别具一格的形象。因此，计算机公司可以在计算机中配置一种诊断性程序，以能自动测知故障来源，也可以包括一整套培训服务。有些产品特性的差异化已为广大顾客所共识，例如，在世界汽车市场上，奔驰轿车是优质、豪华、地位和高价格的象征，丰田汽车具有质量高、可靠性强、价格合理的特征。

（二）服务差别化战略

服务差别化即是向目标市场提供与竞争者不同的优异服务。企业的竞争力越好地体现在对顾客的服务上，服务差别化就越容易实现。服务的差异化主要包括送货、安装、顾客培训、咨询服务等因素。服务差异化的基本思路如下：

1.调查、了解和分清服务市场上现有的服务种类、竞争对手的劣势和自己的优势，有针对性、创造性地开发服务项目，满足目标顾客的需要。

2.采取有别于他人的传递手段，迅速而有效地把企业的服务运送给服务接受者。

3.注意运用象征物或特殊的符号、名称或标志来树立企业的独特形象。

（三）人员差别化战略

人员差别化战略即通过聘用和培训比竞争者更为优秀的人员以获取差别优势。训练有素的员工应能体现出胜任、礼貌、可信、可靠、反应敏捷、善于交流等特征。

市场竞争归根到底是人才的竞争。企业需要培养专业的技术人员、管理人员和销售人员，从而增强企业整体的软实力。从产品的设计与研发到营销策略的制定，再将产品交到顾客手中，专业的团队使得整个流程更为规范化。人员差别化战略也是创业企业重磅出击的一件利器。

(四) 形象差异化战略

形象差别化战略即在产品的核心部分与竞争者雷同的情况下塑造不同的产品形象以获取差别优势。

在实施形象差异化时,企业需要有创造性的思维和实际,需要持续不断的利用企业所有的传播工具,针对竞争对手的形象策略,以及消费者的心智而采取不同的策略。比如特步公司别出心裁的"X"标志,与耐克的"√"形成鲜明对比,传达出坚持在否定中超越自我、超越对手的开拓精神。同时利用明星代言提高"X"概念的知名度,迅速建立"X"的核心价值观和品牌归属感,建立起特立独行的品牌形象。由此可见企业巧妙地实施形象差异化策略就会收到意想不到的效果。

任务四 协同合作伙伴

任务布置

1. 分析某企业的主要合作伙伴及其合作关系;
2. 确定团队创业项目的主要合作伙伴及其协同机制。

一、协同的含义

所谓协同,就是指协调两个或者两个以上的不同资源或者个体,协同一致地完成某一目标的过程或能力。协同效应就是指企业在生产、营销、管理的不同环节、不同阶段、不同方面共同利用同一资源而产生的整体效应。

协同企业的合作伙伴是商业模式的重要要素。新创企业一般不具备职能业务框架中所有职能的资源和能力,或者企业不愿意将精力放在一些非核心的职能业务上面,需要外界资源的支持,这就要求企业要考虑与主要合作伙伴的协同关系。

二、主要的合作伙伴

(一) 供应商

几乎所有的企业都有供应商,供应商为企业提供零部件或原材料等服务,在企业的价值实现构成中发挥着重要作用。企业一般或与多个供应商保持联系以保证自己能够获得价格较低的供应品。传统意义上的企业也与供应商保持着有限的关系,而现代意义上的企业为了获取更大的竞争优势,都加强了与供应商的合作,同时也发现这样的合作能够为最终顾客带来更有品质的产品和服务。

在与供应商的关系方面,未能引起企业的重视。也许是由于买方市场的原因,买家认为只要我有购买需求,就会有卖家找上门来,就会有人为我提供服务,企业无须下太多的功夫去关心与供应商之间的关系。然而,在21世纪,随着资源在全球化范围内调配,企业间业务联盟的进一步发展,供应链业务紧密联接趋势越来越强等,企业与供应商之间的关系变得越来越重要,当企业发现彼此的贡献可以融合成一种新能力和产生综合效益时,使得顾客的忠诚度得以重新建立起来,这隐含着与供应商共享合作与创新。这种与供应商合作创造的市场价值,是业务伙伴合作中的一个重要的问题,就像与客户之间的伙伴关系一样,与供应链上供应商之间的关系也将转变企业间彼此合作的伙伴关系。

需要指出的是供应商数量不能太多。有的企业与供应商的关系,只是停留在买卖关系的层级上。最明显的特征就是供应商数量太多太杂,范围太广,没有形成稳定的供求关系,还没有与供应商之间形成一种稳定的责任感。同理,由于供应商数量的充裕和不受限制,生产采购在订单安排与计划的时候选择面宽,在与供应商的合作层级上也难以深入和提升。曾经在一段时间内国内很多企业都把拥有大量的供应商作为自己炫耀势力的资本,其实这种现象也从侧面反映了这些企业在供应商管理方面的困难与混乱。

(二)分销企业

分销企业是指向生产商采购商品,继而转销给零售商、其他中间商或机构用户的流通型企业。分销企业位于供应链的中间环节,上游连接生产商,下游连接零售商,是商品进入流通渠道的起点。其销售对象面向零售型流通企业,如超市、百货商场、便利店等,当商业交易职能完成时商品仍处于流通领域。

分销商作为中间商的一种类型,其核心竞争力是拥有广泛的分销渠道和低廉的分销成本,这是与供应商打交道的王牌,也是参与竞争的利器。对于大多数依靠以分销为主要销售渠道的企业来说,分销商既是他们的合作伙伴,又是他们市场、销售、服务的前沿驻地,所以能够及时地了解分销商的运作情况,给予他们稳定必要的支持协作是每一个厂商期望的目标,同时分销管理在企业管理过程中会成为关键并会越来越重要。

正常情况下,一个公司的销售策略应该是大客户由自己管理和服务,小的、分散的客户或偏远的客户由分销商负责。如果客户总数不是很大,可以做直销。如果是量大面广的产品,应该用分销商。另外,如果是技术含量高,产品比较复杂和特殊,需要很高水平的客户服务和技术支持也可以考虑直销。

是否需要分销商取决于公司的定位。有的公司只想把产品做好,挣产品的钱,市场希望别人去做,那它可以与分销商合作。有的公司,既想赚生产产品的钱,又想赚销售的钱,那就生产和销售一起抓。这要看公司的定位和它的强项在哪里。当然,也有自己做市场,同时把一些客户交给分销商来负责的公司。这取决于各公司根据市场业务情况所做的判断和决定。生产厂商和分销商应该是战略伙伴关系,为了共同的利益,相互配合把产品和市场做好。要互相支持和帮助,这样才能使客户满意,才能有收入和利润。

(三)零售企业

零售企业是以直接供应消费者用作生活消费或供应给社会集团作为非生产性消费为基本任务的商业企业。零售企业不自产商品,直接向消费者提供商品服务,设有商品营业场所、柜台,直接面向最终消费者,包括直接从事综合商品销售的百货商场、超级市场、零售商店等。

制造商和零售商是产业价值链上的两个主体,双方对价值的创造都起着不可或缺的作用。传统工商关系中的双方总是习惯性地考虑自身的利益需求,将自己从整体的产业价值链中割裂开来,进行个体自我的规划与设计,且不惜损害对方利益。新型工商关系下的零售企业与制造企业都必须明确意识到:没有制造商,零售商就没有价值创造的源头;同样,没有零售商,制造商的价值也无法实现,双方都有自身在价值链上生存的比较优势,但不能凭借自身的优势来对同处价值链上的伙伴加以盘剥,而应以合作的态度进行价值创造的活动,共同拓展整体利益,形成双赢局面。

新型工商关系是一种竞争与合作并存的关系,零售企业需要选择自己的供应商,制造商也要选择适合自身产品销售的零售企业。双方不再围绕着价值链上价值存量的分配展开博弈,而是开展积极合作,平等对话,协调解决如何使价值链增值的问题。首先,在自愿平等的基础上签订合同,废除不合理的收费,构造彼此合作的基础;其次,严格执行合同,彼此建立密切的信任关系,长期合作、共赢。

(四)物流企业

物流企业是指从事物流活动的经济组织,至少从事运输(含运输代理、货物快递)或仓储一种经营业务,并能够按照客户物流需求对运输、储存、装卸、包装、流通加工、配送等基本功能进行组织和管理,具有与自身业务相适应的信息管理系统,实行独立核算、独立承担民事责任的经济组织。

20世纪90年代末,我国一些大型制造和商业企业实施供应链管理,他们越来越多地专注于发展自身的核心竞争力,并把非核心的物流业务外包给物流企业,要求物流企业提供包括运输、仓储、配送、海关事务等的全方位、一体化的物流服务,他们对物流服务需求增加的同时对服务水平要求也提高。物流业务通过外包给第三方物流承包者,企业能够把时间和精力放在自己的核心业务上,从而提高供应链管理水平和运作效率

今后在物流领域或在流通业的其他领域中,都将强调建立一种与供货商之间坚固而有力的战略同盟关系。为了实现流通库存的最优化,零售企业除了通过特约代理店、特约经销店等举措来进行一系列必要的库存压缩、库存集约外,也可以凭借与生产厂家之间那种坚固而有力的战略同盟关系来尝试不需中间流通环节的"店铺直送"的进货形式。

任务五　选择目标市场

任务布置
1. 选择团队创业项目的目标市场;
2. 针对目标市场分析目标顾客。

一、市场细分的涵义及作用

市场细分是指企业按照消费者需求的差异性,把某一产品的整体市场划分为若干个各有相似欲望和需求的子市场的过程。因此,分属于同一细分市场的消费者,他们的需要和欲望极为相似;分属于不同细分市场的消费者对同一产品的需要和欲望存在着明显的差别。例如,有的消费者喜欢计时基本准确、价格比较便宜的手表,有的消费者需要计时准确、耐用、且价格适中的手表,有的消费者要求计时准确、具有象征意义的名贵手表。手表市场据此可细分为三个子市场。

企业面对着成千上万的消费者,他们的需求和欲望是千差万别的并且分散于不同的地区,而又随着环境因素的变化而变化。对于这样复杂多变的大市场,任何一个企业都不可能满足该市场上全部顾客的所有需求。又由于生产企业其资源、设备、技术等方面的限制,也不可能满足全部顾客的不同需要。企业只能根据自身的优势条件,从事某方面的生产、营销活动,选择力所能及的、适合自己经营的目标市场,因此有必要进行细分市场。

二、市场细分的依据

(一)消费者市场细分依据

常用的几个具有代表性的市场细分的依据主要有:地理变量、人文变量、心理变量、行为变量。

表 4-6 消费者市场细分依据

细分标准		具 体 项 目
地理变量	行政区划	东北、华北、华东、中南、西南、西北
	城镇	直辖市、省会城市、大城市、中等城市、小城市、乡镇
	自然环境	高原、山区、丘陵、平原、湖泊、草原
	气候条件	干燥、潮湿、温暖、严寒
人文变量	性别	男性、女性
	年龄	婴幼儿、儿童、少年、青年、中年、老年
	职业	工人、农民、干部、公务员、教师、经理、厂长、营销员等
	收入（元）	人均 300 以下、300、500、1000、2000、2000 以上
	教育	小学及以下、中学、大学、研究生
	家庭状况	1-2 人、3-4 人、5 人以上
	宗教信仰	佛教、道教、基督教、天主教、伊斯兰教
	民族	汉、回、蒙、藏、苗、傣、壮、高山、朝鲜族等
心理变量	社会阶层	上上层、上下层、中上层、中层、中下层、下
	相关群体	家庭、亲朋、工作同事、团体、协会、组织、明星、影星
	生活方式	传统型、保守型、现代型、时髦型
	个性特征	理智型、冲动型、情绪型、情感型
行为变量	利益诉求	品牌、质量、价格、功效、式样、包装、服务
	购买时机	规律性、无规律性、季节性、节令性、非节令性
	使用状况	从未使用过、少量使用过、中量使用过、大量使用过
	使用频率	曾经使用者、首次使用者、经常使用者
	品牌忠诚	坚定忠诚者、不坚定忠诚者、转移者、非忠诚者

（二）生产者市场细分的依据

许多用来细分消费者市场的标准，同样可用于细分生产者市场。如根据地理、追求的利益和使用率等变量加以细分。不过，由于生产者与消费者在购买动机与行为上存在差别，所以，除了运用前述消费者市场细分标准外，还可用一些新的标准来细分生产者市场。

1. 用户规模。在生产者市场中，有的用户购买量很大，而另外一些用户购买量很小。以钢材市场为例，像建筑公司、造船公司、汽车制造公司对钢材需求量很大，动辄数万吨的购买，而一些小的机械加工企业，一年的购买量也不过几吨或几十吨。企业应当根据用户规模大小来细分市场，并根据用户或客户的规模不同，企业的营销组合方案也应有所不同。比如，对于大客户，宜于直接联系，直接供应，在价格、信用等方面给予更多优惠；而对众多的小客户，则宜于使产品进入商业渠道，由批发商或零售商去组织供应。

2. 产品的最终用途。产品的最终用途不同也是工业者市场细分标准之一。工业品用户购买产品，一般都是供再加工之用，对所购产品通常都有特定的要求。比如，同是钢材用户，有的需要圆钢，有的需要带钢；有的需要普通钢材，有的需要硅钢、钨钢或其他特种钢。企业此时可根据用户要求，将要求大体相同的用户集合成群，并据此设计出不同的营销策略组合。

3. 工业者购买状况。根据工业者购买方式来细分市场。工业者购买的主要方式如前所述包括直接重购、修正重购及新任务购买。不同的购买方式的采购程度、决策过程等不相同，因而可将整体市场细分为不同的小市场群。

三、有效市场细分的条件

企业可根据单一因素，亦可根据多个因素对市场进行细分。选用的细分标准越多，相应的子市场也就越多，每一子市场的容量相应就越小。相反，选用的细分标准越小，子市场就越少，每一子市场的容量则相对较大。如何寻找合适的细分标准，对市场进行有效细分，在营销实践中并非易事。一般而言，成功而有效的市场细分应具备以下条件：

（一）可进入原则——企业资源吻合

指细分出来的市场应是企业营销活动能够抵达的，亦即是企业通过努力能够使产品进入并对顾客施加影响的市场。一方面，有关产品的信息能够通过一定媒体顺利传递给该市场的大多数消费者；另一方面，企业在一定时期内有可能将产品通过一定的分销渠道运送到该市场。否则，该细分市场的价值就不大。市场细分的可进入原则包括两个方面：一是政治法律环境对企业进入某个市场没有壁垒阻碍。二是企业的资源能力、竞争能力能够使企业了解和获取该细分市场的情报信息，能够展开市场营销组合策略，将产品及服务通过一定的分销渠道进入目标市场。

（二）可盈利原则——经营有利可图

通过细分，必须使子市场有足够的需求量，能够保证企业获取足够的利润，有较大的利润上升空间。即细分出来的市场其容量或规模要大到足以使企业获利。进行市场细分时，企业必须考虑细分市场上顾客的数量，以及他们的购买能力和购买产品的频率。如果细分市场的规模过小，市场容量太小，细分工作烦琐，成本耗费大，获利小，就不值得去细分。因此，市场在很多情况下不能无限制地细分下去，避免造成规模上的不经济。市场细分必须要把握一个前提条件：即细分出的子市场必须有足够的需求水平，是现实可能中最大的同质市场，值得企业为它制定专门的营销计划，只有这样，企业才可能进入该市场，才可能有利可图。

（三）可衡量原则——目标市场容量定量化

指细分的市场是可以识别和衡量的，亦即细分出来的市场不仅范围明确，而且对其容量大小也能大致做出明确的判断。企业选择细分市场的依据变量应该是可以识别、可以定量化的。应该能够用数据来描述细分市场中消费者的一些购买行为特征、勾廓细分市场的边界；能够用数据来表达和判断市场容量的大小。否则，既会使细分市场边界模糊、准确划分很困难或无效划分，又会使得无法有针对性地制定营销战略。有些细分变量，如具有"依赖心理"的青年人，在实际中是很难测量的，以此为依据细分市场就不一定有意义。

(四)可操作性原则——经营运作的前提

企业能够以自身的资源占有能力，营销运作及管理控制能力，运用科学的方法对市场进行深入调研分析，正确认识评估市场营销的宏观环境和微观环境，制定和灵活实施产品策略、价格策略、分销策略、促销策略，去影响和引领细分市场中的消费欲望、消费行为，并为之提供新的需求。

(五)对营销策略反应的差异性

指各细分市场的消费者对同一市场营销组合方案会有差异性反应，或者说对营销组合方案的变动，不同细分市场会有不同的反应。如果不同细分市场顾客对产品需求差异不大，行为上的同质性远大于其异质性，此时，企业就不必费力对市场进行细分。另一方面，对于细分出来的市场，企业应当分别制定出独立的营销方案。如果无法制定出这样的方案，或其中某几个细分市场对是否采用不同的营销方案不会有大的差异性反应，便不必进行市场细分。

四、市场细分的程序与方法

(一)市场细分的程序

美国市场学家麦卡锡提出细分市场的一整套程序，这一程序包括七个步骤。

1. 选定产品市场范围，即确定进入什么行业，生产什么产品。产品市场范围应以顾客的需求，而不是产品本身特性来确定。例如，某一房地产公司打算在乡间建造一幢简朴的住宅，若只考虑产品特征，该公司可能认为这幢住宅的出租对象是低收入顾客，但从市场需求角度看，高收入者也可能是这幢住宅的潜在顾客。因为高收入者在住腻了高楼大厦之后，恰恰可能向往乡间的清静，从而可能成为这种住宅的顾客。

2. 列举潜在顾客的基本需求。比如，公司可以通过调查，了解潜在消费者对前述住宅的基本需求。这些需求可能包括：遮风蔽雨、安全、方便、宁静、设计合理，室内陈设完备，工程质量好等等

3. 了解不同潜在用户的不同要求。对于列举出来的基本需求，不同顾客强调的侧重点可能会存在差异。比如，经济、安全、遮风蔽雨是所有顾客共同强调的，但有的用户可能特别重视生活的方便，另外一类用户则对环境的安静、内部装修等有很高的要求。通过这种差异比较，不同的顾客群体即可初步被识别出来。

4. 抽掉潜在顾客的共同要求，而以特殊需求作为细分标准。上述所列购房的共同要求固然重要，但不能作为市场细分的基础。如遮风蔽雨、安全是每位用户的要求，就不能作为细分市场的标准，因而应该剔出。

5. 根据潜在顾客基本需求上的差异方面，将其划分为不同的群体或子市场，并赋予每一

子市场一定的名称。例如,西方房地产公司常把购房的顾客分为好动者、老成者、新婚者、度假者等多个子市场,并据此采用不同的营销策略。

6. 进一步分析每一细分市场需求与购买行为特点,并分析其原因,以便在此基础上决定是否可以对这些细分出来的市场进行合并,或作进一步细分。

7. 估计每一细分市场的规模,即在调查基础上,估计每一细分市场的顾客数量、购买频率、平均每次的购买数量等,并对细分市场上产品竞争状况及发展趋势作出分析。

(二)市场细分的方法

1. 单一因素法。即选用某一单个因素进行市场细分。1978年,资生堂公司在日本对化妆品市场进行调查以后,依据年龄因素,把潜在消费者分为四类;一类是15~17岁的女孩子,讲时髦、好打扮,对化妆品的需要意识很强烈,但购买的往往是单一的化妆品;第二类是18~24岁的姑娘,对化妆品很关心、并采取积极的消费行为,只要中意、价格再高也在所不惜.往往成套购买化妆品;第三类是25~34岁的青年妇女,多数已婚,对化妆品的需求心理和消费行为虽然有所变化,化妆却仍然是她们的生活习惯;第四类是35岁以上的妇女,分为积极派和消极排,但也显示了对单一化妆品的需要。这样就区分出了四个不同的细分市场。

2. 综合因素法。运用两个以上的因素同时从多个角度进行市场细分。比如,依据收入、家庭规模和车主年龄等三个因素细分轿车市场,可以得到36(3×3×4)个不同的细分市场。这种方法适合于消费者需求差别情况较为复杂.要从多方面去分析、认识的场合。

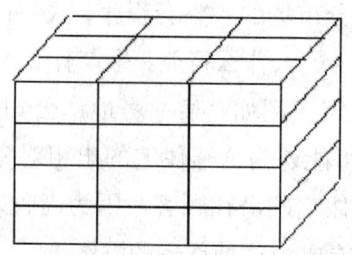

图4-1 细分轿车市场

3. 系列因素法。也用两个以上因素但是根据一定顺序逐次细分市场。细分的过程也就是一个比较、选择细分市场的过程,下一阶段的细分在上一阶段选定的细分市场中进行。例如,日本的黄樱酒酿造公司,依据以下思路进行市场细分:首先依据地理标准对消费者分类,他们选中了日本关东地方,因为关西地方已有许多日本名酒,如"滩之名酒"、"伏见名酒"等品牌已有较大影响;关东地方尚无名酒品牌,许多人在酒店要酒时,只以"一级酒"、"二级酒"的称呼代之,没有特别指定某种酒的习惯同时,关东地方属于日本首都圈人口比较集中,约3000万人,同其他地方相比亦占有较大优势;其次,依据消费者的年龄分类,"黄樱"选择了中年人士——他们通常是酒的爱好者、消费的主力。虽然在日本市场,威士忌、葡萄酒、白兰地等大量流入,但是日本烧酒也甚为流行。他们认为这个年龄层今后仍然是"黄樱"的支持者。最后,"黄樱"又用心理标准对中年人士喝酒追求的利益再次细分,最终确定了自己的目标市场。

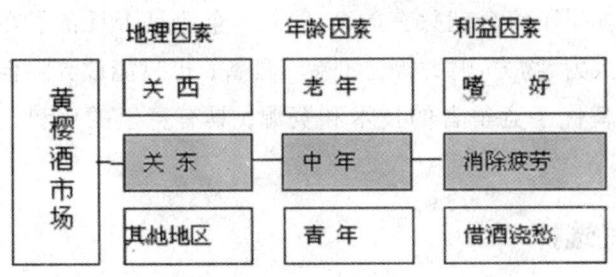

图 4-2 黄樱酒细分市场的方法

五、目标市场及其评估

企业的目标市场是企业营销活动所要满足的市场需求,是企业决定要进入的市场。企业的一切营销活动都是围绕目标市场进行的。选择和确定目标市场,是企业制订营销战略的首要内容和基本出发点,不仅直接关系着企业的经营成果以及市场占有率,而且还直接影响到企业的生存。因此,企业在选择目标市场时,必须认真评价目标市场的营销价值,从市场潜力、竞争状况、以及本企业的资源条件、营销能力和营销特点全面分析评估再研究是否值得去开拓,能否实现以最小的消耗,取得最大的营销成果。一般来说企业考虑进入的目标市场应作以下几方面的评估:

(一)有一定的市场规模和增长潜力

要评估细分市场是否有适当规模和增长潜力,适当规模是与企业规模和实力相适应的。较小的市场对于大企业,不利于充分利用企业生产能力;而较大市场对于小企业,则小企业缺乏能力,来满足较大市场的有效需求或难以抵御较大市场上的激烈竞争。增长的潜力是要有尚未满足的需求,有充分发展的潜力。

(二)细分市场结构 有足够的市场吸引力

吸引力主要是从获利的角度看市场长期获利率大小。市场可能具有适当规模和增长潜力,但从利润立场来看不一定具有吸引力。波特认为有 5 种力量决定整个市场或其中任何一个细分市场的长期的内在吸引力。细分市场可能具备理想的规模和发展特征,然而从赢利的观点来看,它未必有吸引力。这 5 个群体是:同行业竞争者、潜在的新参加的竞争者、替代产品、购买者和供应商。企业必须充分估计这 5 种因素对长期获利率所造成的影响,预测各细分市场的预期利润的多少。

(三)符合企业的目标和资源

某些细分市场虽然有较大吸引力,但不能推动企业实现发展目标,甚至分散企业的精力,使之无法完成其主要目标,这样的市场应考虑放弃。另一方面,还应考虑企业的资源条件是否适合在某一细分市场经营。只有选择那些企业有条件进入、能充分发挥其资源优势的市场作为目标市场,企业才会立于不败之地。因此企业选择目标市场 必须考虑;第一,是否符合企业的长远目标,如果不符合就只有放弃;第二,企业是否具备了在该市场获胜所需的技术和资源,如企业的人力、物力、财力等,如果不具备,也只能放弃。但是仅拥有必备的力量是不够的,还必须具备优于竞争者的技术和资源,具有竞争的优势,才适宜进入该细分市场。

六、目标市场模式选择

企业在对不同细分市场评估后,就必须对进入哪些市场和为多少个细分市场服务出决策。一般来说可采用目标市场模式有五种(如图4-3所示)。

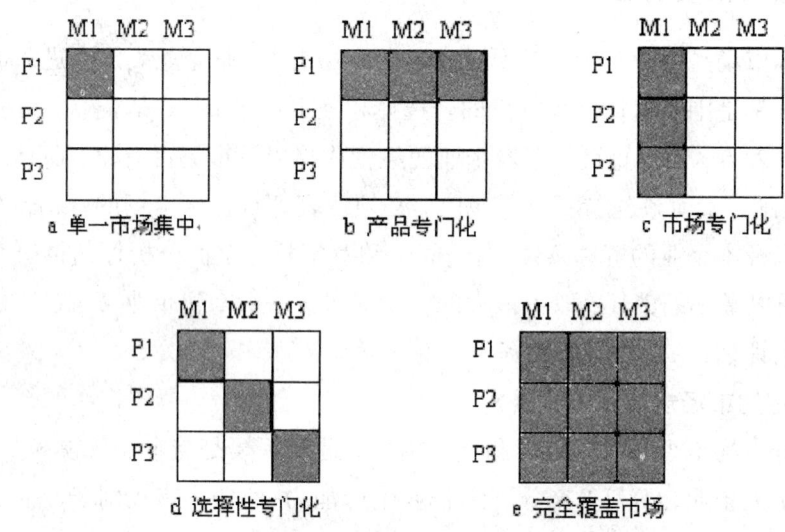

图4-3 目标市场模式示意图

(一)单一市场集中

最简单的方式是公司选择一个细分市场集中营销。大众汽车公司集中经营小汽车市场;通过密集营销公司更加了解本细分市场的需要,并树立了特别的声誉,便可在该细分市场建立巩固的市场地位。另外公司通过生产、销售和促销的专业化分工,也获得了许多经济效益。如果细分市场补缺得当,公司的投资便可获得高报酬。但密集市场营销比一般情况风险更大。

(二)产品专门化

用此法集中生产一种产品,公司向各类顾客销售这种产品。例如显微镜生产商向大学实验室、政府实验室和工商企业实验室销售显微镜。公司准备向不同的顾客群体销售不同种类的显微镜,而不去生产实验室可能需要的其他仪器。公司通过这种战略,在某个产品方面树立起很高的声誉。但如果产品（显微镜）被一种全新的显微技术代替，就会发生危机。

（三）市场专门化

是指专门为满足某个顾客群体的各种需要而服务。例如公司可为大学实验室提供一系列产品，包括显微镜、示波器、本生灯、化学烧瓶等。公司专门为这个顾客群体服务，而获得良好的声誉，并成为这个顾客群体所需各种新产品的销售代理商。但如果大学实验室突然经费预算削减，它们就会减少从这个市场专门化公司购买仪器的数量，这就会产生危机。

（四）选择性专门化

采用此法选择若干个细分市场，其中每个细分市场在客观上都有吸引力，并且符合公司的目标和资源。但在各细分市场之间很少有或者根本没有任何联系，然而每个细分市场都有可能赢利。这种多细分市场目标优于单细分市场目标，因为这样可以分散公司的风险，即使某个细分市场失去吸引力，公司仍可继续在其他细分市场获取利润。

（五）完全市场覆盖

是指公司想用各种产品满足各种顾客群体的需求。只有大公司才能采用完全市场覆盖战略，例如像国际商用机器公司（计算机市场）、通用汽车公司（汽车市场）和可口可乐公司（饮料市场）。

除了进行市场的细分以找到目标客户群以外，企业还可以通过其他方法找到自己的客户。比如可以从同类产品的提供商那里争夺客户，可以通过代理商来找到客户，可以通过大量的市场推广活动来吸引客户。

从同类产品供应商那里争夺客户。由于本企业提供的产品与竞争对手的产品相同或相近，因此其客户群也基本相同，企业可以向竞争对手的客户提供价格更便宜、手续更便捷、服务更优质的替代产品来争夺客户，但是这种方式往往使企业与竞争对手发生正面的冲突，容易受到竞争者的报复，严重的情况下会导致恶性的竞争。

通过代理商找到客户。代理商经过若干年的经营形成了一个网络，也形成了基本的客户群，企业通过向代理商支付代理手续费的方式获取代理商的客户，成为自己产品的购买者、使用者和消费者，但是企业对代理商较难实行紧密的控制，在企业与代理商对利益的分配产生不一致的情况下，代理商可能会转向成为企业竞争对手的代理，此外如果企业的代理商联合起来向企业要求更高的代理费用，会对企业造成财务压力。

通过大量的市场推广活动吸引客户。对于一些技术含量不高的日用品而言，由于其使用者数量众多而且同类产品提供商非常多，企业必须通过大量的市场推广活动，比如进行大量的媒体广告来吸引客户的注意，加强客户对于本企业产品的印象，提升客户购买本企业产品的意愿。

任务六　确定盈利模式

任务布置
1. 收集小组关注的企业并分析该企业的盈利模式；
2. 明确团队创业项目的盈利模式。

一、盈利模式的定义

简单的说，盈利模式就是企业赚钱的渠道，通过怎样的模式和渠道来赚钱。盈利模式是企业在市场竞争中逐步形成的企业特有的赖以盈利的商务结构及其对应的业务结构。

盈利模式分为自发的盈利模式和自觉的盈利模式两种，前者的盈利模式是自发形成的，企业对如何盈利，未来能否盈利缺乏清醒的认识，企业虽然盈利，但赢利模式不明确不清晰，其赢利模式具有隐蔽性、模糊性、缺乏灵活性的特点；自觉的赢利模式是企业通过对盈利实践的总结，对盈利模式加以自觉调整和设计而成的，它具有清晰性、针对性、相对稳定性、环境适应性和灵活性的特征。

二、盈利模式的类型

在市场竞争的初期和企业成长的不成熟阶段，企业的盈利模式大多是自发的，随着市场竞争的加剧和企业的不断成熟，企业开始重视对市场竞争和自身盈利模式的研究，既使如此，也并不是所有企业都有找到盈利模式的幸运。

盈利模式	举例	收入来源
广告	Yahoo.com	通过提供广告来收取费用
订阅	WSJ.com Consumerreports.org Sqortsline.com	通过提供信息内容和服务来收取订阅者的费用
交易费	eBay.com E-Trade.com Amazon.com	通过授权交易或进行交易来收取费用（佣金）
销售	Amazon.com DoubleClick.net	销售产品、信息或服务
会员制	MyPoints.com	通过业务推荐收取费用

图4-4　著名企业的盈利模式

(一)全价值匹配盈利模式

"全价值优化"盈利模式着眼企业全部经营要素——消费者(V1)、产品(V2)、渠道(V3)、品牌(V4)、人力(V5)、原料(V6)等,全价值优化盈利模式就是对企业的所有经营要素进行价值识别或管理,从所有经营要素中找到盈利机会(优化路径设计)。

这种路径可以一种要素价值为基准,进行盈利能力的设计,也可以是几种或全部要素价值的能力提升,基于不同的价值优化基准或优化路径就有了多种多样的盈利模式。这是一种彻底的商业模式设计方式,也是将价值创造作为盈利手段的模式之一。

(二)行业规则、标准盈利模式

根据价值的立足点不同,这类模式之下的企业大体可以分为两大类:核心技术型企业如新兴的IT行业、非核心技术型企业如大多数快速消费品企业或者商业企业。前者是靠强大的研发能力支撑的,如手机中的MOTO。后者则完全是按照纯粹的商业设计来的,如沃尔玛或者DELL。

(三)规模盈利模式

企业把低成本作为主要的扩张利基,低成本可以实现低价格,靠低价格快速放量,从而实现盈利总量的积聚。一些现代化的大卖场相对于小超市实际就是用这种规模盈利模式。

当把所有经营要素都与低成本扩张相匹配时,企业就能够实现低价格的高盈利,因此并不是价格越高盈利越高。

(四)品牌盈利模式

把品牌作为所有价值优化的中心,所有价值都围绕品牌进行优化。品牌价值模式又可以分为两种模式:

1. 品牌覆盖模式

品牌在一定区域内、在不同的消费者中间都有很高的认同感,这样企业通过大投入塑造强势的品牌形象来达到统合各种资源的目的。如青岛啤酒对小酒厂的兼并等。

2. 品牌授权模式

典型的如耐克运动鞋,企业只负责品牌传播、品牌保值、品牌增值任务。

(五)产品结构盈利模式

从企业面对的不同价值的市场来设计:不断推出新的产品以改善整个产品结构在渠道和消费者中的印象,提高渠道溢价能力或增加消费者的接受度,或者将不同盈利水平的不同产品组合起来,最终使渠道总盈利达到一定水平,用高盈利的产品来弥补低盈利产品的推广费用不足或者节省投入,费用降低,则盈利上升。

按照消费者需求特点来设计:同时推出很多产品或者很多品牌,同时在终端销售,避免直接对比产生的清晰的直接的价值认知,从而造成一种模糊的状态,产生被唯一的被专门针对性服务的印象。这在美容行业中的企业比较突出,因为这个行业女顾客占多数,女人在这个方面以感性消费为主要表现,而且注意攀比,容易在被所谓神秘、模糊状态下产生被特别关注的感觉。这是一种典型的以极端显性价值为表现的盈利模式。同样模糊功能类产品如保健品、功能饮品、所谓科技含量的保暖内衣等都是这个范畴。

（六）服务盈利模式

服务是在产品出售以后对产品进行维护、更新、换代、疑难解答等过程中产生的盈利模式，主要是将产品当成是一种载体，产品已经不是企业盈利的主要内容，后边的服务则可成就企业更大更持久的市场，形成服务依赖。如通讯行业买手机送话费等。

（七）产业互动盈利模式

产品使用者是在不同的企业或行业中流水消费的，消费不是独立的单一的现象。如相当一部分人在商场购物，然后到高级酒店喝酒后再到桑拿城洗浴，或者产业的上下业务链之间有不同的控制能力，如一些经营通路网络的经销商对上游企业的反整合等，前者可以在这几种行业中间设计一种信用工具降低客户每次消费的使用成本（如使其付费可以用一种卡，减少麻烦），后者可以整合企业进入经销商的控制体系，减少中间交易环节，提升竞争优势，同样能做到盈利。

（八）执行替代盈利模式

执行替代盈利模式的核心是预算执行，典型的如宝洁的分销商和一些具备策划执行能力的行销公司，企业把市场交给经销商后，由经销商来具体运作市场，企业提供预算费用并定期进行效果查核等工作。这类经销商执行的其实是企业市场部门的工作。执行替代盈利模式擅长的是市场运营商的部分职能，这是替代厂家执行功能达到盈利目的的模式之一。

（九）集中市场盈利模式（市场营运商）

一些经销商充分利用当地的资源，深耕当地市场，从市场到各种深层次的战略资源都保持很透彻的把握，出了这个区域以外什么都不经营，这样经销商能够充分进行资源的全价值匹配，达到成本的最小化，这类经销商或者是全面覆盖区域市场或者精深某一通路形式。

集中市场运营商就是要做到"小而全"，在一定的区域内融合产品盈利模式、服务盈利模式、创新盈利模式、价值盈利模式四种模式。这种经销商靠的就是强龙压不过地头蛇的相对优势形成盈利能力的。

（十）跟进并放大盈利模式

当行业的领头企业开辟新的市场空间以后，企业迅速跟进，找准前面企业的优势环节或者长处促成百尺竿头更上一节，站在巨人的肩膀上更容易得利。因为前面的企业教育开发的是领袖和领导消费者，而在此时跟进就很容易进入到跟进和大众消费者群体中，这类群体往往是最大利润和最大量的群体。这样的企业在各经营环节上很容易达到高的匹配状态，从而在总体成本方面达较低的水平。如对手利用低价渗透市场，那么企业就投入更低价格的产品。

（十一）招商盈利模式

通过招商的形式来快速打开市场，这是很多中小型企业都朝思梦想的快速开发市场的方式,但是随着信息的泛滥,招商成功几率很低,那么怎么才能保证成功呢?需要企业进行相关经营资源的匹配和衡量,招商的前提准备工作要做足做细。表面上好像是招商广告或展会的表现,其实是需要很多配套方面的。如"他+她"饮料招商很成功,但其产品设计、价值提炼、样板扶持、上市时机、概念包装、通路设计、人员配置等诸方面都做了大量工作。

三、盈利模式分析和设计要素

研究企业盈利模式,有必要借助有效的分析手段,有学者在长期研究成功企业的盈利模式时,归纳和总结了企业盈利模式分析和设计的几个要素,几乎所有企业的盈利模式都是以某一个或几个要素为核心的各要素不同形式的组合。

盈利源是指企业提供的商品或服务的购买者和使用者群体,他们是企业利润的唯一源泉。盈利源分为主要盈利源、辅助盈利源和潜在盈利源,好的企业盈利源,一是要有足够的规模,二是企业要对盈利源的需求和偏好有比较深的认识和了解,三是企业在挖掘盈利源时与竞争者比较而言有一定的竞争优势。

盈利点是指企业可以获取利润的产品或服务。好的盈利点,一是要针对明确客户的清晰的需求偏好,二是要为构成盈利源的客户创造价值,三要为企业创造价值,有些企业有些产品和服务或者缺乏盈利源的针对性,或者根本不创造利润,盈利点反映的是企业的产出。

盈利杠杆是指企业生产产品或服务以及吸引客户购买和使用企业产品或服务的一系列业务活动,盈利杠杆反映的是企业的一部分投入。

盈利屏障是指企业为防止竞争者掠夺本企业的利润而采取的防范措施,它与盈利杠杆同样表现为企业投入,但盈利杠杆是撬动"奶酪"为我所有,盈利屏障是保护"奶酪"不为他人所动。

评价

评价项目	具体指标	小组自评	小组互评	教师评价	总评
解析商业模式	对商业模式理解清晰,能构建创业项目初步的商业模式,包含必要要素				
明确业务范围	有明确的业务范围并符合企业情况				
定位竞争差异	市场定位准确,有差异化竞争策略				
协同合作伙伴	合作伙伴选择合理,有明确的协同机制				
选择目标市场	市场细分有依据,目标顾客具体				
确定盈利模式	有明确的盈利点,盈利模式切实可行				

拓展训练

1. 你知道哪些企业的商业模式？各有什么优势和劣势？
2. 综合分析团队创业项目的商业模式。
3. 判断下面观点，说明你的态度。

(1) 市场定位的目的是为找到目标市场，确定针对目标市场的营销策略。□ 对；□ 错

(2) 经商最重要不是资金不是人才，而是模式。□ 对；□ 错

(3) 商业模式最早出现于上个世纪50年代，但直到上个世纪90年代才开始被广泛使用和传播。□ 对；□ 错

(4) 商业模式比技术创新更为重要。□ 对；□ 错

(5) 抛弃价格战，积极变革商业模式。□ 对；□ 错

(6) 企业已步入商业模式竞争时代。□ 对；□ 错

(7) 市场定位、产品定位和竞争性定位分别有不同的含义。□ 对；□ 错

(8) 市场定位中的迎头定位策略具有较大的风险性。□ 对；□ 错

(9) 如何选择目标市场，应根据企业的实际而定，如果企业的实力雄厚，可以采用集中营销策略。□ 对；□ 错

(10) 市场定位应与产品结合起来。□ 对；□ 错

(11) 企业管理者想了很多办法，花了很大力气来开拓市场、促进销售，结果却不令人满意。原因是没有找到自己的目标顾客。□ 对；□ 错

(12) 差异化是企业生存、发展的有效策略。□ 对；□ 错

(13) 建立成功商业的第一步是了解什么样的商品或技术是你的顾客真正需要的。
□ 对；□ 错

拓展阅读

拓展阅读1　项兵等专家圈点中国八大经典商业模式

创业最需要什么？相信多数人的回答是一个字："钱!"但是很多获得风投青睐的企业最后还是失败了，可见创业最需要的不是钱。首先，必须是看钱的能力，也就是模式；然后是用钱的能力；最后才是赚钱。

商业模式一：快速网络便利店

代表公司：快书包

创新点：所有商品保证1小时内送达

核心逻辑：满足城市商圈客户对"快速"的需求。为了满足快速送达的需求，和京东商城、好买网、亚马逊等不同的是，快书包缩短供应链，将城市整体物流配送的能力化整为零，划分为1小时可送达的配送区域。

盈利模式：主要是通过商品的差价挣钱。目前，快书包日均订单量为200左右，1个月的流水可以达到10~20万，图书行业的毛利在15%~20%。

案例简述：

快书包有两个特点，一是只做精品图书和少量用户喜爱的小体积生活用品，舍弃长尾市场；二是以"快"作为客户核心体验，在北京、上海、广州三大中心城市，无论顾客在哪个区，下单后1小时内便可收货。

快书包选择的精品图书大部分为畅销图书。它的图书有三大类，一是诸如《新华字典》、美食烹饪之类的工具书；一类是韩寒、郭敬明这些80后作家的畅销书；三是他们认为值得向城市白领推荐的诸如《读库》、《听几米唱歌》等文学类书籍。除了图书，快书包的商品品类渐渐扩展到写字楼白领喜欢的精致休闲小食品等。

要实现1小时送货上门，除了商品品类选择之外，最为重要的便是物流体系建设。为此，快书包在北京、上海的城区建设了一个个辐射范围为5公里的物流配送站。

借鉴点：

快书包一反众多电子商务的"综合化模式"，关注"窄需求"；可无限复制的轻资产投资结构：整个快书包的投入重点在每个配送站的租金成本和人员薪资，属于典型的轻资产投资；按照写字楼客户的需求对书籍等商品的先期筛选机制，确保商品上架后受顾客喜爱的概率最大；低价策略：视低价为基础竞争优势，敢与当当、卓越等大电商比低价。

点评：

黄刚（汉森世纪供应链管理咨询（北京）有限公司首席顾问兼副总经理）

快书包将大物流化整为零变成"短物流"，主要的投入是在人，IT上的投入也非常少。在中国，人力成本比较便宜的时候，快书包的商业模式可复制性很强。与快书包类似的模式有优菜网：社区型电子商务，像送牛奶一样送菜。以后快书包可以成为一个小物流平台，不止送自己的商品，也可以送别人的商品。这种模式对配送员工的要求很高，快书包花了很多精力培训员工。

商业模式二：网络分享式购物

代表公司：享客中国

创新点：年轻人集体拼钱购物

核心逻辑：将目标用户群体定位在在校生和初入职场的上班族，推出新潮时尚的优质产品；采取分享式购物的交易模式，满足了消费者花"小钱"办"大事"的消费模式。

盈利模式：商家的广告推广费、竞价费用。

案例简述：

享客中国是国内首个B2S（business to share）购物网站，采用分享式商务、体验式商务模式，是指有共同兴趣爱好的一群人，通过享客中国平台，选择自己喜欢的商品，每个人通过网上支付很少的一笔费用（比如1块钱），大家累积起来的钱刚好能支付这个商品价钱，然后从这些人中挑选一个幸运者，由幸运者拥有并体验这款最新潮商品。如果没有被抽中，所支付的每一笔钱（比如1块钱）都会变成等额的积分累积在账户里，以1：1的比例兑换商城里的商品。

很多参与者发现,这是一个既有强烈娱乐性的游戏,又可以有效存取零碎钱的好地方。不过,这种商业模式也有其局限性:首先,其体验的商品局限于特殊商品,如受关注度高的最新数码类产品、明星签名类产品等;其次,该模式还没有形成比较稳定的盈利模式,能否实现持续的盈利增长,还有待时间的检验。

借鉴点:

将购物和集体娱乐结合在一起;迎合了年轻人的购物需求和娱乐心理。

点评:

史春明(德天创投首席合伙人)

分享购物的模式,更适合年轻一族。此外,由于商品品类较少,很难通过商品销售获得规模经济,可考虑与一些大的综合电子商务捆绑式合作,资源互补。

商业模式三:社交式电子商务

代表公司:人人爱购

创新点:社交网络充当导购员

核心逻辑:消费者在社交网络交流购物经验,影响他人的购物行为。

盈利模式:与其他购物平台分账、返点,广告。

案例简述:

"人人爱购"是人人网推出的长期促销平台,目前主要提供产品导购功能。首页提供 B2C 企业展示广告及各类单品促销信息,用户点击后直接进入合作电商页面进行购买、支付。目前合作商家包括京东商城、凡客、淘宝商城、红孩子、银泰网(微博)、好乐买等。该平台最大的优势在于流量资源,在人人网首页、日志、相册及公共主页等页面均有入口。

借鉴点:

消费者在完成购物后可以交流购物体验,其他人可以在社区里进行反馈。这种交流和反馈在很大程度上影响着网民的购物行为,使口碑的力量转变成销售的力量。

点评:

颜艳春(富基融通科技有限公司董事长)

互联网商圈不断进化,正在形成核心商圈、次级商圈、边际商圈和长尾商圈。但无疑社交网络的人气旺盛,社交网络将成为互联网商圈的黄金地段和核心商圈。越来越多的零售商应该借助社交网络的"社交图谱"巩固老客户,增加新顾客流,最终提高销量。

商业模式四:农产品直客式生存

代表公司:上海多利农庄

创新点:有机农业+电子商务+会员制,直客式压缩中间环节。

核心逻辑:利用互联网自建渠道,有机蔬菜自田间收获后,绕开供应链上经纪人、各级代理、零售商等四五个环节,直达餐桌。

盈利模式：传统蔬菜贩运，80%的利润在中间环节，多利自建电子商务和部分物流的方式，节约了这一部分成本。

案例简述：

多利农庄经营之初就确定了"压缩中间环节"的经营原则，并最终选择了直销的方式，采取了会员预售的模式，即会员以月、半年或年度为周期预先付费，打包销售。

多利农庄目前的销售渠道主要集中于三个方向：一是大型的团购会员单位，比如中欧国际工商学院、宝钢、上海证交所、国家会计学院等大型企事业单位客户；二是以礼品卡或者礼券的方式面向普通市民，通过在高端小区举办互动活动等形式来吸纳新的个体和家庭客户；除此之外，还利用官网的电子商务渠道进行直销。目前，在多利的销售总额中，三类渠道分别占据了4:4:2的比例。截至2010年底，多利农庄拥有超过20个团购会员，约5000个普通会员，基本覆盖了目前的全部产能。

多利引入了日本黑猫雅玛多宅急便物流为合作伙伴，配送半径覆盖了半个上海，蔬菜从采摘到最后配送至会员家中，中间过程不超过24小时。

借鉴点：

自购十余台车辆与物流公司联合运营，每单成本降低至20元，配送成本大概只占整个收入的15%~18%；采用了针对奢侈品消费人群的礼品营销模式。

点评：

陈晓平（青云创投管理合伙人）

有机农业是可持续发展农业的实践探索，多利借用了其他行业的销售模式与成本控制，有助于它实现快速的可持续增长和扩张。

商业模式五：银发产业循环运营

代表公司：亲和源

创新点：借力整合养老服务、养老会员和房屋。

核心逻辑：养老产业是个可持续发展的产业，亲和源的思路是，搭建好平台，循环运营，达到持续增值的目的。

盈利模式：亲和源收入主要来自两块，一块是每年的会费和各种服务费用，另一块则是房屋的循环销售，这是最核心的。

案例简述：

亲和源养老产业项目是一个社区的概念，在养老产业的链条上首先选择的是养老地产和养老服务。

养老服务方面，传统养老机构采用的是将服务项目纳入自我运营的范围中，而亲和源是整合目前市场上专业化程度较高、符合一定服务理念和标准的资源，组成服务平台。亲和源只是供应商的协调者。项目的运营，完全是市场化的。把很多专业服务企业"拉下水"，建立起一个相对庞大完善的服务体系。如，专业经营老人社区的美国艾玛客公司、提供餐饮服务的法国索迪斯公司、管理健身康体会所的香港美格菲,以及曙光医院、上海老年大学等都参与了亲和源搭建的服务平台。

养老地产方面,入住老人一次性交会费,通过合同拥有房子的使用权(没有买卖权),这些老人可以通过合同实现房屋使用权的转让、继承。但入住后每年还要缴纳3万元至7万元的年费,并支付公用事业费和享受各项服务的费用。他们面向市场发行两种会员卡。银杏A卡,即一次性缴付卡费50万元永久使用并可继承、转让,然后每年支付1.5万-5万元年费(根据房型大小);银杏B卡,即一次性缴付卡费35万-65万元(根据房型大小)供个人终身使用,然后每年支付2万元年费,如果未住满15年,可以折算到月按比例退回部分入会费用。

如今,亲和源的会员已经达到800余名,住户则有580户左右,可容纳住户约1500户。

点评:

李曙君(挚信资本首席合伙人)

目前在养老模式、管理模式以及服务模式上的创新,是很多养老企业没有解决的难题,但是亲和源做到了。我相信,养老产业的盈利是一个长远的事情。

商业模式六:核心价值衍生模式

代表公司:云南白药

创新点:将云南白药的神奇疗效添加到其他成熟产品中。

核心逻辑:白药配方添加到"成熟产品"中,让云南白药神奇疗效在充分竞争的产品市场发挥新效应。

盈利模式:"两翼产品"的销售收入。

案例简述:

让云南白药的产品创新有市场价值,就要保密配方渗透进那些已经被消费者高度认可的产品市场。云南白药摒弃了"核心竞争力"观念,把保密的白药配方变成其他产品的"添加剂"。形成"两翼产品"系列(云南白药膏、白药创可贴、药妆产品、白药牙膏),在这些充分竞争性市场中,重新展现了自身独特的资源价值。

而在竞争策略上,则秉承"以强制强"的策略。云南白药注重的是疗效,把自己的优势与其他企业的全球领先技术结合,达到共同创新产品,开拓新市场的目标。云南白药只做核心技术研发,其他生产则交给行业内最优秀的OEM商。

由于"云南白药"的介入,诸如创可贴这样的市场竞争规则被改变——由纯粹的止血转向治疗层面,颠覆了创可贴等产品传统的竞争模式。

借鉴点:

采用OEM的方式降低市场风险;与其他企业合作;改变价值链的游戏规则。

点评:

项兵(长江商学院院长)

在全球化竞争时代，一家公司是否能够根据它的核心竞争资源制定战略，是否能够建立起持续性核心资源竞争力，是否能够不断提升公司创新能力，所有这一切问题都可归结到，公司是否能够建立起一套独特的资源整合能力。为此，公司的战略必须努力将其核心资源应用到所有有助于形成产品竞争优势的市场中，或者打入新市场以改善公司资源的市场应用价值。

商业模式七:快速嫁接强势企业智慧

代表公司:贝尔信

创新点:模仿IBM智慧地球，提出"中国版智慧地球"解决方案。

核心逻辑:把握先机，从强势企业的商业模式创新中找到自己的机会。

盈利模式:向城市贩卖解决方案。

案例简述:

智慧地球最早由IBM提出，是指通过信息采集终端形成物联网，然后将"物联网"与现有的互联网、广播电视网、通信网整合起来，实现人类社会与物理系统的智能化整合。但IBM的智慧地球解决方案一直没有实质性的产品落地。

深圳贝尔信公司则发现了其中的商机，依托在视觉识别方面掌握的两项核心技术（一是基于网络传输的视觉的智能行为分析技术，二是基于3DGIS的3D建模和虚拟组网技术）紧随其后推出了"中国版智慧地球"概念。

目前，"中国版"智慧地球的计划才刚实施1年多，贝尔信已和天津、株洲等近10个城市达成了合作协议，拿下数亿元人民币的大单，部分城市在2011年初已经进入执行阶段。

借鉴点:

贝尔信早在3年前开始研发相关技术，借IBM找到了商业模式的突破点。

点评:

曹玉晖(建银国际投资副总经理)

论技术，贝尔信并没有占据绝对优势，但是他胜在动手较早，傍大款，迅速改变自己的商业模式。我们看项目的时候，非常看重企业对市场先机把握的嗅觉。

商业模式八:引领标准的竞争

代表企业:美的

创新点:参与制定了国家标准/行业标准。

核心逻辑:改变或重新制定标准，掌控以后的游戏规则。

案例简述:

美的集团（微博）作为空调健康标准、微波炉蒸标准、小家电能效标准等国家标准/行业标准的发起者或主导起草者，兼国家电风扇等标准化工作组组长单位。"十一五"期间，美的共参与制订修订国家标准/行业标准152项，包括电压力锅的国际标准、主导空调健康标准，又是冰箱"原味保鲜"标准发起者。美的率先抛出了"原味保鲜"理念，并借助原味鲜境界系列全新电脑三循环四温区冰箱新品来开打一场"保鲜战役",宣称只有符合不变味、不串味、无异味的原味标准的冰箱才算是真正意义上的保鲜冰箱。

美的冰箱还以家电下乡产品"12年免费包修"再树行业服务新标杆。同时,美的也是洗衣机"整机3年免费包修"服务标准倡导者。改变标准的做法,让美的持续站在了行业趋势的前沿。

点评:

徐东生(中国家用电器协会秘书长)

将企业标准升格为行业标准,意味着美的所制订的清洗服务标准在市场实践和推广应用中产生了较大的影响,并推动了整个家电服务业的升级转型。未来一段时间,家电业的商业模式竞争重点将从市场营销转向售后服务。

拓展阅读2 读懂这6大商业模式,你就知道怎么"互联网+"了

"当今企业之间的竞争,不是产品之间的竞争,而是商业模式之间的竞争"

——现代管理学之父 彼得·德鲁克

"互联网+"企业四大落地系统(商业模式、管理模式、生产模式、营销模式),其中最核心的就是商业模式的互联网化,即利用互联网精神(平等、开放、协作、分享)来颠覆和重构整个商业价值链,目前来看主要分为六种商业模式。

百度CEO李彦宏在2014年百度联盟峰会上表示,传统PC互联网商业模式在移动互联网时代面临挑战,用户数量不决定一切,不重视对移动互联网商业模式的探索,就像开着豪车酒驾,很刺激但也很危险。因此,在移动互联网时代要尽早考虑商业模式。

"互联网+"商业模式之一:工具+社群+商业模式

互联网的发展,使信息交流越来越便捷,志同道合的人更容易聚在一起,形成社群。同时互联网将散落在各地的星星点点的分散需求聚拢在一个平台上,形成新的共同的需求,并形成了规模,解决了重聚的价值。

如今互联网正在催熟新的商业模式即"工具+社群+电商/微商"的混合模式。比如微信最开始就是一个社交工具,先是通过各自工具属性/社交属性/价值内容的核心功能过滤到海量的目标用户,加入了朋友圈点赞与评论等社区功能,继而添加了微信支付、精选商品、电影票、手机话费充值等商业功能。

为什么会出现这种情况?简单来说,工具如同一道锐利的刀锋,它能够满足用户的痛点需求,用来做流量的入口,但它无法有效沉淀粉丝用户。社群是关系属性,用来沉淀流量;商业是交易属性,用来变现流量价值。三者看上去是三张皮,但内在融合的逻辑是一体化的。

"互联网+"商业模式之二:长尾型商业模式

长尾概念由克里斯·安德森提出,这个概念描述了媒体行业从面向大量用户销售少数拳头产品,到销售庞大数量的利基产品的转变,虽然每种利基产品相对而言只产生小额销售量。但利基产品销售总额可以与传统面向大量用户销售少数拳头产品的销售模式媲美。通过C2B实现大规模个性化定制,核心是"多款少量"。所以长尾模式需要低库存成本和强大的平

台，并使得利基产品对于兴趣买家来说容易获得。例如 ZARA。

"互联网+"商业模式之三：跨界商业模式

不管你们是做哪个行业的，真正对你们构成最大威胁的对手一定不是现在行业内的对手，而是那些行业之外你看不到的竞争对手。——互联网预言帝 凯文·凯利

马云曾经说过一句很任性的话，他说，如果银行不改变，那我们就改变银行，于是余额宝就诞生了，余额宝推出半年规模就接近 3000 个亿。雕爷不仅做了牛腩，还做了烤串、下午茶、煎饼，还进军了美甲；小米做了手机，做了电视，做了农业，还要做汽车、智能家居。

互联网为什么能够如此迅速的颠覆传统行业呢？互联网颠覆实质上就是利用高效率来整合低效率，对传统产业核心要素的再分配，也是生产关系的重构，并以此来提升整体系统效率。互联网企业通过减少中间环节，减少所有渠道不必要的损耗，减少产品从生产到进入用户手中所需要经历的环节来提高效率，降低成本。因此，对于互联网企业来说，只要抓住传统行业价值链条当中的低效或高利润环节，利用互联网工具和互联网思维，重新构建商业价值链就有机会获得成功。

马化腾在企业内部讲话时说："互联网在跨界进入其他领域的时候，思考的都是如何才能够将原来传统行业链条的利益分配模式打破，把原来获取利益最多的一方干掉，这样才能够重新洗牌。反正这块市场原本就没有我的利益，因此让大家都赚钱也无所谓。"正是基于这样的思维，才诞生出新的经营和赢利模式以及新的公司。而身处传统行业的人士在进行互联网转型的时候，往往非常舍不得或不愿意放弃依靠垄断或信息不对称带来的既得利益。因此，往往想得更多的就是，仅仅把互联网当成一个工具，思考的是怎样提高组织效率、如何改善服务水平，更希望获得更大利润。所以传统企业在转型过程中很容易受到资源、过程以及价值观的束缚即阻碍。

"互联网+"商业模式之四：免费商业模式

互联网行业从来不打价格战，它们一上来就免费。传统企业向互联网转型，必须要深刻理解这个"免费"背后的商业逻辑的精髓到底是什么。

——小米科技董事长 雷军

"互联网+"时代是一个"信息过剩"的时代，也是一个"注意力稀缺"的时代，怎样在"无限的信息中"获取"有限的注意力"，便成为"互联网+"时代的核心命题。注意力稀缺导致众多互联网创业者们开始想尽办法去争夺注意力资源，而互联网产品最重要的就是流量，有了流量才能够以此为基础构建自己的商业模式，所以说互联网经济就是以吸引大众注意力为基础，去创造价值，然后转化成赢利。

很多互联网企业都是以免费、好的产品吸引到很多的用户，然后通过新的产品或服务给不同的用户，在此基础上再构建商业模式。比如 360 安全卫士、QQ 用户等。互联网颠覆传统企业的常用打法就是在传统企业用来赚钱的领域免费，从而彻底把传统企业的客户群带走，继而转化成流量，然后再利用延伸价值链或增值服务来实现盈利。

如果有一种商业模式既可以统摄未来的市场，也可以挤垮当前的市场，那就是免费的模

式。信息时代的精神领袖克里斯·安德森在《免费：商业的未来》中归纳基于核心服务完全免费的商业模式：一是直接交叉补贴，二是第三方市场，三是免费加收费，四是纯免费。

"互联网＋"商业模式之五：O2O 商业模式

2012 年 9 月，腾讯 CEO 马化腾在互联网大会上的演讲中提到，移动互联网的地理位置信息带来了一个崭新的机遇，这个机遇就是 O2O，二维码是线上和线下的关键入口，将后端蕴藏的丰富资源带到前端，O2O 和二维码是移动开发者应该具备的基础能力。

O2O 是 Online To Offline 的英文简称。O2O 狭义来理解就是线上交易、线下体验消费的商务模式，主要包括两种场景：一是线上到线下，用户在线上购买或预订服务，再到线下商户实地享受服务，目前这种类型比较多；二是线下到线上，用户通过线下实体店体验并选好商品，然后通过线上下单来购买商品。广义的 O2O 就是将互联网思维与传统产业相融合，未来 O2O 的发展将突破线上和线下的界限，实现线上线下、虚实之间的深度融合，其模式的核心是基于平等、开放、互动、迭代、共享等互联网思维，利用高效率、低成本的互联网信息技术，改造传统产业链中的低效率环节。

1 号店联合董事长于刚认为 O2O 的核心价值是充分利用线上与线下渠道各自优势，让顾客实现全渠道购物。线上的价值就是方便、随时随地，并且品类丰富，不受时间、空间和货架的限制。线下的价值在于商品看得见摸得着，且即时可得。从这个角度看，O2O 应该把两个渠道的价值和优势无缝对接起来，让顾客觉得每个渠道都有价值。

"互联网＋"商业模式之六：平台商业模式

互联网的世界是无边界的，市场是全国乃至全球。平台型商业模式的核心是打造足够大的平台，产品更为多元化和多样化，更加重视用户体验和产品的闭环设计。

张瑞敏对平台型企业的理解就是利用互联网平台，企业可以放大，原因有：第一，这个平台是开放的，可以整合全球的各种资源；第二，这个平台可以让所有的用户参与进来，实现企业和用户之间的零距离。在互联网时代，用户的需求变化越来越快，越来越难以捉摸，单靠企业自身所拥有的资源、人才和能力很难快速满足用户的个性化需求，这就要求打开企业的边界，建立一个更大的商业生态网络来满足用户的个性化需求。通过平台以最快的速度汇聚资源，满足用户多元化的个性化需求。所以平台模式的精髓，在于打造一个多方共赢互利的生态圈。

但是对于传统企业而言，不要轻易尝试做平台，尤其是中小企业不应该一味地追求大而全、做大平台，而是应该集中自己的优势资源，发现自身产品或服务的独特性，瞄住精准的目标用户，发掘出用户的痛点，设计好针对用户痛点的极致产品，围绕产品打造核心用户群，并以此为据点快速地打造一个品牌。

学习情境 5　财务预算管理

知识目标：
1. 了解中小企业的主要融资方式；
2. 了解中小企业不同发展阶段的融资渠道；
3. 掌握资产负债表、利润表、现金流量表。

能力目标：
1. 会选择适合创业项目的融资渠道；
2. 能解读创业项目的资产负债表、利润表、现金流量表；
3. 能预估创业项目未来三年的主要财务指标。

引言

创业融资是指一个初创企业或拟创企业资金筹备的行为和过程，即根据自身资金拥有的状况、未来经营发展的需要，通过科学的预测和决策，采用一定的方式，从一定的渠道筹集创业资金，保证创业期间供应的理财行为。创业融资是为了解决企业成立前后的创业启动资金问题，是创业者的第一次融资，也是最重要的一次融资。

任务一　选择融资渠道

任务布置

1. 以自己组建的创业团队为单位；
2. 寻找和选择切合创业项目的融资渠道与方式。

知识准备

企业的设立需要充足的启动资本，而新创企业的发展，都需要经过开创、成长、成熟等几个阶段。创业者在成立公司、购买设备、租赁厂房和办公室、招聘人员、广告宣传、开发市场、各种商务应酬等所有的活动中都需要必要资金的支持和协助。对缺乏自有资金的创业者来说，是否拥有融资渠道和融资能力，是决定创业能否成功的关键。因此，创业者在成立企业前，需要了解融资的基础知识。

一、中小企业融资渠道的概述

（一）融资渠道的现状概述

中小企业在我国经济发展中具有举足轻重的地位，为推动国民经济快速发展，解决城乡居民就业以及增加国家和地方税收都发挥了非常重要的作用。但由于国际经济形势急剧恶化，企业特别是中小企业受到的冲击越来越大，一些中小企业相继停工停产，有的倒闭关门，有的申请破产保护。造成这种状况的原因是多方面的，但最突出、最普遍的问题是融资难，中小企业难以获得流动资金以及技术改造、基本调拨需要的资金。融资难的原因错综复杂，既有国内宏观的金融制度、政策方面的原因，如缺乏多层次的资本市场体系、商业银行未形成专业化分工、信用制度不完善、金融债权维护难、抵押担保制度落实难、商业银行信贷管理体制不适合创业企业的特点等；也有创业企业自身的原因，如信息不透明、资产信用不足、财务制度不健全、报表不实、竞争力不强、缺乏融资相关经验和知识等。因而，寻找创业资金已成为国内创业者的重要任务之一。

（二）创业融资的基本原则

对于创业者而言，创业融资是极其重要而复杂的环节。为了有效地筹集资本，创业者需要以较低的融资成本付出和较小的融资风险，获取较多的启动资本，为此需要遵循以下原则：

1. 效益和成本原则

创业者在融资中，需要在充分考虑项目效益的前提下，综合研究各种融资方式，寻求最优的融资组合以降低资本成本。

2. 合理规划原则

创业者对资金的需求是不断变化的，为此创业者应该根据创业计划，结合创业发展阶段,运用相应的财务手段合理预测资金需求量。同时,不同来源的资本,对企业的收益和成本有不同的影响,因此,创业者应该合理确定资本结构,主要包括合理确定权益资本与债务资本的结构、合理确定长期资本与短期资本的结构。

3. 及时处置原则

创业融资必须根据企业资本投放时间安排予以划拨,及时确定资本来源,使融资与投资在时间上相协调,避免因资金筹集不足而影响生产经营的正常进行,防止资金筹集过多、资金闲置而造成资金使用成本上升。

4. 合法融资原则

由于创业者的融资活动影响着社会资本及资源的流向和流量,涉及相关主体的经济权益,因此,创业者必须遵守国家有关法律法规,依法履行约定的责任,维护利益相关主体的权益,避免非法融资行为。

二、基本融资渠道与融资方式

(一) 融资渠道

融资渠道是指筹措资金来源的方向与通道,体现着资金的源泉和流量。企业筹资活动需要通过一定的渠道并采用一定的方式来完成。把两者有机地结合起来,以使公司达到最佳的资金来源结构。因此,能否认清融资渠道的种类和特点,有利于充分开拓和正确选择融资渠道。目前,我国企业融资的主要渠道和特点如下:

1. 银行信贷资金

银行为企业提供的贷款,是各类企业重要的资金来源。我国银行主要分为商业性银行和政策性银行两种。商业性银行主要以营利为目的,从事信贷资金投放的金融机构,主要为企业提供商业性贷款;政策性银行是为特定企业提供政策性贷款。在我国,个人向银行贷款是一件比较难的事情,即使贷款给创业者,也需要创业者提供一些资料:经营说明及经营策略;管理能力综合评价;资本要求;个人经济状况;融资计划与现金流量表;投资报告书;贷款申请书。当然,银行贷款方式灵活多样,可以适应各类企业的多种资金需要,目前各地也在纷纷尝试创业小额贷款。

2. 非银行金融机构资金

非银行金融机构主要有信托投资公司、租赁公司、保险公司、证券公司、企业集团的财务公司等。它们所提供的各种金融服务,既包括信贷资金投放、物资的融通,还包括为企业承销证券服务,可以为一些企业直接提供部分资金或为企业融资提供服务。虽然其融资额有限,但其资金供给方式灵活方便,也可以作为企业补充资本的渠道。

3. 其他法人单位资金

其他法人单位资金主要是指企业为提高资金收益率或其他目的将生产经营过程中部分暂时闲置的资金进行投资而形成的资金,包括企业法人单位资金和社会法人单位资金。目前,随着我国上市公司的增多,许多公司用上市融来的钱进行投资和收购。

4.民间借贷资金

民间借贷也称为"草根金融",是指个人与个人之间,个人与企业之间的融资,是产生和生存于民间的融资行为。因此,企业职工和居民的剩余货币,可以对企业进行投资,形成民间资金渠道,为企业所利用。当前我国民间借贷主要有低利率的互助式借贷、较高利率的信用借贷、不规范的中介借贷和变相的企业内部融资等方式。

(二)融资方式

融资方式是指企业筹集资金所采取的具体形式,可分为债权融资与股权融资。债权融资是指利用涉及利息偿付的金融工具来筹措资金的融资方法。包括向政府、银行、亲友、民间借贷和向社会公众发行债券等。向亲友借贷是债权融资的最初阶段,发行债券是债权融资的最高阶段。其特点在于,融资企业必须根据借款协议按期归还本金并支付利息,一般不影响企业的股东及股权结构。

股权融资也称作权益融资,是指通过公开发行或私募发行的方式来发行金融证券,把获取的利润不以红利的形式分配给股东,而是将其以股东权益的形式留存在企业的融资方法。包括创业者自己出资、争取国家财政投资、与其他企业合资、吸引投资基金投资及公开向社会募集发行股票等。自己出资是股权融资的最初阶段,发行股票是股权融资的最高阶段。其特点在于,引入资金且无须偿还,但同时企业引入新股东,使企业的股东构成和股份结构发生变化,不需要支付利息且不必按期还本,但需按企业的经营状况支付红利。

股权融资和债权融资的选择主要涉及企业控制权的分散甚至转移。控制权改变不仅直接影响企业生产经营的自主性、独立性,原有股东的利益分配,而且当其失去控股权时还可能影响到企业的效益与长远发展。因此,在可能的情况下应尽量考虑采取债权融资,其主要的融资方式及特点如下:

1.银行贷款

债权融资对创业者来说主要是银行信贷。但是,银行不是投资者,只对风险最小、有可靠的抵押和较易预测回报的创业项目感兴趣。银行贷款的理想候选企业是具有强大现金流、低负债率、已审计的财务报表、优秀管理层与健康的资产负债表的企业。对这些标准的仔细评估,说明了初创企业为何获取银行贷款很困难。谭木匠的创始人谭传华在创业之初,由于银行贷款四处碰壁,不得不在《重庆商报》上刊登《谭木匠招聘银行》的文章,掀起了民营企业融资的广泛讨论。但尽管是这样的困境,银行贷款依然是创业融资的主要渠道之一。

银行贷款分为长期贷款和短期贷款、人民币贷款和外币贷款、固定资产贷款和流动资金贷款等。目前,在社会主义市场经济体制构架逐步建立的条件下,中小企业利用商业银行的融资渠道,主要有三种方式:一是银行抵押贷款,直接贷款给企业。二是对个人的抵押物贷款和消费信用贷款,贷给企业股东个人。三是担保的信用贷款,主要贷给附属于大企业,为大企业提供服务和配套产品的中小企业。银行在评估贷款项目时,以"赢利性、安全性、流动性"

为基本原则，审查的因素通常被称作"6C"。即品德资信；经营能力；资本；担保物价值；经营环境；事业的连续性。

企业可以通过采取以下策略来争取银行贷款：

（1）提供可靠的担保，转移银行风险。银行感兴趣的是创业者是否能提供没有瑕疵的担保，而不是对创业者的风险投资回报。担保通常是物权担保，如抵押（主要针对不动产）、质押（动产和权利）等。此外，对于资本实力并不强的创业者，可以向专业的担保公司申请，获得创业担保。

（2）贷款期限尽可能短期，减轻银行风险。银行特别愿意考虑贷款在一年以内的情况，这样就便于及时地评估贷款的风险，决定以后的贷款方案。通常情况是，贷款期越长，银行需要的担保就越多，加到企业动作上的限制就越多。

（3）准备一份值得依赖的创业计划。创业者要制订一份十分精细的创业规划，随时准备提交给银行审查，但大多数小本经营者却不能做到这一点。这是获得信贷的关键。

（4）同银行建立良好的业务关系。对创业者来说，最理想的情况就是同某一银行建立良好的业务联系，比如开户。银行通常会特别优待自己的老客户，因此，创业者一定要保持并增加同银行的联系，增强银行协助自己业务活动方面的作用，并结识在那家银行工作的人员，就商业问题向他们求教。

2. 发行债券

企业债券通常又称公司债券，是指依照法定程序向投资者发行，约定在一定期限内按既定利率支付利息并按约定条件偿还本金的有价证券。债券只是一种虚拟资本，其本质是一种债权债务证书。但要获得发行债券的资格并不容易，需要证券监管部门的审批，适合于较大规模的融资。

我国相关法律规定，企业发行债券须满足以下几个主要条件：

（1）股份有限公司的净资产额不低于人民币3000万元，有限责任公司的净资产额不低于人民币6000万元；

（2）累计债券总额不超过公司净资产额的40%；

（3）最近三年平均可分配利润足以支付公司债券一年的利息；

（4）筹集的资金投向符合国家产业政策；

（5）债券利率不得超过国务院限定的利率水平；

（6）国务院规定的其他条件。

企业债券风险与企业本身的经营状况直接相关。如果企业发行债券后，经营状况不好，连续出现亏损，可能无力支付投资者本息，投资者就面临着遭受损失的风险。从这个意义上说，企业债券是一种风险较大的债券。

3. 典当融资

风险投资虽是天上掉馅饼的美事，但只是小部分精英型创业者的"特权"；而银行的大门虽然敞开着,但有一定的条件和时间。但典当与其他融资方式不同,典当是以实物为抵押,以实物所有权转移的形式取得临时性贷款的一种融资方式。"急事告贷,典当最快",典当的主要作用就是救急,能在短时间内为融资者争取到更多的资金。所谓典当融资是指当户将其动产、财产权利作为当物质抵押或者将其房地产作为当物抵押给典当行,交付一定比例费用,取得当金,并在约定期限内支付当金利息、偿还当金、赎回当物的行为。典当是一种古老的行业,在许多人眼里或许具有不光彩的历史。但在近年的创业融资中,典当以它特有的优势和特点重新获得了迅速的发展。典当过程是指典当双方当事人之间从事典当交易行为的过程。通常情况下,典当过程按时间的先后顺序,划分为各自独立的并相互分离的五个阶段,即审当、估价、出典、回赎和绝卖。在近年的企业融资中,典当融资以特有的优势拥有它的市场,逐渐发展成为中小企业融资渠道的有益补充。典当融资对借款人的资信条件要求低、贷款用途限制较少、手续简便、灵活,可以满足急需,是中小企业、个体工商业主和居民个人的快捷融资渠道。

4. 融资租赁

融资租赁又称资本租赁,是企业进行长期资本融通的一种新手段。指租赁双方签订租赁协议,由承租方提出所需租赁的设备等固定资产,出租方出资并代为购买,然后交由承租方使用并定期收取租金的租赁活动。融资租赁是一种以融资为直接目的的信用方式,表面上看是借物,而实质上是借钱,以租金的方式分期偿还。这种方式既省钱,又灵活,是一种低成本的转换,比较适合需要购买大件设备的初创企业,但在选择时要挑那些实力强、资信度高的租赁公司,且租赁形式越灵活越好。

企业申请融资租赁必须具备以下条件:

(1)具备独立法人资格,信用状况良好,领导班子素质过硬;

(2)企业经营状况和财务状况稳定、良好;

(3)至少交付相当于融资额20%~30%的保证金;

(4)项目产品有市场,适销对路,项目投资回报率高,承租人有能力按期交付租金。

融资租赁业务关系复杂,涉及多方当事人,虽然不同的融资形式有其不同的业务操作程序,但其基本程序大致如下:选择租赁公司;办理租赁公司;签订供货合同;签订租赁合同;交货;支付租金;租期届满出租物的处理。

5. 民间借贷

民间借贷是指公民之间、公民与法人之间、公民与其他组织之间的、区别于金融机构贷款业务的借贷。其资金的来源主要有三种渠道:一是向个人借贷。企业凭借其多年在商场上所建立的良好资信,向亲朋好友或者其他企业的人士筹措资金。二是商业味很浓的借贷。这种民间借贷相对成本比较高,利率往往大大高于银行利率,而且时限性强,财务风险大。三是民间担保。担保公司以自己的资产以及在银行方面的信用,为急需用钱的中小企业担保,以赚取担保费用。

民间借贷是向非金融机构的民间资金取得借入资金的一种重要方式，同银行贷款相比，具有手续简单、时效性强、灵活、投资者自我约束和激励大的特点。但这并不意味着没有风险，当然，民间融资也存在一些问题。在我国，民间融资缺乏最基本的法律保障，只能在关系密切相互了解和信用关系良好的个人间进行。同时，大量的事实证明，大部分民间贷款一旦超出应有的监管范围，超出基层政府机构或者企业机构的范围，就立即会失去控制，变成毫无保障的高风险投资，甚至变成纯粹的欺诈活动。

（三）创业者对融资渠道的选择

表 5-1　股权融资与债权融资的比较

融资类型		优点	缺点
股权融资	使用个人存款	独享全部利润 减少债务数量 失败的风险转化为成功的动力 向借款人展示良好信用	可能损失自己的现金资产 需要个人较大付出 丧失了存款用于其他投资可能产生的收益
	向亲友借款	可筹集较多资金 分散财务风险	让出部分利润 让出部分所有权 可能干扰正常的经营管理
	合伙企业	宽松的现金来源 较小的压力和制约	私人关系破裂的风险 可能增加企业动作的复杂性
	有限责任公司	可筹集较大量的资金 分散财务风险 降低法律风险 降低税负	让出部分利润 让出企业部分控制权和所有权
	使用风险投资	这类资金就是为了帮助小企业 有利于寻求贷款	只关注其资本增值
债权融资	所有形式的借款	比较容易获得 企业控制权和所有权得到维护 可选择有利的时间归还 可以节约自有资金 借款成本可在税前列支 通货膨胀可以减少实际还款数	贷款必须归还，这对集中精力开始运营的初创企业来说可能很困难 要负担利息成本，要承担将来利润可能不足以归还借款的风险 可能导致滥用和浪费资金 让他人了解了财务及其他一些保密信息 贷款机构有可能要附加一些限制条款，如要求提供大量抵押物

通过对股权融资和债权融资的比较，我们不难看出，创业者选择融资渠道需要结合自身

实际认真选择,如图5-1所示。

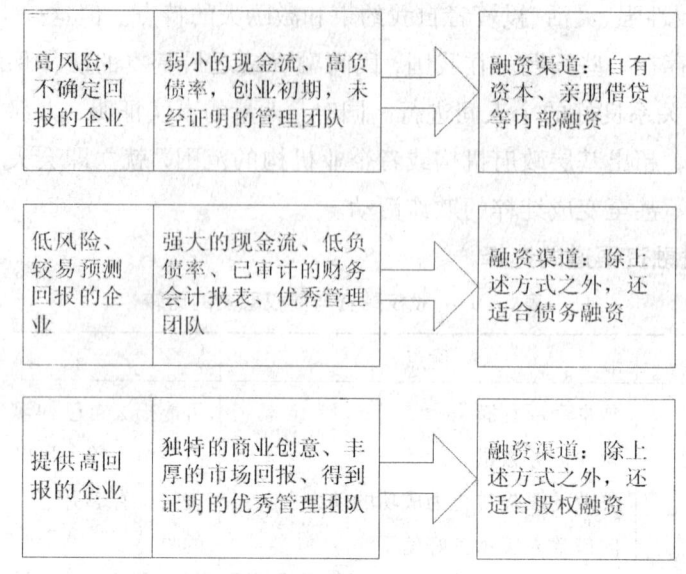

图5-1　创业融资渠道的选择

图5-1提供了一个参考的渠道选择方案,但创业者应该根据设立企业的具体情况,灵活地选择创业融资渠道,而不能简单按固定模式照搬。

三、中小企业不同发展阶段的融资渠道

(一)创业初期的融资

1.自有资金

自有资金为创业资金第一来源,它是机构或个人对新创企业的投资。同时,自有资金也是一种直接投资的融资方式,具有成本最低、手续最简、效益最大、回报最高的特点。但直接投资的融资方式是建立在自有资金充足的前提下,一般采用这种形式的比较少。

2.私人借贷

创业者在初创阶段通常使用自己的资金,或通过抵押自己的私人财产(如房子、汽车等)获取银行贷款,或通过信用卡贷款等方式获取创业资金。而私人借贷是指从家人、亲戚或朋友那里借来的资金,有人称为"爱心资金",是一种亲情和友情,是一种爱心,而不是单纯为了利润。向亲朋好友借钱是许多小本创业都经历过的事情,但这种贷款金额一般都不会太高。善于吸纳有一定资金实力的合伙人或股东是值得重视的融资渠道和方法。还有通过重视并扩大客户的预付款、向供应商的延期与分期付款等方式可解决部分经营性资金。对于私人借贷,尤其需要注意的是,在整个过程中,创业者要在一定的程度上把个人关系与借贷关系区别开来,注意下面两个原则:"亲兄弟,明算账";开诚布公,告以实情。

3.获取"天使"资金

所谓"天使投资"指的是用自有资金投资初创企业。天使投资虽然是创业融资市场上的"新面孔"，但由于门槛比风险投资低许多而备受创业者的青睐，甚至大有青出于蓝而胜于蓝的势头，成为创业融资的新渠道。天使投资往往是创业者求遍亲朋好友、转向风险投资前的一个选择。一笔典型的天使投资往往只是区区几万或几十万美元，是风险投资家随后可能投入资金的零头，还有一些专业公司提供"种子资本"。大多数创投公司（创业投资公司）在考虑为创业企业投资的时候，都要求创业企业已经渡过了构想阶段。

4. 小额创业贷款

目前各地正在尝试解决创业贷款难的问题，不同地区的情况不同，解决办法也不同。一些地区推出小额创业贷款服务，一些地区由政府出面组建中小企业创业担保公司，为新创企业贷款进行担保等。具体要查询当地的政策。

5. 创业租赁

创业租赁兴起于20世纪80年代末，是专门针对新创企业而开展的一种特殊形式的融资租赁方式。其动作机制起源于融资租赁，但创业租赁又对一般意义上融资租赁进行了改造，是一种将一般融资的灵活性与创业投资的高收益性有机结合的新型融资方式。当新创企业缺乏资本无力购买所有的设备时，创业租赁便为解决这一难题提供了捷径。在创业租赁合同中，承租人可以在资产使用寿命期间获得设备的使用权；而出租人可以以租金形式收回设备成本，并获得一定的投资报酬。与一般融资租赁相比，创业租赁有以下特点：一是创业租赁的资金来源是创业投资资本，出租方大都是创业投资公司，少数是创业租赁公司；二是承租方是新创业企业；三是创业租赁风险较一般租赁融资高，因而租金也较高；同时，为了防范高风险，出租方通常要派一名代理进驻承租方；不仅如此，为了获得足够多的风险补偿，一般还可以获得认股权。

创业租赁对新创企业有以下意义：一是解决资金短缺问题，有助于尽快形成生产能力；二是租金支付的可计划性，可与出租人协商安排租金的支付，有助于安排经营计划和财务计划，这对新创企业而言是十分重要的；三是既可改善资本结构，又可以减少企业所得税的税负。因此，创业租赁很适合于初创企业，比如在筹备初期，可短期租赁办公设备、运输工具等，暂时解决资本不足的问题，待所需资本到位后再做购买的打算。此外，在短期租赁中，设备的维修保养工作一般由出租人承担，这样可以克服新创企业专业人员不足的困难，并能节约成本。

6. 政府扶持资金

"科技型中小企业技术创新基金"（简称创新基金）被誉为创业企业的"奖金"，它奖励给那些"品学兼优"的创业企业，使其可以得到"无偿"的资金帮助。很多创业企业以能得到创新基金的支持为莫大的荣耀，就像我们上学时获得的奖学金那样，除了取得资本的欣喜外，还意味着对自身的肯定和褒奖，意味着企业在向别人推介自己的时候，可以拿出有力的证明，但金额一般不会太大，主要是其象征意义远远大于资金价值。如获得创投资金前得到创新基金,对获得风险投资也会有一定的帮助作用。

申请创新基金的条件如下:

(1)属于科技型中小企业;

(2)具有自主创新、技术含量高、市场前景好的研究开发项目,如软件、生物医药等;

(3)是科技成果的转化项目,特别是"863"计划、攻关计划的产业化项目;

(4)是利用高新技术改造传统产业的项目;

(5)具有传统优势,加入WTO后能带来更多市场机遇的项目;

(6)具有一定技术含量,在国际市场有较强竞争力,以出口为导向的项目;

(7)是科研院所转制,特别是原国务院各部门的研究院所转制为企业的项目;

(8)是科技人员,特别是海外留学人员回国创办的科技型中小企业的项目;

(9)是孵化器里的初创项目;

(10)有良好的、符合要求的申报材料。

(二)创业中后期的融资

1. 风险投资

风险投资(venture capital)简称是VC。在我国是一个约定俗成的具有特定内涵的概念,其实把它翻译成创业投资更为妥当。广义的风险投资泛指一切具有高风险、高潜在收益的投资;狭义的风险投资是指以高新技术为基础,生产与经营技术密集型产品的投资。总之,风险投资是一种由职业金融家向新创的、迅速发展的、具有巨大竞争潜力的企业或产业投入权益资本的行为,是一种目的在于获取股息、红利及资本所得的一种投资行为。可以说风险投资是创业者的"维生素C"。风险投资具有两大典型特点:即"创新+金融"和"投资+管理"。典型意义的风险投资一般投资于创业中期前后的阶段,金额一般较大,几百万甚至几千万美元,审核非常严格。风险投资的本质:以股权方式投资具有高增长潜力的未上市创业企业,实行共担风险,共享投资;参与所投资企业的创业过程,弥补所投资企业的管理经验不足,并控制创业投资的高风险;并不经营具体产品,通过适当时机转让股权来获得资本增值收益。

风险投资具有以下基本特征:风险投资者分担创业者的风险;风险投资者的目的是追求高额的投资回报;风险投资对象多处于正准备成立的企业或创业初期的中小企业,多为高科技企业;风险投资具有期限性。总之,不同的风险投资也有不同的投入阶段,创业者可以根据企业状况,一段一段分别引入不同的风险投资。

2. 直接融资

直接融资是指资金短缺单位(这里主要指有投资机会的企业)不经过金融中介机构,直接借助市场向社会上有资金盈余的单位和个人筹资。在直接融资过程中,资本供求双方借助于融资手段直接实现资本的转移。直接融资的主要形式有股票、债券、商业票据、预付和赊购等。其中股票融资和债券融资是最主要的直接融资形式,二者都对企业的规模、赢利能力、管理水平等有较高的要求,监管部门审核严格,能获得通过的企业较少,一般融资数额都较大。理论上说,债券融资(发行债券)一般适合所有类型的企业,股票融资通常仅限于具有高成长性的企业。二者比较而言,债券的融资成本相对较低,公开发行股票的成本较高,但如果企业受欢迎,其发行溢价也很大,但投资收益相对较低;股票的风险较大,没有固定的收益,但潜在的收益可能很高。二者分别适合于不同风险投资偏好的投资者。

3. 间接融资

间接融资是指资金短缺单位以金融部门为中介,由金融部门通过吸收存款、存单等形式积聚社会闲散资金,再投向资金短缺单位。在间接融资形式下,银行等金融机构发挥中介作用,预先聚集资本,然后提供给融资企业。筹资机构与投资者不直接发生法律关系。目前,间接融资中的金融中介机构主要是商业银行,银行贷款是间接融资最主要的形式。银行贷款主要有抵押贷款、担保贷款和信用贷款等。对于初创企业来说,几乎是不可能拿到银行贷款的,因为既无抵押物,也无人愿意担保,更无信用历史与记录;发展到创业中后期,可以先由抵押贷款开始尝试银行贷款,但也还是很难。总的来说,目前中小企业普遍存在着贷款难的问题。为了能顺利地拿到银行贷款,民营企业应未雨绸缪,提前做好以下工作:一是建立良好的信誉;二是要严格依法经营;三是提高员工素质;四是建立健全财务制度;五是慎重选择所从事的行业;六是注重企业积累。需要提醒的是,贷10万与贷100万的流程都是一样的,除非是小额创业贷款的"快速通道",否则只贷十万八万,不仅花时间不菲,而且费用也不低,不值得,不如考虑其他融资渠道。如果想贷一笔大额的贷款,倒不妨一试。

四、创业融资的注意事项

由于市场经济发展的需要,许多新的融资渠道和方式应运而生,显得纷繁复杂。对于创业者而言,如何选择融资渠道和方式,怎样把握融资规模以及在各种融资方式下如何利用时机、条件、如何控制成本和风险,这些问题都是创业者在融资之前就需要进行认真分析和研究的。下面就为创业者分析几项在创业融资过程中需要注意的地方。

1. 分析融资成本,测算资本需求

融资成本是指创业者为筹集和使用资金而支付的费用,包括资金筹集费和资金占用费两部分。资金筹集费是指在资金筹集过程中支付的费用,如发行股票、债券支付的印刷费、发行手续费、律师费、资信评估费、公证费等;资金占用费是指因占用资金而发生的费用,如股票的股息、借款和债券的利息等。

创业者进行融资之前,首先应该考虑的是融资成本和融资后的收益。融资成本既有资金的利息成本,还有可能是昂贵的融资费用和不确定的风险成本。因此,只有经过深入分析,确信利用筹集的资金所预期的总收益要大于融资的总成本时,才有必要考虑如何融资。而资本需求量的测算是融资的基础。一般来说,在企业成立的最初五年中,要确切知道企业到底需要多少资本是不太现实的,因而一些创业者往往是根据同行的经验或主观判断进行资本需求量的最低限额估算的。实际上,创业者掌握一些基本的财务知识,将财务报表与创业计划、企业发展战略结合起来，对企业资本需求量进行实际可行的估算还是有可能的。

2. 规划资本结构，减少融资风险

资本结构一般是指企业的长期债务资本与权益资本的比例关系。创业成功与否，很大程度上取决于其资本结构，包括融资计划是否与其阶段性发展计划相匹配。如果融资计划不符合发展阶段的特点，则可能产生资本投入不足或资本投入过剩的现象，既可能造成资本的浪费和增加资本的使用成本，也可能造成创业过程中的资本链条断裂，创业启动难以为继。因此，创业者必须清楚创业发展不同阶段的资本需求量，合理融资。创业者为了减少融资风险，通常可以采取多种融资方式的合理组合，即制定一个相对更能规避风险的融资组合策略，同时也要注意不同融资方式之间的转换能力。在创业融资过程中，选择不同的融资方式和融资条件，企业所随的风险大不一样。比如，对于短期融资来说，期限短、风险大，但其转换能力强；而对于长期融资来说，其风险较小，但与其他融资方式间的转换能力却较弱。

3. 设计融资期限，合理资金流动

创业融资按照期限来划分，可分为短期融资和长期融资。从资金用途上来看，如果融资是用于企业流动资产，则根据流动资产具有周期快、易于变现、经营中所需补充数额较小及占用时间短等特点，宜于选择各种短期融资方式，如商业信用、短期贷款等；如果融资是用于长期投资或购置固定资产，则由于这类用途要求资金数额大、占用时间长，因而适宜选择各种长期融资方式，如长期贷款、企业内部积累、租赁融资、发行债券、股票等。创业融资必须根据企业资本投放时间安排予以划拨，及时地取得资本来源，使融资与投资在时间上相协调，避免因资金筹集不足而影响生产经营的正常进行，防止资金筹集过多、资金闲置而造成资金使用成本上升。

4. 选择融资方式，提高竞争力

创业融资通常会给未来企业竞争力带来许多直接影响。首先，通过融资，壮大了企业资本实力，增强了企业的支付能力和发展后劲，从而减少了企业的竞争对手。其次，通过融资，提高了企业信誉，扩大了企业产品的市场份额。再次，通过融资，增加了企业规模和获利能力，充分利用规模经济优势，从而提高未来企业在市场上的竞争力，加快了创业的发展。但是，企业竞争力的提高程度，根据创业融资方式、融资收益的不同而有很大差异。比如股权融资，通常初次发行普通股并上市流通，不仅会给企业带来巨大的资金融通畅，还会大大提高企业的知名度和商誉，使企业的竞争力获得极大提高。因此，进行融资决策时，企业要选择最有利于提高竞争力的融资方式。

5. 尽可能保持企业的控制权

创业者在筹措资金时，经常会发生企业控制权和所有权丧失的问题，这不仅直接影响到企业生产经营的自主性、独立性，而且还会引起企业利润分流，使得原有股东的利益遭受巨大损失，甚至可能会影响到企业的近期效益与长远发展。像新浪的王志东、爱多的胡志标都曾为企业的控制权而烦恼，胡志标更为争夺企业的控制权而最终沦为阶下囚，其辛苦开创的爱多VCD最终宣告破产。

6. 注意保护商业秘密

无论以哪种方式融资,资本的提供者大都需要了解创业者的详细创业计划。以债权融资为例,无论是银行贷款还是创业担保公司进行担保,提供资本的一方会要求创业者提供清晰透明的创业计划及财务数据资料,并反复审查。很多投资机构不投资的原因都是因为融资者无法公开企业的秘密,或者隐瞒,或者造假。以股权融资的风险投资为例,风险投资者往往还需要了解创业者个人的秘密,包括信用状况、个人能力等,以确保一旦投资后,创业者能够有足够的能力使资本升值。因此,创业者应该学会识别交易中不可接受的条款和条件,并使用相应的措施来保护商业秘密。

7. 寻求创业中介服务机构的合作

创业融资中介服务是指通过设计、创立和运用各种金融投资工具及手段,沟通和联络创业投资中的创业者和创业投资者,为创业企业发展及创业投资公司行为提供融资、财务、科技及法律等咨询服务。创业融资中介服务机构具体包括投资银行、会计师(审计)事务所、创业投资协会、创业投资保险机构、专利事务所、律师事务所、资信评估机构和信息咨询机构、资产评估机构以及代理人和投资顾问等,其职能分别为提供证券承销、融资服务、独立审计、认定会员资格并代表会员游说政府、分散创业企业及风险投资者承担的风险、依照相关的法律制度进行专利保护、法律见证、进行资信评级和信息咨询、资产评估和沟通风险投资市场资金的余缺,形成对风险投资的有效服务和社会监督,使投资者能够依据各中介服务机构的独立意见和评价,作出正确的投资选择和决策。

任务二　预估财务指标

任务布置

1. 编制创业项目的资产负债表、利润表、现金流量表;
2. 预测创业项目的投资净现值、内部报酬率、投资回收期;
3. 根据相关财务指标,说明创业项目的投资合理性。

一、财务报表的阅读与分析

财务报表通常又叫会计报表。编制财务报表是会计循环的一个重要步骤,也是会计核算的一种专门方法,是定期总结单位经济活动的一项重要工作。中小企业通过融资渠道获得生产经营所需要的资金后,对每一笔开支,中小企业经营者要知道怎样才能节约和降低自己的成本,知道如何花钱,从而使资金的使用效率提高。因此就要做好企业的财务管理,它把分散于账簿体系中的数据资料予以高度概括,形成清晰、完整的会计指标体系,通过它管理者能更好地加强企业的宏观调控和管理,通过它财政、税收等部门能更好地发挥经济监督的作用;通过它企业的债权人及投资者能了解企业的经营情况,从而判断企业偿债能力的大小和投资者权益是否受到侵害。而所有的企业主要通过以下三种报表来报告他们的业务,即:资产负债表、利润表(损益表)和现金流量表。

财务报表分析是指以财务报表和其他资料为依据,采用专门的方法,系统分析和评价企业过去和现在的经营成果、财务状况及其变动,目的是了解过去、评价现在、预测未来,帮助利益关系者作出正确决策。财务分析的最基本功能是将大量的报表数据转换成对特定决策者有用的信息,减少决策的不确定性。是对企业的偿债能力、盈利能力、营运能力作出评价,发现存在的问题。因此,在财务管理工作中,能够阅读、分析财务报表对中小企业的经营者来说具有非常重要的意义,忽视财务报表的作用,会带来灾难性的后果。

(一)资产负债表

1.资产负债表的定义和作用

资产负债表反映某个特定时间点上企业的资产、负债和所有者权益的概况。例如,公历每年12月13日的财务状况,由于它反映的是某一时点的情况,所以,又称为静态报表。资产一般按照"流动性"或变化时间长短顺序排列,负债则按照偿还顺序排列。资产负债表中,企业资产方的五大类(流动资产、长期资产、固定资产、无形资产及其他资产)项目的金额相加之和应该等于企业负债及所有者权益方的三大类(短期负债、长期负债、所有者权益)项目的金额相加之和。

资产负债表中,将资产项目列在报表的左侧,负债和所有者权益列在报表的右侧,从而使资产负债表左右两侧保持平衡,如表5-2所示。

表5-2 资产负债表(简表)

年 月 日

资产	行次	金额	负债及所有者权益	行次	金额
流动资产			短期负债		
长期投资			长期负债		
固定资产			负债合计		
无形资产			实收资本		
其他资产			资本公积		
			盈余公积		
			未分配利润		
			所有者权益合计		
资产总计			负债与所有者权益总计		

资产反映单位流动资产、长期投资、固定资产、无形资产和其他资产,市场经济条件下我们应当关注资产的流动性。企业规模大并不代表企业就有竞争能力,不代表财务状况就很好。表面上非常繁荣的企业,也可能由于资产性不够而导致破产。换句话说,就是任何一个

企业破产，最本质、最直接的原因就是资产的流动性出了问题，没有现金去还债，于是债权人决定向法院申请企业破产。

负债分别反映各种长期和短期负债的项目，以及债权债务的关系，是企业向外面借来的资金。所有者权益是企业接受投资人投资的资金。所有者权益和负债共同构成了企业的资金来源，企业有一定的资产来源就必然要有一定的资金占有，所以从另外一个角度来解释资产，资产就是资金的具体占用形态。

2.资产负债表阅读小技巧

资产负债表又称财务状况表，是用以表达一个企业在特定时期的财务状况，财务状况是指企业的资产、负债、所有者收益及其相互关系，是以"资产＝负债＋所有者权益"这一会计等式为理论基础的，据此可以分析公司的财务状况。当拿到资产负债表以后，很多人会感到最困惑的就是不知道看什么？那么，面对资产负债表，首先需要考虑的就是观察总额的变化。

不管资产负债表的项目有多少，其大项目只有三个：资产、负债和所有者权益，而这三个数字之间存在的数量关系就是资产等于负债加所有者权益。资产是企业资源变化的一个结果，引起这种结果变化的根本原因主要有两个方面：一是负债的变化；二是所有者权益的变化。既然资产等于负债加所有者权益，那么资产的增减变化量应该等于负债的增减变化量加所有者权益的增减变化量。

由于企业总资产在一定程度上反映了企业的经营规模，而它的增减变化与企业负债和所有者权益的变化有极大的关系，当企业所有者权益的增长幅度高于资产总额的增长时，说明企业的资金实力有了相对的提高；反之则说明企业规模扩大的主要原因是来自于负债的大规模上升，进而说明企业的资金实力在相对降低、偿还债务的安全性亦在下降。

（二）利润表

1.利润表的定义和作用

利润表又称损益表、收益表，是反映企业在某个特定时段，通常按月度、季度和年度进行编制经营效果的财务报表，例如，反映1月1日至12月31日经营成果的利润表。利润表是根据收入减去费用等于利润这一等式编制的，如表5－3、表5－4所示。

通过利润表，可以反映企业一定会计期间的收入实现情况，即实现的主营业务收入有多少、实现的其他业务收入有多少、实现的投资收益有多少、实现的营业外收入有多少等等；可以反映一定会计期间的费用耗费情况，即耗费的主营业务成本有多少、主营业务税金有多少、营业费用、管理费用、财务费用各有多少等等；可以反映企业生产经营活动的成果，即净利润的实现情况。将利润表中的信息与资产负债表中的信息相结合，还可以提供进行财务分析的基本资料，如将净利润与资产总额进行比较，计算出资产收益率等，可以表现企业资金周转情况以及企业的盈利能力和水平，便于会计报表使用者判断企业未来的发展趋势，作出经济决策。

表5-3　利润表(简表)

年　月

　　一、主营业务收入

　　减:主营业务成本、税金及附加

　　二、主营业务利润

　　加:其他业务利润

　　减:营业费用、管理费用、财务费用

　　三、营业利润

　　加:投资收益、营业外收支净额

　　四、利润总额

　　减:所得税

　　五、净利润

表5-4　净利润计算公式

项目	公式
主营业务利润	主营业务收入－主营业务成本－主营业务税金及附加
其他业务利润	其他业务收入－其他业务支出
营业利润	主营业务利润＋其他业务利润－(管理费用＋财务费用＋营业费用)
利润总额	营业利润＋投资收益＋营业外收支的净额
净利润	利润总额－所得税

2. 利润表的阅读小技巧

利润结构可以从3个方面来分析,即收支结构、业务结构、主要项目结构。通过利润结构的分析,可以判断利润的质量,进而为预测未来的获利能力提供依据。

(1)收支结构分析

收支结构有两个层次。第1个层次是总收入与总支出的差额及比例,按照"收入－支出＝利润"来构建、分析。很明显,利润与收入(或成本)的比值越高,利润质量就越高,企业抗风险的能力也越强。第2个层次是总收入和总支出各自的内部构成。显然,正常的企业,应以主营业务收入为主,则其他业务收入上升可能预示企业新的经营方向;营业外收入为偶然的、不稳定的收入;靠反常压缩酌量性成本、各种减值准备计提过低、预提费用过低而获得的利润,是暂时的、低质量的利润。

(2)业务结构分析

利润的业务结构就是各种性质的业务所形成的利润占利润总额的比重。利润总额由营业利润、投资收益、营业外净收入构成,营业利润又由主营业务利润和其他业务利润构成。对于生产经营企业,应以营业利润为主,主营业务利润的下降可能预示危机,其他业务利润、投资收益的上升可能预示新的利润点的出现,高额的营业外净收入只不过是昙花一现甚至可能是造假。

(三)现金流量表

1. 现金流量表的定义和作用

现金流量表是总结特定时段企业现金状况变化并详述变化为何出现的财务报表,该表显示特定时段期末企业有多少现金以及现金在该时段内如何取得、如何花费。现金流量表是根据现金注入量减去现金流出量等于现金净流量这一等式编制的。如表5-5所示。

表5-5 现金流量表

编制单位: 年 月 单位:元

资产类、负债类账户			收入、费用类账户		
账户名称	年初余额	年末余额	账户名称	借方发生额	贷方发生额
现金及银行存款			主营业务收入		
应收账款			主营业务成本		
坏账准备			销售费用		
预付账款			管理费用		
原材料			财务费用		
库存商品			投资收益		
待摊费用			营业外收入		
长期股权投资					
固定资产			营业外支出		
无形资产					
短期借款					
应付账款					
预收账款					
应付职工薪酬					
应付股利					
应交税费(应交增值税)					
长期借款					
应付债券					

我国现金流量是一张年报表,就是一年编一张。利润表和资产负债表都是月报表。而利润表是一个时期的报表,是动态的报表;资产负债表是一个时点的报表,是静态的报表;而现金流量也是一个时期的报表,它反映的是一年中现金流入和流出的情况。

现金流量表主要是要反映出资产负债表中各个项目对现金流量的影响，并根据其用途分为经营、投资及融资三个活动分类，其组成内容与资产负债表和利润表相一致。通过现金流量表，可以概括反映经营活动投资活动和筹资活动对企业现金流入流出的影响，对于评价企业的实现利润、财务状况及财务管理具有重要的意义。

2.现金流量表的阅读小技巧

现金流量表是以收付实现制为编制基础，可以从3个方面来分析，即经营活动产生的现金流量、投资活动产生的现金流量和筹资活动产生的现金流量。通过对现金流量表的分析，可以了解企业现金的来龙去脉和现金收支构成，客观地评价企业的经营状况、创现能力、筹资能力和资金实力。

(1)经营活动产生的现金流量分析

第一，将销售商品、提供劳务收到的现金与购买的商品、接收劳务付出的现金进行比较。在企业经营正常的情况，二者比较是有意义的。比率大说明企业的销售利润大，销售回款良好。

第二，将销售商品、提供劳务收到的现金与经营活动流入的现金总额比较，可大致说明企业产品销售现款占经营活动流入的现金的比重有多大。比重大说明主营业务突出，营销状况良好。

第三，将本期经营活动现金流量与上期比较，增长率越高说明企业成长性越好。

经营活动是这三类现金流量中最重要的一类。成功的企业必须从日常经营中产生绝大多数现金。在发现没有人再愿意借钱给自己或没有产品可以出售之前，个人只能在一段有限的时间内借钱不还或出售资产。相应地，为了生存，企业要能从盈利性经营中产生现金。现金流量表报告了这些经营活动对现金的影响。

(2)投资活动产生的现金流量分析

当企业扩大规模或开发新的利润增长点时，需要大量的现金投入，投资活动产生的现金流入量补偿不了流出量，投资活动现金净流量为负数，但如果企业投资有效，将会在未来产生现金净流入用于偿还债务，创造收益，企业不会有偿债困难。因此，分析投资活动现金流量，应结合企业目前的投资项目进行，不能简单地以现金净流入还是净流出来论优劣。

(3)筹资活动产生的现金流量分析

筹资活动是指筹集资金建立企业并维持经营。筹资活动包括发行股票、借款、买卖库藏股和支付股利。偿还借款是另一种筹资活动。一般来说，筹资活动产生的现金净流量越大，企业面临的偿债压力也越大，但如果现金净流入量主要来自于企业吸收的权益性资本，则不仅不会面临偿债压力，资金实力反而增强。因此，在分析时，可将吸收权益性资本收到的现金与筹资活动现金总流入比较，所占比重大，说明企业资金实力增强，财务风险降低。

二、财务预估指标

财务分析是以财务报表为基础的分析。财务报表分析的方法很多，如比较分析法、因素分析法、趋势分析法、比率分析法等。其中比较分析法是最基本的分析方法,没有比较,分析也就无法开始。比较分析法是对两个或几个有关的可比数据进行比较,从而揭示矛盾和差异。比较分析法在财务分析中应用比较广泛。后面几种分析法都是在比较分析法的基础上演变而来。

通过资产负债表、利润表和现金流量表三种主要财务报表的分析,对财务状况、获利能力、发展趋势做出判断。在进行财务分析的基础上,再进一步通过以下三个指标,即投资净现值、内部报酬率、投资回报率,对创业项目的财务状况进行预估,从而达到对有限资金的最优化。

(一)投资净现值(NPV)

净现值是评价项目盈利能力的绝对指标,而投资净现值是对投资项目进行动态评价的重要指标之一,该指标要求考察项目寿命周期内每年发生的现金流量,按一定的折现率将各年净现金流量折现到同一时间点(通常是初期)的现值累加值就是净现值。

$$NPV = \sum_{t=1}^{n} (CI_t - CO_t)/(1+i)^{-t}$$

其中,NPV—净现值;CI—各年收益;

CO—各年支出;t—时间;

i—基准收益率;CI - CO—净现值流量。

净现值为零时表示项目刚好达到所预定的收益率,当 NPV > 0 时,说明该方案在满足基准收益率要求的盈利之外,还能得到超额收益,故该方案可行,可以考虑接受项目;当 NPV = 0 时,说明该方案基本能满足基准收益率要求的盈利水平,方案勉强可行或有待改进;当 NPV < 0 时,说明该方案不能满足基准收益率要求的盈利水平,可以考虑拒绝项目。净现值的决策规则是:在只有一个备选方案的采纳与否决决策中,净现值为正者则采纳,净现值为负者不采纳。在有多个备选方案的互斥选择决策中,应选用净现值是正值中的最大者。

净现值的主要优点是:考虑了资金的时间价值因素并全面考虑了整个寿命期的经营情况;其次是直接以货币额表示项目的收益,经济意义明确直观。缺点是:计算净现值时,必须事先给定基准收益率,而基准收益率的确定往往是一个比较复杂的难题。

基准收益率也称基准折现率,是企业或行业或投资者以动态的观点所确定的、可接受的投资项目最低标准的收益水平。基准收益率的确定一般以行业的平均收益率为基础,同时综合考虑资金成本、投资风险、通货膨胀以及资金限制等影响因素。对于国家投资项目,进行经济评价时使用的基准收益率是由国家组织测定并发布的行业基准收益率;非国家投资项目,由投资者自行确定,但应考虑以下因素:资金成本和机会成本;目标利润;投资风险;通货膨胀;资金限制。总之,资金成本和目标利润是确定基准收益率的基础,投资风险、通货膨胀和资金限制是确定基准收益率必须考虑的影响因素。

(二) 内部报酬率(IRR)

内部报酬率又称内含报酬率,是使投资项目的净现值等于零的折现率,它实际上反映了投资项目的真实报酬,目前越来越多的企业使用该项指标对投资项目进行评价。说得通俗点,内部收益率越高,说明你投入的成本相对较少,但获得的收益却相对地多。比如A和B两项投资,成本都是10万元,经营期都是5年,A每年可获净现金流量3万元,B可获得4万元。通过计算,可以得出A的内部收益率约等于15%,而B的约等于28%。

内部收益率法的优点是能够把项目寿命期内的收益与其投资总额联系起来,指出这个项目的收益率,便于将它同行业基准投资收益率对比,确定这个项目是否值得建设。使用借款进行建设,在借款条件(主要是利率)还不很明确时,内部收益率法可以避开借款条件,先求得内部收益率,作为可以接受借款利率的高限。但内部收益率表现的是比率,不是绝对值,一个内部收益率较低的方案,可能由于其规模较大而有较大的净现值,因而更值得建设。所以在各个方案选比时,必须将内部收益率与净现值结合起来考虑。

(三) 投资回收期(Tp)

投资回收期是指项目的净收益偿还项目全部投资(固定资产投资和流动资金)所需要的时间,通常以年为单位,并从项目建设起始年算起。若从项目投产年算起,应予以特别注明。

投资回收期可分为静态投资回收期和动态投资回收期。静态投资回收期是在不考虑资金时间价值的条件下,以项目的净收益回收其全部投资所需要的时间。投资回收期可以自项目建设开始年算起,也可以自项目投产年开始算起,但应予注明。动态投资回收期是把投资项目各年的净现金流量按基准收益率折成现值之后,再来推算投资回收期,这就是它与静态投资回收期的根本区别。动态投资回收期就是净现金流量累计现值等于零时的年份。

投资回收期是反映投资项目投资回收速度的重要指标,也是反映投资项目财务盈利能力、清偿能力及评价经济效益的一项重要指标。其表达式为:

$$\sum_{t=0}^{T_p} NB_t = \sum_{t=0}^{T_p} (B_t - C_t) = K$$

K—投资总额;Tp—投资回收期;

Bt—第t年的收入;Ct—第t年的支出(不含投资);

NB_t—第t年的净收入;$NB_t = B_t - C_t$;

投资回收期可根据现金流量表计算,式中,T为项目各年累计净现金流量首次为正值或零的年份。

$$T_p = T - 1 + \frac{第(T-1)年的累积净现金流量的绝对值}{第T年的净现金流量} = K$$

因此,投资回收期越短,表明项目的盈利能力和抗风险能力越好。投资回收期的判别标准是基准投资回收期,其取值可根据行业水平或者投资者的要求设定。

评价

融通项目资金评价表

评价项目	具体指标	小组自评	小组互评	教师评价	总评
融资渠道的选择	能否精打细算、用好政策等,最终选择适合的融资渠道和方式				
财务报表的编制	能准确编制资产负债表、利润表、现金流量表				
财务指标的预估	能合理预估创业项目未来三年的相关财务指标				

拓展训练

为自己设计或实施的创业项目制订一套融资方案,要求对方案有分析、说明。内容包括:

(1)公司、项目的基本情况,如项目性质、公司资产、经营地点、范围、目标客户、年销售预计、销售利润、净利润及投资收益率等。

(2)资金需求总额、对外融资额。

(3)具体的融资对象、方式。

(4)融资的成本测算、资本结构。

(5)融资期限。

(6)你能为投资者提供的融资安全保证。

(7)你准备如何落实这种方案(完善融资的基础条件)。

拓展阅读

拓展阅读1 天使投资人

天使投资人(Angel Investor),最早是指在19世纪为纽约百老汇戏剧提供资金的投资人,当时投资于戏剧风险很大,很多出资者是出于对艺术的支持,而不是为了获得超额的利润,因此,人们尊称他们为"天使"。天使投资人归纳为以下五种类型:

(1)公司型投资天使:是指已提前退休或辞职的《财富》1000家公司的高级经理人员。

(2)企业家型投资天使:这是天使投资人中最多的一种投资者,他们中大多拥有和成功地经营过企业。

(3)狂热型投资天使:企业家型投资者在某种程度上总是在算计,而狂热型投资者仅仅喜欢参与而已。

(4)微观管理型投资天使:这是一种非常谨慎的天使投资者。他们中有些天生就富有,但大部分是通过自己的努力获得财富的。

(5) 专家型投资天使：这里的"专家"是指投资者的职业，如医生、律师，包括会计，而不是说这类投资天使是投资方面的专家。

天使投资（Angel Investment），是权益资本投资的一种形式，是指富有的个人出资协助具有专门技术或独特概念的原创项目或小型初创企业，进行一次性的前期投资。它是风险投资的一种形式，在根据天使投资人的投资数量以及对被投资企业可能提供的综合资源进行投资。

中国的天使投资人主要有三类：外国公司在中国的代表或者管理者；对中国市场感兴趣的外国人和海外华侨；本地的富有和成功的民营企业家。中国的天使投资人群体逐渐崛起于2004年，一批曾受益于新经济、受益于天使投资和风险投资的年轻创业家再次投身于新经济，扶持初创期的企业。早期企业因其规模和投资时机等因素，尚不能得到风险投资机构的青睐，面临进一步发展的困境。天使投资人群体适时而生，在很大程度上解决了早期融资问题。而由于多数天使投资人曾是成功的创业家，无论从管理运营方面，还是在下一步融资时，都能为初创期企业带来经验和价值。

目前已经有投资案例的国内著名天使有这些：蔡文胜、朱敏、邓锋、张醒生、刘晓松、钱永强、李镇樟、刘晓人、雷军、杨宁、沈南鹏、张向宁、周鸿祎、蒋锡培、龚善斌、梁武、郑晓军、麦刚、景奉平、李开复等等，以及活跃在上海的一批南方几省的所谓的"富二代"投资人，也就是用父辈的财富积累直接从事各种投资或投机活动的年轻一代，一般为80后，代表性的有中国创业投资协会秘书长：张培英、释羽然、戴寅、陈豪、朱舜、张烨等等。还有一部分有着独特投资理念的80后天使投资，比如青阳天使投资的苏禹烈。

个案说明：北极光风险投资基金资深合伙人邓锋拥有南加利福尼亚大学的电脑工程系硕士、清华大学电子工程学硕士和沃顿商学院的工商管理硕士学位。1997年，邓锋与好友柯严和谢青创建了 Net Screen 技术公司，使之成为世界上领先的网络安全设备供应商之一。2001年 Net Screen 在美国纳斯达克上市。2004年 Net Screen 被 Juniper Networks 以40亿美金并购。在创建 Net Screen 公司前，邓锋曾服务于英特尔公司。邓锋在计算机系统设计和芯片设计领域拥有五个美国专利。2005年，邓锋与柯严创建了北极光风险投资基金，集中投资于与 TMT 领域相关的具有中国战略的企业，先后投资了珠海矩力、展讯通信、红孩子及知名网上婚介百合网等项目。邓峰本人也以天使投资人的身份介入十几家初创型企业。

拓展阅读2　降低银行融资成本技巧

王佳原来在一家电脑公司做推销员，后来一位当老板的朋友多次鼓动他自己创业，并许诺如果需要贷款可以提供担保。有好友的鼎力相助，他便辞去了这份收入不菲的工作，自己注册了一家电脑公司。在好友的帮助下，他顺利地从当地信用社取得了30万元的贷款，信用社的服务非常完善，可就是贷款利率要上浮30%，另外，还要从贷款中扣除两笔"咨询费"和"理财顾问费"。当时，王佳没有过多考虑贷款成本，可由于电脑业竞争激烈，他只能微利经营，到年底一算账，偿还贷款本息后正好不赚不赔，等于白白给信用社打了一年工。

降低银行融资成本的技巧有哪些呢?

(一)巧选银行,贷款也要货比三家

随着利率市场化改革的推进,各家银行商业贷款利率浮动范围也随之不断扩大,因而到银行贷款也需要货比三家,才能选到合适的贷款。

(二)合理挪用,住房贷款也能创业

如果创业者有购房意向,并且准备了一笔购房款,可以先将这笔购房款挪用于创业,在买房时再向银行申请办理住房按揭贷款,因为住房贷款是商业贷款中利率最低的品种,如5年以内住房贷款年利率为4.77%时,普通3~5年商业贷款的年利率则为5.58%。

(三)精打细算,合理选择贷款期限

如果创业者的资金使用时间不是太长,应尽量选择短期贷款。如原打算办理两年期贷款的,可以一年一贷,这样可以节省利息支出。

另外,创业融资也要关注利率的趋势情况,如果利率趋势走高,应抢在加息之前办理贷款;反之,则应尽量暂缓办理贷款,等降息后再办理。

(四)用好政策,享受银行和政府的低息待遇

中央和地方政府的各种基金和扶持性资金、政策性银行的融资成本是最低的,如果创业企业基本符合相关政策条件,应尽量努力,争取这类政策支持。

(五)亲友借款,成本最低的创业"贷款"

如果亲朋好友在银行存有定期存款或国债,创业者可以和他们协商借款,按照存款利率支持利息,并适当上浮。这样,创业者既能方便快捷地筹集到创业资金,亲朋好友也可以得到比银行略高的利息。

(六)提前还贷,提高资金使用效率

创业过程中,如果经营资金出现闲置,就应及时向贷款银行提出变更贷款方式和年限的申请,直至部分或全部提前偿还贷款,从而降低利息负担,提高资金使用效率。

拓展阅读3　前五位富豪已超千亿美元　当年第一桶金怎么来的

近日,《福布斯》杂志公布了2017年富豪榜。其中,万达集团总裁王健林以330亿美元蝉联中国大陆首富,马云和马化腾分列第二、三位,王卫和丁磊紧随其后,前五名富豪的资产加在一起超过1100亿美元。此外,进入2017福布斯中国富豪榜前十名还有王文银、李彦宏、何享健、许家印、姚振华。

排名	姓名	财务（亿美元）	年龄	行业
1	王健林	330	62	房地产
2	马云	282	52	电子商务
3	马化腾	245	45	网络媒体
4	王卫	185	45	快递业
5	丁磊	152	45	网游
6	王文银	138	48	采矿、铜产品
7	李彦宏	126	47	互联网搜索
8	何享健	114	74	家电
9	许家印	98	58	房地产
10	姚振华	95	46	投资

值得注意的是，随着中国经济的发展，今年福布斯中国富豪榜身家达到十亿美元富豪的人数首次达到了真正意义上的400人，而他们的创业故事也经常成为人们津津乐道的传奇，尤其是在这个"最好的创业时代"——互联网大潮中，激励着大众创业万众创新。

当然，创业不易，如何获得创业的第一桶金更加艰难。下面，笔者就为大家盘点一下各家大佬获得创业第一桶金的故事。

一、王健林：旧城改造赚千万

军人家庭出身的王健林，是名副其实的红二代，仕途无量。1986年毕业于辽宁大学，同年7月进入大连市西岗区人民政府任办公室主任。1988年，国家出台优惠政策，鼓励大家经商，王健林也毅然选择了弃政从商。于是，1989年，王健林开始进入房地产行业，接到的第一个业务就是谁都不愿意也不敢干的旧城区改造工程。王健林曾谈到，"这些现在看起来很平常的改动，在当时可是要冒很大风险的。那个时候，只有局级干部的住房才可以配备洗手间，因为这个，我还差点被纪委调查。"当时王健林成立的万达，首次为新建的商品放配上卫生间，把木头窗户改为铝合金窗户，还再配一套防盗门，使得本来房地产本来就丰厚的利润变得更加丰厚，城区改造完成800多套房子以每平高于市场价近500元的价格全部售罄，这个项目让万达赚了接近1000万。

二、马云：被37家VC拒绝

马云，1988年毕业于杭州师范学院外语系，同年担任杭州电子工业学院英文及国际贸易教师。1995年，马云凑了2万块，创办了海博翻译社。1995年4月，马云创建了中国最早的互联网公司之一"海博网络"。当时的互联网并不普及，很多人将马云视为到处推销中国黄页的"骗子"。出人意料的是，到了1997年年底，网站的营业额不可思议地做到了700万元！

1999年2月，连续四次创业失败的马云，靠着凑来的50万元创办了阿里巴巴。马云希望能在十个月内拿到融资，但却被37家VC给拒绝了。幸运的是，马云的梦想，吸引了蔡崇信放弃了年薪百万的工作加入阿里巴巴。他利用自己精通的法律和财务知识,帮马云打造了阿里巴巴的制度框架、股权架构和管理权限划分等;更雪中送炭的是,蔡崇信利用自己在华尔街的人脉,帮马云募到第一笔天使投资,即由高盛公司牵头的500万美元。随后,这笔融资也引起了软银董事长孙正义的注意,"神奇6分钟"后,马云打动孙正义投资2000万美元,从此,马云的商业帝国开始走上正轨。

三、马化腾:差点60万卖掉QQ

马化腾,1971年10月29日出生于广东省汕头市。1998年11月11日,马化腾在计算机通信行业摸爬滚打一阵后,就和他大学同班同学张志东正式注册成立了"深圳市腾讯计算机系统有限公司"。腾讯采取免费模式的OICQ,用户快速增长,甚至高达2亿。但缺乏收费渠道的OICQ,最后连连服务器托管费用都负担不起,还身陷域名使用权的官司之中。马化腾差一点以60万把"OICQ"卖给深圳电信局。1999年8月,中央决定在深圳设立一个助推高新技术成果实现产业化的交易项目:中国国际高新技术成果交易会。获知消息的马化腾团队,决定把OICQ带上去交易。最终,IDG和香港盈科,各出110万美金各投了腾讯20%的股份。这笔融资不仅让腾讯上到新台阶,同时还帮他们解决了英文律师函的问题,并将OICQ改名为QQ。2000年前后,互联网行业泡沫破灭,腾讯先后找了新浪、雅虎、搜狐、网易、联想等大公司,希望他们接手跟投,但结果都不成功。进退维谷之际,南非MIH集团中国业务发展副总裁网大为,接手了盈科持有腾讯的全部股份和IDG持有腾讯的12.8%股份,腾讯迎来了新的生机,并逐渐走上了稳健的发展道路。

四、王卫:头脑敏锐 霸道总裁

王卫1971年出生,"文革"结束后,王卫随家人去了香港。高中毕业之后,王卫开始在香港叔叔的手下做底层小工。改革开放时期,头脑敏锐的王卫很快发现新的商机:当时很多香港人都在广东设厂,常常需要在码头边求人帮忙把样品寄到香港给客户看。1993年初,王卫从父亲那里借来10万元启动资金,在顺德注册了顺丰速运。随着快递公司的竞争越来越激烈,王卫大胆采用低价策略,使得顺丰快递业务火热发展。在广东迅速"占领地盘"后,王卫继续大规模扩张和建设网点。至1997年香港回归时,王卫几乎垄断了所有的通港快件,顺丰的"快递王国"初具雏形。2003年,"非典"来袭,王卫再次发现机会:在大家不敢出门、航空订单骤降的时候,借机找航空公司合作,用飞机运货,最快程度完成快递运输。此后,顺丰很快在业内树立起"快"的品牌优势,顺丰的出货量每年以50%的速度提升。于是,王卫又开始北上主攻华东和华北市场,迅速完成全国200多个网点的布局。2009年底,顺丰又布局自己的航空业务,成为首家正式获准运营自己飞机的快递公司,也更加稳固了顺丰的江湖地位。

五、丁磊:从没借过一分钱

丁磊,1971年10月出生于浙江省宁波市。1993年,丁磊电子科技大学毕业,回到家乡宁波市电信局工作。1994年,丁磊第一次登录Internet,开始接触互联网。1995年,丁磊从电信局辞职，之后，丁磊当上了广州一家ISP的总经理技术助理。在这家ISP，架设了Chinanet上第一个"火鸟"BBS。1997年5月，丁磊创办网易公司，占有50%以上的股份，成为真正的老板。之后，大胆设想用163这样的一个数字来注册公司域名。网易从丁磊创办起，没有向银行或朋友借一分钱，所有的创业基金都是他当年写软件时慢慢积攒下来的。1998年3月，163.net正式运行，它是国内第一个全中文界面的电子邮件系统。网易开始售卖这一软件，但是处处碰壁，以至于最困难的时候只有2万元资金可以利用。广州电信提出收购丁磊曾推销过的"分布式免费邮件系统"，最后以20万元成交，丁磊还搭上了163.net域名。

但聪明的是，网易利用广州电信这一交易的影响，又成功地把免费邮件系统卖给了其他用户，丁磊既是老板，又是销售员，四处出差，到1998年年底，只有8个人的网易竟然有了500万元的利润。于是，网易开始得到国内外一些投资商的关注，并在2000年6月在纳斯达克正式挂牌上市。

六、李彦宏：坚持不卖 上市创造353.85%涨幅

李彦宏，1968年11月出生在山西阳泉一个普通的家庭。北京大学毕业后的李彦宏在美国纽约州立大学获得计算机硕士学位，并在IDD公司担任高级顾问。1995年这家公司被道琼斯收购，李彦宏加入硅谷著名搜索引擎公司Infoseek（搜信）公司。在建议屡屡不被采纳之后，他发现中国互联网界正发生着翻天覆地的变化。回国的李彦宏，在北大资源宾馆租了两间房，连同1个财会人员5个技术人员，以及合作伙伴徐勇，8人一行，开始了创建百度公司，很幸运地拿到了第一笔风险投资金120万美金。2001年3月，互联网泡沫破裂，一家家公司开始倒闭，同时，Google的中文版也发布了，让百度备感压力。随着流量、内容的快速增加，用户的口碑越来越好，百度又迎来了再一次的重大选择，卖掉还是继续干？李彦宏最终还是决定不卖百度，但他还需要劝说更多的人放弃卖掉百度的念头，来留住百度。李彦宏生病了还到处路演，一天开十几个会，准备让百度上市。终于，在2005年8月5号这一天，百度成功上市，创造了美国股市疯狂的353.85%涨幅记录，魔术般地创造了9位亿万富翁、30位千万富翁和400位百万富翁，成为21世纪的财富神话。

七、雷军：大学已名扬武汉科技一条街

雷军，1969年12月出生于湖北仙桃。当年，他的高考分数是超过了清华北大线的，但最后却选了武汉大学计算机系。作为学霸的雷军，仅用两年时间就修满了所有的学分，完成毕业设计，提前毕业；而且在这两年里几乎取得了所有的奖学金；他编的程序甚至被老师写进教材。他在20岁的时候靠给软件写加密软件赚了100万，这是他的第一桶金。

大四那年，雷军与同学一同创业成立三色公司，仿制金山汉卡编写各种软件，名扬武汉科技一条街，跟很多电脑公司老板都熟悉，技术、人脉都有；不过，随着汉卡行业的竞争日趋激烈，三色公司倒闭，散伙时除了一台电脑和一台打印机之外一无所有。

1991年，雷军加盟当时还只有6人的金山软件，1998年仅仅29岁的雷军出任金山总经理。2000年，雷军牵头了一个金山内部的创业项目——卓越网，立志将其做成中国的亚马逊,但四年之后,亚马逊7500万美元收购卓越,虽然雷军心有不甘,但也因此有了做投资的资本,广泛活跃在一级市场上。

在雷军41岁的时候,雷军开始独立创业,即小米科技,也被大家称为"教父"。

八、刘强东:大三靠编程拥有"大哥大"

刘强东,1974年2月14日出生于江苏省宿迁市,毕业于中国人民大学。大三时,他已靠给别人写编程拥有了一部2.6万的"大哥大"。靠编程积累的第一桶金,刘强东开了一家小饭馆,但由于缺乏管理和监督,最后亏损20多万。毕业之后,刘强东在一家外资企业工作了两年。1998年,刘强东拿着1.2万元积蓄赶赴中关村,租了一个小柜台名叫"京东多媒体",这便是"京东商城"的前身。到了2001年,京东商城已成为当时中国最大的光磁产品代理商,并在全国各地开设了十多家分公司。刘强东的个人财富也首次突破了1000万元。

之后,刘强东把京东商城定位为传统渠道商,打算复制国美、苏宁的商业模式经营IT连锁店。但2003年SARS来袭,刘强东暂时关闭了所有的12家门店。2004年1月1日,京东关闭所有线下店面,多媒体网站正式上线,转型为一家专业的电子商务公司。2007年,京东获得第一笔融资,由此进入发展的快车道。2014年,京东在美国纳斯达克证券交易所正式挂牌上市,是中国第一个成功赴美上市的大型综合型电商平台。

九、张朝阳:被请出去 融资受挫

张朝阳,1964年10月31日出生在陕西省西安市。1986年毕业于清华大学物理系,并于同年考取李政道奖学金赴美留学。1993年在麻省理工学院获得博士学位后,在麻省理工学院继续博士后研究。1994年,张朝阳偶然在实验室里接触到了当时的"网络",从此,网络的魅力深深存在张朝阳的脑海里,他决定回国创办自己的网络公司。1995年,他又返回美国寻找投资人。当时的美国人对中国的互联网市场充满怀疑,几乎没人愿意听他的计划。有一次,母校MIT的教授为张朝阳介绍了一个投资人。这个人想投又很犹豫,而且他担心张找到其他融资后就不会再找他了,于是问张是否还有其他人想投资。张朝阳表示还有高盛的投资人,这个人在张走后马上就联系了那位投资人,表示希望先不要给张朝阳投资,等他回中国发展好一些的再投。毫不知情的张朝阳接着去高盛拜见约好的投资人,"那个老头跟我寒暄半天,突然脸色一变说:我决定不给你投资了,我来告诉你电梯怎么走,你出去吧。"张朝阳回忆道。突然的转变让张措手不及,绝望地下了楼。好在张朝阳的坚持还是打动了身边的人,他得到了MIT媒体实验室主任尼葛洛庞蒂和斯隆管理学院爱德华·罗伯特一共22.5万美元(相当于当时200万元人民币)的天使投资,注册了爱特信信息技术有限公司,并在1998年正式成立搜狐网。

十、潘石屹:变卖全部家当 包括睡觉的棉被

潘石屹,1963年出生于甘肃天水,大学毕业后在国家石油部工作。1988年春节后,潘石屹变卖全部家当,毅然辞职南下深圳。由于没有特区通行证,潘石屹还得在可怜的80元"创业资本"中拿出50元找"蛇头"带路,从深圳海关铁丝网下面的一个洞里偷偷爬进了深圳特

区。不久，公司在海南中部接收了一个砖厂，潘石屹出任厂长。半年后砖厂停产，潘石屹重回海口。1991年6月，潘石屹、王功权、冯仑、刘军、王启富、易小迪，六个性格鲜明的人，在海南成立了海南农业高科技投资公司（万通前身），被人称为万通六君子。凭着高息借贷1000多万元炒房，随着海南经济第二波热潮的到来，在短短半年多时间里，万通积累下了超过千万元的资金。"虽然后来又赔掉了，但让自己找到了胆量。"

　　1992年8月，预感到海南房产泡沫不能持久的潘石屹撤离海南，北上京城。一个偶然的机会，在怀柔县政府食堂吃饭的潘石屹，无意中听旁桌的人讲，北京市给了怀柔几个定向募集资金的股份制公司指标，但没人愿意做。潘石屹抓住了这个机会。这一次，北京万通挖到数亿元的利润，潘石屹开始崭露头角。

学习情境 6　创业创新营销

知识目标

1. 理解产品销售的意义；
2. 掌握营销组合的策略；
3. 根据市场环境制定市场营销战略。

能力目标

1. 能分析企业市场环境；
2. 能制定市场营销组合策略；
3. 能实现产品销售。

引言

在市场上，许多企业没有真正认识到产品销售的重要性，在销售的策略和技巧上存在不同程度的缺陷，同时忽略了市场的原点问题。虽然有一些企业在产品销售上取得了成功，却不知道自己产品销售成功的原点是什么。企业会简单认为把握住了机遇，甚至认为只要企业营销努力了，就会成功销售。在当前的市场经济条件下，产品销售是企业生存的第一法门。

任务一　确定产品策略

任务布置：
1. 创业团队构思产品；
2. 创业团队进行产品组合；
3. 创业团队选择产品策略。

知识准备

产品是市场营销组合中最重要也是最基本的因素。创业团队在制定市场营销组合策略时，要树立"产品至上"理念，决定发展什么样的产品满足目标市场的需求。产品策略直接或间接影响到其他营销组合因素的管理。从这个意义上说，产品策略是整个营销组合策略的基石。创业团队如何认识现有产品、开发新产品、改进和完善产品性能，既是占领市场的需要，也是创业团队合理、顺利经营的根源和基础。重视产品策略可以为企业带来盈利，创造利润。

一、产品与产品整体概念

产品是指能够通过交换，满足消费者或用户某一需求和欲望的任何有形产品和无形服务。产品整体概念是指人们通过购买而获得的能够满足某种需求和欲望的物品的总和，它既包括具有物质形态的产品实体，又包括非物质形态的利益。如果按照五个层次来表达，分别是：核心产品、形式产品、期望产品、延伸产品和潜在产品。

（一）核心产品

核心产品是指向顾客提供的基本效用或利益或功能，从根本上说，每一种产品实质上都是为解决消费者内心需求问题而提供的服务。如人们购买冰箱不是为了获取有某些电器零部件的物体，而是为了冷藏食品和保持食品新鲜度或其他。

（二）形式产品

形式产品是指产品的基本形式，或核心产品借以实现的形式，或目标市场对某一需求的特定满足形式。形式产品有五个特征，即品质、式样、特征、品牌及包装。

（三）期望产品

期望产品是指顾客在购买产品时期望得到与产品密切相关的一整套属性和条件。期望产品层，也就是购买者购买产品时期望的一整套属性和条件。不同人群对产品期望是不同的，例如购买洗衣机的消费者，一般所期望的是洗涤、甩干功能以及合适的价格、优良的质量，而另有一些顾客追求的不仅仅是以上的属性和条件，还有其他的期望，诸如洗衣机的消毒、烘干功能等等。

（四）延伸产品

延伸产品是指顾客购买形式产品和期望产品时，附带获得的各种利益的总和，包括产品说明书、保证、安装、维修、送货、技术培训等售后服务。如有些企业或商家在销售豆浆机时会赠送五谷杂粮。

(五) 潜在产品

潜在产品是指现有产品包括所有附加产品在内的,可能发展成为未来最终产品的潜在状态的产品,指出了现有产品的的可能演变趋势和前景,如彩色电视机将来可发展为电脑终端机等。

二、产品组合及其相关概念

产品组合是指一个企业生产或经营的全部产品线、产品项目的组合方式,它包括四个变数:产品组合的宽度、产品组合的长度、产品组合的深度和产品组合的关联度。

(一) 产品组合的宽度

产品组合宽度又称产品组合广度,是指一个企业的产品组合中所包含的产品线的数目。所包含的产品线越多,其产品组合的广度就越宽;反之,其产品组合的广度就越窄。如百货公司所经营的产品线就很多,珠宝首饰仅作为其中一条产品线,每一种首饰类型就是一个产品项目;而专业的珠宝首饰企业所经营的产品线就比较窄,每一种类型即是一个产品线。

(二) 产品组合的长度

产品组合的长度是指产品组合中所有产品线的产品项目总数。每一条产品线内的产品项目数量,称为该产品线的长度。如果具有多条产品线,可将所有产品线的长度加起来,得到产品组合的总长度,除以产品组合的宽度,则得到平均产品线的长度。

(三) 产品组合的深度

产品组合的深度是指产品大类中每种产品有多少花色品种规格。例如美国宝洁公司的众多产品线中,有一条牙膏产品线,生产格利、克雷丝、登奎尔三种品牌的牙膏,所以该产品线有三个产品项目。其中克雷丝牙膏有三种规格和两种配方,则克雷丝牙膏的深度就是6。如果我们能计算每一产品项目的品种数目,就可以计算出该产品组合的平均深度。

(四) 产品组合的关联度

产品组合的关联度,是指各产品线在最终用途、生产条件、分销渠道和其他方面相互关联程度。宝洁所生产经营的产品都是消费品,而且都是通过相同的渠道分销,就产品的最终使用和分销渠道而言,这家公司的产品组合的关联性大;但是,宝洁公司的产品结构买者有不同的功能,就这点而言,宝洁公司的产品组合的关联性小。

调整产品组合关联度的方式是增加现有产品组合的关联度,这样可以牢固和提高企业在有关专业上的能力,提高企业在某一行业、某一市场上的声誉,巩固与增强企业的市场地位。但是,由于客观需要,企业在经营资源的展开上有时实际是走上了减少产品组合相关度的道路,即增加与现有产品、业务和市场无关的产品业务,实行多样化经营。

(五)产品组合的宽度、长度、深度和关联度的意义

企业产品组合的宽度、长度、深度和关联度(密度)不同,就构成不同的产品组合。企业在选择决定产品组合宽度、长度、深度和关联性(密度)时,会受到企业资源、市场需求及市场竞争的制约。企业产品组合的宽度、长度、深度和密度主要取决于企业目标市场的需要。

产品组合的宽度、长度、深度和关联度在实现产品销售上具有重要意义。

首先,企业增加产品组合的宽度(即增加产品大类,扩大经营范围,甚至跨行业经营,实行多角化经营),可以充分发挥企业的特长,使企业尤其是大企业的资源、技术得到充分利用,提高经营效益;此外,实行多角化经营还可以减少风险。

其次,企业增加产品组合的长度和深度(即增加产品项目,增加产品的花色式样规格等),可以迎合广大消费者的不同需要和爱好,以招徕、吸引更多顾客。

最后,企业增加产品组合的关联性(即使各个产品大类在最终使用、生产条件、分销渠道等各方面密切关联),则可以提高企业在某一地区、行业的声誉。

(六)产品组合的评价方法

一种分析产品组合是否健全、平衡的方法称为三维分析图。在三维空间坐标上,以 x、y、Z 三个坐标轴分别表示市场占有率、销售成长率以及利润率,每一个坐标轴又为高、低两段,这样就能得到八种可能的位置。如(图6—1)所示:

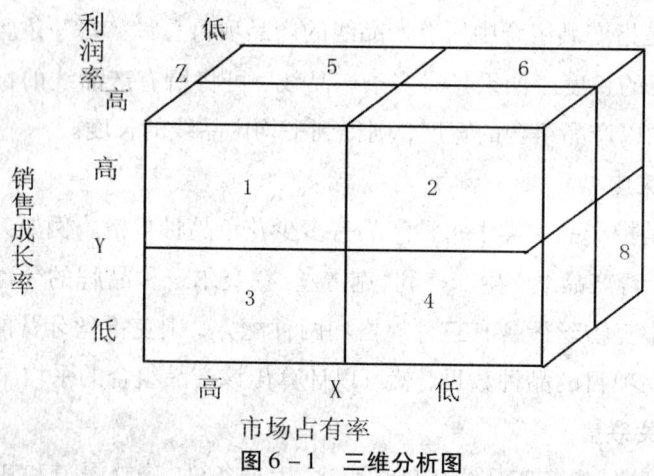

图6-1 三维分析图

如果企业的大多数产品项目或产品线处于1、2、3、4号位置上,就可以认为产品组合已达到最佳状态。因为任何一个产品项目或产品线的利润率、成长率和占有率都有一个由低到高又转为低的变化过程,不能要求所有的产品项目同时达到最好的状态,即使同时达到也是不能持久的。

因此企业所能要求的最佳产品组合,必然包括:目前虽不能获利但有良好发展前途、预期成为未来主要产品的新产品;目前已达到高利润率、高成长率和高占有率的主要产品;目前虽仍有较高利润率而销售成长率已趋降低的维持性产品;以及已决定淘汰、逐步收缩其投资以减

少企业损失的衰退产品。

三、产品组合的策略

产品好比人一样，都有其由成长到衰退的过程。因此，企业不能仅仅经营单一的产品，世界上很多企业经营的产品往往种类繁多，如美国光学公司生产的产品超过3万种，美国通用电气公司经营的产品多达25万种。当然，并不是经营的产品越多越好，创业团队应该思考生产和经营哪些产品才是有利的？这些产品之间应该有些什么配合关系？这就是产品组合问题。

创业团队在进行产品组合时，可以针对具体情况选用以下产品组合策略：

（一）扩大产品组合

包括开拓产品组合的宽度和加强产品组合的深度。当企业预测现有产品线的销售额和盈利率在未来可能下降时，就需要考虑在现有产品组合中增加新的产品线或加强其中有发展潜力的产品线。

（二）缩减产品组合

在市场繁荣时期，较长或较宽的产品组合会为企业带来更多的盈利机会。但是在市场不景气或者原料、能源供应紧张时期，缩减产品组合反而能使企业总利润上升，因为剔除了那些获利小甚至亏损的产品线或产品项目，企业可几种力量发展获利多的产品线和产品项目。

（三）产品线延伸策略

产品线延伸策略是指全部或部分地改变原有产品的市场定位，具体有向下延伸、向上延伸、和双向延伸三种实现方式。

1. 向上延伸策略

企业以中低档产品的品牌向高档产品延伸，进入高档产品市场。一般来讲，向上延伸可以有效地提升品牌资产价值，改善品牌形象。一些国际著名品牌，特别是一些原来定位于中档的大众名牌，为了达到上述目的，不惜花费巨资，以向上延伸策略拓展市场。

2. 向下延伸策略

即企业以高档品牌推出中低档产品，通过品牌向下延伸策略扩大市场占有率。一般来讲，采用向下延伸策略的企业可能是因为中低档产品市场存在空隙，销售和利润空间较为可观，也可能是在高档产品市场受到打击，企图通过拓展低档产品市场来反击竞争对手，或者是为了填补自身产品线的空档，防止竞争对手的攻击性行为。

当今把这一策略运用得炉火纯青的当属宝洁集团。在经过多年的中国市场培育和品牌形象打造之后，宝洁已经在中国市场深入人心，飘柔、潘婷、海飞丝等品牌分别以区隔精准的功能定位和"高档"的品牌形象赢得良好的知名度和美誉度。随着中国洗涤日化行业竞争的不断加剧，加上越来越多的国产品牌以更占优势的价位和强力的广告宣传纷纷抢占市场时，宝洁不得不改变策略，推出一系列"平民价位"的产品，给竞争对手以有力的打击。更重要的是，宝洁这一举措丝毫无损于它一贯的"高档"形象，反而给人"更具亲和力"的感觉，不可谓不厉害。

3.双向延伸

即品牌原来定位于中档产品市场的企业掌握了市场的优势以后，向产品线的上下两个方向延伸。韩国的LG在中国的品牌策略是非常成功的，从进入中国市场之初，LG在品牌形象的塑造上一直是以"高端"形象示人，但产品价位却定位在中档，给消费者既实惠又有面子的感觉。在这样一种品牌基础上，一旦实行产品双向战略，既无损于LG原有的品牌形象，又有利于掌握市场优势，扩大市场阵容。

四、产品生命周期及其策略

产品生命周期简称PLC，是指产品从进入市场开始，直到最终退出市场为止所经历的市场生命循环过程。产品只有经过研究开发、试销，然后进入市场，它的市场生命周期才算开始。产品退出市场，则标志着生命周期的结束。

典型的产品生命周期一般可分为四个阶段，即引入期、成长期、成熟期和衰退期（如图6—2所示）。

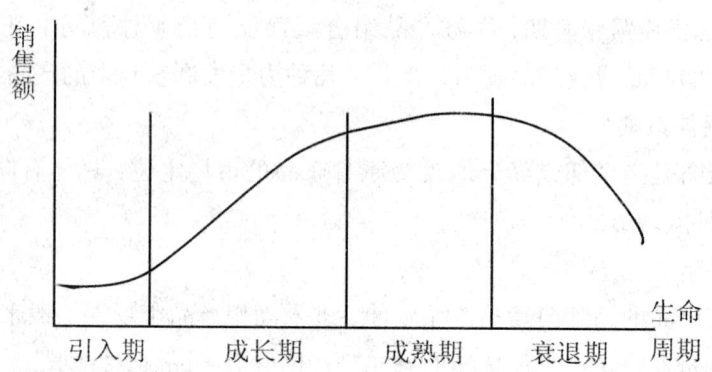

图6-2 产品生命周期

（一）引入期

引入期的特征是产品销量少，促销费用高，制造成本高，销售利润很低甚至为负值。根据这一阶段的特点，企业应努力做到：投入市场的产品要有针对性；进入市场的时机要合适；设法把销售力量直接投向最有可能的购买者，使市场尽快接受该产品，以缩短介绍期，更快地进入成长期。

在产品的引入期，一般可以由产品、分销、价格、促销四个基本要素组合成各种不同的市场营销策略。若仅仅考虑价格高低与促销费用高低的关系，可以分为以下四种策略：

1.快速撇脂策略

即以高价格、高促销费用推出新产品。实施这一策略须具备以下条件：产品有较大的需求潜力;目标顾客求新心理强,急于购买新产品;企业面临潜在竞争者的威胁,需要及早树立品牌形象。一般而言,在产品引入阶段,只要新产品比替代的产品有明显的优势,市场对其价格就不会那么计较。

2. 缓慢撇脂策略

以高价格、低促销费用推出新产品,目的是以尽可能低的费用开支求得更多的利润。实施这一策略的条件是:市场规模较小;产品已有一定的知名度;目标顾客愿意支付高价;潜在竞争的威胁不大。

3. 快速渗透策略

以低价格、高促销费用推出新产品。目的在于先发制人,以最快的速度打入市场,取得尽可能大的市场占有率。然后再随着销量和产量的扩大,使单位成本降低,取得规模效益。实施这一策略的条件是:该产品市场容量相当大;潜在消费者对产品不了解,且对价格十分敏感;潜在竞争较为激烈;产品的单位制造成本可随生产规模和销售量的扩大迅速降低。

4. 缓慢渗透策略

以低价格、低促销费用推出新产品。低价可扩大销售,低促销费用可降低营销成本,增加利润。实施这一策略的条件是:市场容量很大;市场上该产品的知名度较高;市场对价格十分敏感;存在某些潜在的竞争者,但威胁不大。

(二) 成长期

新产品经过市场引入期以后,消费者对该产品已经熟悉,消费习惯已形成,老顾客重复购买,并且带来了新的顾客,销售量激增,企业利润迅速增长,在这一阶段利润达到高峰。随着销售量的增大,企业生产规模也逐步扩大,产品成本逐步降低,新的竞争者会投入竞争。随着竞争的加剧,新的产品特性开始出现,产品市场开始细分,分销渠道增加。企业为维持其市场增长率,延长获取最大利润的时间,可以采取下面几种策略:

1. 改善产品品质

品质是产品的生命线,可以通过增加新功能,改变产品款式,发展新型号,开发新用途等形势改善产品品质。改进产品品质,可以提高产品的竞争能力,满足顾客更广泛的需求,吸引更多的顾客。

2. 寻找新的细分市场

通过市场细分,找到新的尚未满足的细分市场,根据其需要组织生产,迅速进入这一新的市场。

3. 改变广告宣传的重点

改变宣传策略有益于产品的成长,将广告宣传的重心从介绍产品转到建立产品形象上来,会更好地树立产品名牌,维系老顾客,吸引新顾客。

4. 适时降价

在激烈的竞争中,企业可以选择适当的时机,采取降价策略,以激发那些对价格比较敏感的消费者产生购买动机和采取购买行动。

(三) 成熟期

进入成熟期以后,产品的销售量增长缓慢,逐步达到最高峰,然后缓慢下降。与此同时产品的销售利润也会从成长期的最高点开始下降。面临非常激烈的市场竞争,各种品牌、各种款式的同类产品会不断出现。

对成熟期的产品,宜采取主动出击的策略,使成熟期延长,或使产品生命周期出现再循环。为此,可以采取以下三种策略:

1. 市场调整

这种策略不是要调整产品本身,而是发现产品的新用途、寻求新的用户或改变推销方式等,以使产品销售量得以扩大。

2. 产品调整

这种策略是通过产品自身的调整来满足顾客的不同需要,吸引有不同需求的顾客。整体产品概念的任何一层次的调整都可视为产品再推出。

3. 市场营销组合调整

即通过对产品、定价、渠道、促销四个市场营销组合因素加以综合调整,刺激销售量的回升。常用的方法包括降价、提高促销水平、扩展分销渠道和提高服务质量等。

(四) 衰退期

随着科学技术的发展,新产品或新的代用品出现,顾客的消费习惯也将随之发生改变,转向其他产品,从而使原来产品的销售额和利润额迅速下降。于是,产品进入了衰退期。

面对处于衰退期的产品,企业需要进行认真的研究分析,决定采取什么策略,在什么时间退出市场。通常有以下几种策略可供选择:

1. 维持策略

维持延用过去的策略,仍按照原来的细分市场,使用相同的分销渠道、定价及促销方式,直到这种产品完全退出市场为止。

2. 集中策略

采用集中力量办大事方法,将企业能力和资源集中在最有利的细分市场和分销渠道上,从而获取利润。这样有利于缩短产品退出市场的时间,同时又能为企业创造更多的利润。

3. 收缩策略

抛弃无希望的顾客群体,大幅度降低促销水平,尽量减少促销费用,以增加目前的利润。这样可能导致产品在市场上的衰退加速,但也能从忠实于这种产品的顾客中得到利润。

4. 放弃策略

对于衰退比较迅速的产品,应该当机立断,放弃经营,采取完全放弃的形式,如把产品完全转移出去或立即停止生产;或者采取逐步放弃的方式,使其所占用的资源逐步转向其他的产品。

五、新产品开发

新产品开发是指从研究选择适应市场需要的产品开始到产品设计、工艺制造设计,直到投入正常生产的一系列决策过程。从广义而言,新产品开发既包括新产品的研制也包括原有的老产品改进与换代。新产品开发是企业研究与开发的重点内容,也是企业生存和发展的战略核心之一。

(一)新产品开发的分类

为了便于对新产品进行分析研究,可以从多个角度进行分类。

1. 按新产品创新程序分类

(1)全新新产品。是指利用全新的技术和原理生产出来的产品。

(2)改进新产品。是指在原有产品的技术和原理的基础上,采用相应的改进技术,使外观、性能有一定进步的新产品。

(3)换代新产品。采用新技术、新结构、新方法或新材料在原有技术基础上有较大突破的新产品。

2. 按新产品所在地的特征分类

(1)地区或企业新产品。指在国内其他地区或企业已经生产但本地区或本企业初次生产和销售的产品。

(2)国内新产品。指在国外已经试制成功但国内尚属首次生产和销售的产品。

(3)国际新产品。指在世界范围内首次研制成功并投入生产和销售的产品。

3. 按新产品的开发方式分类

(1)技术引进新产品。是直接引进市场上已有的成熟技术制造的产品,这样可以避开自身开发能力较弱的难点。

(2)独立开发新产品。是指从用户所需要的产品功能出发,探索能够满足功能需求的原理和结构,结合新技术、新材料的研究独立开发制造的产品。

(3)混合开发的产品。是指在新产品的开发过程中,既有直接引进的部分,又有独立开发的部分,将两者有机结合在一起而制造出的新产品。

(二)新产品开发的基本方式

企业开发新产品,选择合适的方式很重要。选择得当,适合企业实际,就能少承担风险,易获成功。一般有独创方式、引进方式、结合方式和改进方式四种。

1. 独创方式。从长远考虑,企业开发新产品最根本的途径是自行设计、自行研制,即所谓独创方式。采用这种方式开发新产品,有利于产品更新换代及形成企业的技术优势,也有利于产品竞争。自行研制、开发产品需要企业建立一支实力雄厚的研发队伍、一个深厚的技术平台和一个科学、高效率的产品开发流程。

2. 引进方式。技术引进是开发新产品的一种常用方式。企业采用这种方式可以很快地掌握新产品制造技术,减少研制经费和投入的力量,从而赢得时间,缩短与其他企业的差距。但引进技术不利于形成企业的技术优势和企业产品的更新换代。

3. 改进方式。这种方式是以企业的现有产品为基础,根据用户的需要,采取改变性能、变换型式或扩大用途等措施来开发新产品。采用这种方式可以依靠企业现有设备和技术力量,开发费用低,成功把握大。但是,长期采用改进方式开发新产品,会影响企业的发展速度。

4. 结合方式。结合方式是独创与引进相结合方式。

(三)新产品开发的策略

新产品的开发是企业产品策略的重要组成部分。新产品开发的主要策略有:

1. 领先策略

这种策略就是在激烈的产品竞争中采用新原理、新技术、新结构优先开发出全新产品,从而先入为主,领略市场上的无限风光。这类产品的开发多从属于发明创造范围,采用这种策略,投资数额大,科学研究工作量大,新产品实验时间长。

2. 超越自我策略

这种策略的着眼点不在于眼前利益而在于长远利益。这种暂时放弃一部分眼前利益、最终以更新更优的产品去获取更大利润的经营策略,要求企业有长远的"利润观"理念,要注意培育潜在市场,培养超越自我的气魄和勇气,不仅如此,更需要有强大的技术作后盾。

3. 紧跟策略

采用这类策略的企业往往针对市场上已有的产品进行仿造或进行局部的改进和创新,但基本原理和结构是与已有产品相似的。这种企业跟随既定技术的先驱者,以求用较少的投资得到成熟的定型技术,然后利用其特有的市场或价格方面的优势,在竞争中对早期开发者的商业地位进行侵蚀。

4. 补缺策略

每一个企业都不可能完全满足市场的任何需求,所以在市场上总存在着未被满足的需求,这就为企业留下了一定的发展空间。这就要求企业详细地分析市场上现有产品及消费者的需求,从中发现尚未被占领的市场。

(四)新产品开发流程

开发新产品是一项十分复杂而风险又很大的工作。为了减少新产品的开发成本,取得良好的经济效益,必须按照科学的程序来进行新产品开发。开发新产品的程序因企业的性质、产品的复杂程度、技术要求及企业的研究与开发能力的差别而有所不同。一般说来要经历新产品构思、构思筛选、产品概念发展与测试、初拟营销计划、商业分析、新产品试制、市场试销和正式上市等八个阶段(如图6—3所示)。

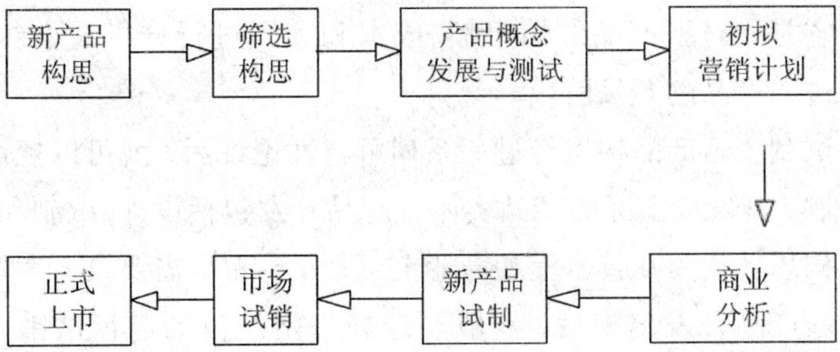

```
新产品  →  筛选  →  产品概念    →  初拟
构思       构思     发展与测试     营销计划
                                     ↓
正式  ←  市场  ←  新产品  ←  商业
上市     试销     试制       分析
```

图6-3 新产品开发流程

1. 新产品构思。是指新产品的设想或新产品的创意。企业要开发新产品，就必须重视寻找创造性的构思，构思的来源很多，主要有以下六个方面。

(1) 顾客。生产产品是为了满足消费者的需求，因此顾客的需求是新产品构思的重要来源。了解消费者对现有产品的意见和建议，掌握消费者对新产品有何期望，便于产生构思的灵感。

(2) 企业职工。企业职工最了解产品的基本性能，也最容易发现产品的不足之处，他们的改进建议往往是企业新产品构思的有效来源。

(3) 竞争对手。分析竞争对手的产品特点，可以知道哪些方面是成功的，哪些方面是不成功的，从而对其进行改进。

(4) 科技人员。许多新产品都是科学技术发展的结果。科技人员的研究成果往往是新产品构思的一项重要来源。

(5) 中间商。中间商直接与顾客打交道，最了解顾客的需求。收集中间商的意见是构思形成的有效途径。

(6) 其他来源。可作为新产品构思来源的其他渠道还比较多，如大学、科研单位、专利机、市场研究公司、广告公司、咨询公司、新闻媒体等。

2. 筛选构思。这一阶段是将前一阶段收集的大量构思进行评估，研究其可行性，尽可能地发现和放弃错误的或不切实际的构思，以较早避免资金的浪费。一般分两步对构思进行筛选。第一步是初步筛选，首先根据企业目标和资源条件评价市场机会的大小，从而淘汰那些市场机会小或企业无力实现的构思；第二步是仔细筛选，即对剩下的构思利用加权平均评分等方法进行评价，筛选后得到企业所能接受的产品构思。

3. 概念发展与测试。产品概念是指企业从消费者角度对产品构思所做的详尽描述。企业必须根据消费者对产品的要求，将形成的产品构思开发成产品概念。通常，一种产品构思可以转化为许多种产品概念。企业对每一个产品概念，都需要进行市场定位，分析它可能与现有的哪些产品产生竞争，以便从中挑选出最好的产品概念。

4. 初拟营销计划。产品概念确定后，企业就要拟订一个初步的市场营销计划，并在以后阶段不断发展完善。

5. 商业分析。它是指对新产品的销售额、成本和利润进行分析，如果能满足企业目标，那么该产品就可以进入产品的开发阶段。

6. 新产品开发试制。新产品构思经过一系列可行性论证后，就可以把产品概念交给企业的研发部门进行研制，开发成实际的产品实体。产品开发包括设计、试制和功能测试等过程。这一过程是把产品构思转化为在技术上和商业上可行的产品，需要投入大量的资金。

7. 市场试销。新产品开发出来后，一般要选择一定的市场进行试销，注意收集产品本身、消费者及中间商的有关信息，以便有针对性地改进产品，调整市场营销组合，并及早判断新产品的成效。值得注意的是，并不是所有新产品都必须经过试销，通常是选择性大的新产品需要进行试销，选择性小的新产品不一定试销。

8. 正式上市。如果新产品的试销成功，企业就可以将新产品大批量投产，推向市场。要注意研究选择适当的投放时机和地区、市场销售渠道以及销售促进策略。

（五）新产品开发实施要点

1. 做好深入细致的市场调研

任何企业要开发出适销对路的新产品，都离不开深入细致的市场调研。市场调研包括直接和间接调研两种形式。直接调研主要是根据市场（消费者）的需求，了解市场上竞争对手产品的品质、包装、性能、价位，充分收集有求新求异观念的消费者的资料，分析这些消费者对新产品的市场反应，包括已有产品在市场销售上存在的优劣势和消费者潜在的市场需求。间接调研主要是将市场业务员和经销商反馈的新产品信息，进行汇总、整理后得出的结果，包括产品销量、市场占有率和消费者的反应。产品开发人员根据调研的结果，在广泛征求市场销售人员、经销商和消费者意见的基础上，进行产品设计、局部投放，在投放过程中要了解市场对新产品的反应。新产品设计要走开发—调整—试销—改进—批量生产的路子，切忌一步到位，因为一步到位的最大缺陷就是不能到位。急于求成或闭门造车开发新产品，不考虑企业品牌发展的整体规划，不仅会增加新产品研发的风险，也会影响新产品的市场投放。

2. 要组建灵活的开发组织

产品开发是一项复杂而细致的工作，产品创新的特点决定了新产品开发组织与一般管理组织相比具有其突出的特点，新产品开发组织应具有高度的灵活性、简单的人际关系、高效的信息传递系统、较高的决策权力等，需要供应、生产、技术、财务、销售等各个部门的紧密配合，形成一个相互协作的团队。总的原则是使新产品开发能快速、高效地进行。新产品开发组织的特征使新产品开发组织的形式多种多样。一般常见的新产品开发组织有：新产品委员会、新产品部、产品经理、新产品经理、项目团队、项目小组等。

3. 要做好新产品市场投放方案

新产品设计完之后，企业不能进行盲目的产品市场投放，而是和营销策划人员、市场业务人员一起，重点研究新产品投放市场之前的策划方案，内容包括：如何将新产品投放到目标市场,如何进行新产品的铺货,如何消除消费者的顾虑使其尝试新产品,最终使新产品上市做到一举成功。

任务二　确定价格策略

任务布置:
1. 创业团队收集并分析行业的价格策略;
2. 创业团队为本企业产品进行定价;
3. 创业团队确定企业未来价格策略。

知识准备

为了有效地开展市场营销、增加销售收入和提高利润,企业不仅要给产品制定基本价格,而且还要对基本价格进行适时的修改。价格直接关系到市场对产品的接受程度,影响着市场需求和企业的利润,涉及生产者、经营者、和消费者等多方利益。价格策略是市场营销组合中极其重要的组成部分。

一、影响定价的主要因素

影响产品定价的因素很多,有企业内部因素,也有企业外部因素;有主观的因素,也有客观的因素。概括起来,大体上可以有定价目标、产品成本、市场需求、竞争因素和政府的政策法规五个方面。

(一)定价目标

定价目标是企业在对其生产或经营的产品制定价格时,有意识地要求达到的价格标准。它是指导企业进行价格决策的主要因素。定价目标取决于企业的总体目标。不同行业的企业,同一行业的不同企业,以及同一企业在不同时期,不同市场条件下,都可能有不同的定价目标。

1. 以获取最大利润为定价目标

最大利润定价目标是指企业追求在一定时期内获得最高利润额的一种定价目标。利润额最大化取决于合理价格所推动的销售规模,因而追求最大利润的定价目标并不意味着企业要制定最高单价。最大利润既有长期和短期之分,又有企业全部产品和单个产品之别。有远见的企业经营者,都着眼于追求长期利润的最大化。当然并不排除在某种特定时期下,对其产品制定高价以获取短期最大利润。

2. 以市场占有率为定价目标

即把保持和提高企业的市场占有率作为一定时期的定价目标。在实践中,市场占有率目标被国内外许多企业所采用,其方法是以较长时间的低价策略来保持和扩大市场占有率,增强企业竞争力,最终获得最大市场占有率。但是,这一目标的顺利实现至少应具备三个条件:

(1)企业有雄厚的经济实力,可以承受一段时间的亏损,或者企业本身的生产成本本来就低于竞争对手。

(2)企业对其竞争对手情况有充分了解,有夺取市场份额的绝对把握。否则,企业不仅不能达到目的,反而很有可能会受到损失。

(3)在企业的宏观营销环境中,政府未对市场占有率作出政策和法律的限制。比如美国制定有"反垄断法",对单个企业的市场占有率进行限制,以防止少数企业垄断市场。在这种情况下,盲目追求高市场占有率,往往会受到政府的干预。

3. 以维持生存为定价目标

如果企业生产产能、产量过剩或面临激烈竞争,则企业会把维持生存作为主要目标。为了确保继续开工和存货出售,企业必须制定较低价格,并希望市场处于价格敏感型的。许多企业通过大规模的价格折扣来保持企业活力,追求其销售收入,通过其销售收入来弥补可变成本和部分固定成本,企业的生存便可得以维持。

4. 以产品质量最优化为定价目标

企业也可考虑质量领先这样的目标,并在生产和市场营销过程中始终贯彻产品质量最优化的指导思想。这就要求用高价弥补高质量和研发的成本。企业在保持产品优质优价的同时,还应辅以相应的优质服务。

(二)产品成本

对企业的定价来说,成本是一个关键因素。企业产品定价以成本为最低界限,产品价格只有高于成本,企业才能补偿生产上的耗费,从而获得一定盈利。因此,企业在制定价格时必须估算相关成本。但这并不排斥个别产品在一段时期里价格低于成本。

(三)市场需求

产品价格受商品供给与需求的相互关系影响。当商品的市场需求大于供给时,价格应高一些;当商品的市场需求小于供给时,价格应低一些。反过来,价格变动影响市场需求总量,从而影响销售量,进而影响企业目标的实现。因此,企业制定价格就必须了解价格变动对市场需求的影响程度,反映这种影响程度的一个指标便是商品的价格需求弹性系数。

(四)竞争因素

企业的价格策略,要受到竞争状况的影响。完全竞争与完全垄断是竞争的两个极端,中间状况是不完全竞争。在不完全竞争条件下,竞争的强度对企业的价格策略有重要影响。所以,企业首先要了解竞争的强度。竞争的强度主要取决于产品制作技术的难易,是否有专利保护,供求形势以及具体的竞争格局。其次,要了解竞争对手的价格策略,以及竞争对手的实力。再次,还要了解、分析本企业在竞争中的地位。

(五)政府的政策法规

政府为维护经济秩序,或为了其他目的,可能通过立法或者其他途径对企业的价格策略进行干预。政府的干预包括规定毛利率,规定最高、最低限价,限制价格的浮动幅度或者规定价格变动的审批手续,实行价格补贴等。例如,美国某些州政府通过租金控制法将房租控制在较低的水平上,将牛奶价格控制在较高的水平上;法国政府将宝石的价格控制在低水平,将面包价格控制在高水平;我国某些地方为反暴利对商业毛利率的限制等。一些贸易协会或行业性垄断组织也会对企业的价格策略进行影响。

二、确定基本价格的一般方法

(一)成本导向

以产品单位成本为基本依据,再加上预期利润来确定价格的成本导向定价法,是中外企业最常用、最基本的定价方法。成本导向定价法又衍生出了总成本加成定价法、目标收益定价法、边际成本定价法、盈亏平衡定价法等几种具体的定价方法。

1. 总成本加成定价法

在这种定价方法下,把所有为生产某种产品而发生的耗费均计入成本的范围,计算单位产品的变动成本,合理分摊相应的固定成本,再按一定的目标利润率来决定价格。其计算公式为:单位产品价格 = 单位产品总成本 × (1 + 目标利润率)。

采用总成本加成定价法,确定合理的成本利润率是一个关键问题,而成本利润率的确定,必须考虑市场环境、行业特点等多种因素。某一行业的某一产品在特定市场以相同的价格出售时,成本低的企业能够获得较高的利润率,并且在进行价格竞争时可以拥有更大的回旋空间。

2. 目标收益定价法

目标收益定价法又称投资收益率定价法,是根据企业的投资总额、预期销量和投资回收期等因素来确定价格。

与成本加成定价法相类似,目标收益定价法很少考虑到市场竞争和需求的实际情况,只是从保证生产者的利益出发制定价格。另外先确定产品销量,后计算产品价格的做法完全颠倒了价格与销量的因果关系,把销量看成是价格的决定因素,在实际上很难行得通。尤其是对于那些需求价格弹性较大的产品,用这种方法制定出来的价格,无法保证销量的必然实现。不过,对于需求比较稳定的大型制造业、供不应求且价格弹性小的商品、市场占有率高、具有垄断性的商品,以及大型公用事业、劳务工程和服务项目等,在科学预测价格、销量、成本和利润四要素的基础上,目标收益法仍不失为一种有效的定价方法。

3. 边际成本定价法

边际成本是指每增加或减少单位产品所引起的总成本变化量。由于边际成本与变动成本比较接近,而变动成本的计算更容易一些,所以在定价实务中多用变动成本替代边际成本,而将边际成本定价法称为变动成本定价法。

边际成本定价法改变了售价低于总成本便拒绝交易的传统做法,在竞争激烈的市场条件下具有极大的定价灵活性,对于有效地应对竞争、开拓新市场、调节需求的季节差异、形成最优产品组合可以发挥巨大的作用。但是,过低的成本有可能被指控为从事不正当竞争,并招致竞争者的报复,在国际市场则易被进口国认定为"倾销",产品价格会因"反倾销税"的征收而畸形上升,使结果适得其反。

4. 盈亏平衡定价法

在销量既定的条件下,企业产品的价格必须达到一定的水平才能做到盈亏平衡、收支相抵。既定的销量就称为盈亏平衡点,这种制定价格的方法就称为盈亏平衡定价法。科学地预测销量和已知固定成本、变动成本是盈亏平衡定价的前提。

$$盈亏平衡点价格(P) = \frac{固定总成本(FC)}{销量(Q) + 单位变动成本(VC)}$$

以盈亏平衡点确定价格只能使企业的生产耗费得以补偿,而不能得到收益。因此,在实际中均将盈亏平衡点价格作为价格的最低限度,通常在加上单位产品目标利润后才作为最终市场价格。有时,为了开展价格竞争或应付供过于求的市场格局,企业通常采用这种定价方式以取得市场竞争的主动权。

(二) 需求导向

1. 认知价值定价法

所谓"认知价值",是指消费者对某种商品价值的主观评判。认知价值定价法是指企业以消费者对商品价值的认知度为定价依据,运用各种营销策略和手段,影响消费者对商品价值的认知,形成对企业有利的价值观念,再根据商品在消费者心目中的价值来制定价格。

认知价值定价法的关键和难点,是获得消费者对有关商品价值认知的准确资料。企业如果过高估计消费者的认知价值,其价格就可能过高,难以达到应有的销量;反之,若企业低估了消费者的认知价值,其定价就可能低于应有水平,使企业收入减少。因此,企业必须通过广泛的市场调研,了解消费者的需求偏好,根据产品的性能、用途、质量、品牌、服务等要素,判定消费者对商品的认知价值,制定商品的初始价格。然后,在初始价格条件下,预测可能的销量,分析目标成本和销售收入,在比较成本与收入、销量与价格的基础上,确定该定价方案的可行性,并制定最终价格。

2. 逆向定价法

逆向定价法是指依据消费者能够接受的最终销售价格,考虑中间商的成本及正常利润后,逆向推算出中间商的批发价和生产企业的出产价格。

这种定价方法主要不是考虑产品成本,而重点考虑需求状况。依据消费者能够接受的最终销售价格,逆向推算出中间商的批发价和生产企业的出厂价格。逆向定价法的特点是:价格能反映市场需求情况,有利于加强与中间商的良好关系,保证中间商的正常利润,使产品迅速向市场渗透，并可根据市场供求情况及时调整，定价比较灵活。

3.需求差异定价法

所谓需求差异定价法，是指产品价格的确定以需求为依据，首先强调适应消费者需求的不同特性，而将成本补偿放在次要的地位。这种定价方法，对同一商品在同一市场上制订两个或两个以上的价格，或使不同商品价格之间的差额大于其成本之间的差额。其好处是可以使企业定价最大限度地符合市场需求，促进商品销售，有利于企业获取最佳的经济效益。

(三) 竞争导向

竞争导向定价法是企业通过研究竞争对手的生产条件、服务状况、价格水平等因素，依据自身的竞争实力，参考成本和供求状况来确定商品价格。以市场上竞争者的类似产品的价格作为本企业产品定价的参照系的一种定价方法。

1.随行就市定价法

在垄断竞争和完全竞争的市场结构条件下，任何一家企业都无法凭借自己的实力而在市场上取得绝对的优势，为了避免竞争特别是价格竞争带来的损失，大多数企业都采用随行就市定价法，即将本企业某产品价格保持在市场平均价格水平上，利用这样的价格来获得平均报酬。此外，采用随行就市定价法，企业就不必去全面了解消费者对不同价差的反应，也不会引起价格波动。

2.投标定价法

在国内外，许多大宗商品、原材料、成套设备和建筑工程项目的买卖和承包、以及出售小型企业等，往往采用发包人招标、承包人投标的方式来选择承包者，确定最终承包价格。一般来说，招标方只有一个，处于相对垄断地位，而投标方有多个，处于相互竞争地位。标的物的价格由参与投标的各个企业在相互独立的条件下来确定。在买方招标的所有投标者中，报价最低的投标者通常中标，它的报价就是承包价格。这样一种竞争性的定价方法就称投标定价法。

三、定价的基本策略

(一) 新产品定价

1.撇脂定价策略

撇脂定价策略即在新产品上市初期，把价格定得高出成本很多，以便在短期内获得最大利润。这种策略如同撇出牛奶上面的那层奶油，故称之为撇脂定价策略。

从市场营销实践看，符合以下条件下的企业可以采用这种定价策略：

(1)市场有足够的购买者，他们的需求缺乏弹性，即使把价格定得很高，市场需求也不会大量减少。高价使需求减少一些，因而产量减少一些，单位成本增加一些，但这不至于抵消高价所带来的利益。

(2)在高价情况下，仍然独家经营，别无竞争者，如受专利保护的产品。

(3)为树立高档产品形象,加上本企业的品牌在市场上有传统的影响力。

2. 渗透定价策略

渗透定价策略和撇脂定价策略相反,它是以低价为特征的。把新产品的价格定得较低,使新产品在短期内最大限度地渗入市场,打开销路。就像倒入泥土的水一样,很快地从缝隙里渗透到底。这一定价策略的优点在于能使产品凭价格优势顺利进入市场,并且能在一定程度上阻止竞争者进入该市场。其缺点是投资回收期较长,且价格变化余地小。

新产品采用这一渗透定价应具备相应的条件:

(1)新产品的价格需求弹性大,目标市场对价格极敏感,一个相对低的价格能刺激更多的市场需求;

(2)产品打开市场后,通过大量生产可以促使制造和销售成本大幅度下降,从而进一步做到薄利多销;

(3)低价打开市场后,企业在产品和成本方面树立了优势,能有效排斥竞争者的介入,长期控制市场。

3. 满意定价策略

这是介于上面两种策略之间的一种新产品定价策略,即将产品的价格定在一种比较合理的水平,使顾客比较满意,企业又能获得适当利润。这是一种普遍使用、简便易行的定价策略,以其兼顾生产者、中间商、消费者等多方面利益而广受欢迎。但此种策略过于关注多方利益,反而缺乏开拓市场的勇气,仅适用于产销较为稳定的产品,而不适应需求多变、竞争激烈的市场环境。

(二)折扣定价策略

1. 现金折扣

这是企业给那些当场付清货款的顾客的一种奖励。采用这一策略,可以促使顾客提前付款,从而加速资金周转。这种折扣的大小一般根据提前付款期间的利息和企业利用资金所能创造的效益来确定。

2. 数量折扣

这种折扣是企业给那些大量购买产品顾客的一种减价,以鼓励顾客购买更多的货物。数量折扣有两种:一种是累计数量折扣,即规定在一定时间内,购买总数超过一定数额时,按总量给予一定的折扣;另一种是非累计数量折扣,规定顾客每次购买达到一定数量或金额时给予一定的价格折扣。

3. 功能折扣

也称贸易折扣,即生产者根据各类中间商在市场营销中所担负的不同业务职能和风险的大小,给予不同的价格折扣。其目的是促使他们愿意经营销售本企业的产品。

4. 季节折扣

这种折扣是企业给那些购买过季商品或服务的顾客的价格优惠,鼓励消费者反季节消费，使企业的生产和销售在一年四季保持相对稳定。这样有利于减轻企业储存的压力，从而加速商品销售，使淡季也能均衡生产，旺季不必加班加点，有利于充分发挥生产能力。

（三）心理定价策略

1. 声望定价

声望定价，是指企业利用消费者仰慕名牌商品或名牌商店的声望所产生的某种心理来制定商品的价格，故意把价格定成高价。

2. 尾数定价

又称奇数定价，即根据消费者习惯上容易接受尾数为非整数的价格的心理定势，而制定尾数为非整数的价格。如某空调机的价格定为3999元，而非4000元。虽然只是一元的差别，但给消费者的心理感受是不同的。

3. 招徕定价

企业利用顾客求廉的心理，特意将某几种商品的价格定得较低以吸引顾客，并带动选购其他正常价格的商品。

任务三　确定渠道策略

任务布置

1. 创业团队为本企业确定分销渠道；
2. 创业团队确定本企业选择合适的分销商；
3. 创业团队收集并分析竞争对手的分销策略。

知识准备

营销渠道策略是整个营销系统的重要组成部分，它对降低企业成本和提高企业竞争力具有重要意义，是企业规划中的重中之重。随着市场发展进入新阶段，企业的营销渠道不断发生新的变革，旧的渠道模式已不能适应形势的变化。

一、分销渠道的类型

（一）分销渠道的层次

分销渠道可以用渠道层次的数量来表示。在产品从制造商向消费者转移的过程中，每一层营销中介都代表一种渠道层次。由于生产者和最终消费者都起到了一些作用，他们是每个分销渠道的一部分。我们使用渠道层次的数量来表示渠道的长度。图6—4表示了几种不同长度的分销渠道。

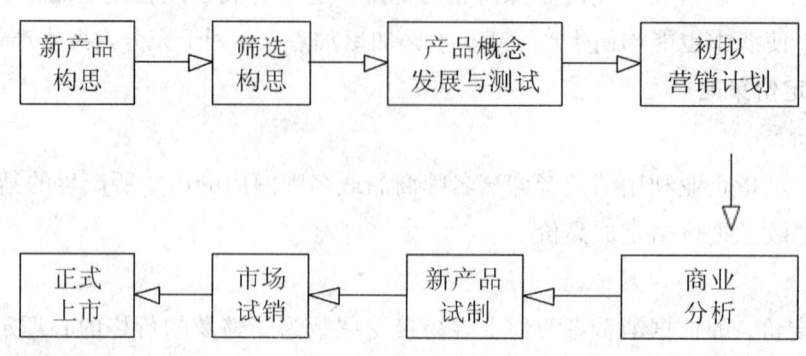

图 6-4 分销渠道的长度

(二) 分销渠道的宽度

分销渠道的宽度是指每一层级渠道中间商的数量的多少来定义的一种渠道结构。渠道的宽度结构受产品的性质、市场特征、用户分布以及企业分销战略等因素的影响。渠道的宽度结构分成如下三种类型：

1. 密集分销策略

在密集分销中，凡是符合生产商的最低信用标准的渠道成员都可以参与其产品或服务的分销。密集分销意味着渠道成员之间的激烈竞争和很高的产品市场覆盖率。密集式分销最适用于便利品，它通过最大限度地便利消费者而推动销售的提升。采用这种策略有利于广泛占领市场，便利购买，及时销售产品。而其不足之处在于，在密集分销中能够提供服务的经销商数目总是有限的。生产商有时得对经销商的培训、分销支持系统、交易沟通网络等进行评价以便及时发现其中的障碍。而在某一市场区域内，经销商之间的竞争会造成销售努力的浪费。

2. 选择分销策略

生产企业在特定的市场选择一部分中间商来推销本企业的产品。采用这种策略，生产企业不必花太多的精力联系为数众多的中间商，而且便于与中间商建立良好的合作关系，还可以使生产企业获得适当的市场覆盖面。与密集分销策略相比，采用这种策略具有较强的控制力，成本也较低。选择分销中的常见问题是如何确定经销商区域重叠的程度。在选择分销中重叠的量决定着在某一给定区域内选择分销和密集分销所接近的程度。

3. 独家分销策略

即生产企业在一定地区、一定时间只选择一家中间商销售自己的产品。独家分销的特点是竞争程度低。一般情况下，只有当公司想要与中间商建立长久而密切的关系时才会使用独家分销。因为它比其他任何形式的分销更需要企业与经销商之间更多的联合与合作，其成功是相互依存的。它比较适用于服务要求较高的专业产品。

二、影响分销渠道设计的因素

有效的渠道设计，应以确定企业所要达到的市场为起点。从原则上讲，目标市场的选择并不是渠道设计的问题。然而，事实上，市场选择与渠道选择是相互依存的。有利的市场加上有利的渠道，才可能使企业获得利润。渠道设计问题的中心环节，是确定到达目标市场的最佳途径。而影响渠道设计的主要因素有：

（一）顾客特性

渠道设计深受顾客人数、地理分布、购买频率、平均购买数量以及对不同促销方式的敏感性等因素的影响。当顾客人数多时，生产者倾向于利用每一层次都有许多中间商的长渠道。但购买者人数的重要性又受到地理分布的修正。例如，生产者直接销售给集中于同一地区的500个顾客所花的费用，远比销售给分散在500个地区的500个顾客少。而购买者的购买方式又修正购买者人数及其地理分布的因素。如果顾客经常小批量购买，则需采用较长的分销渠道为其供货。因此，少量而频繁的订货，常使得五金器具、烟草、药品等产品的制造商依赖批发商为其销货。同时，这些相同的制造商也可能越过批发商而直接向那些订货量大且订货次数少的大顾客供货。此外，购买者对不同促销方式的敏感性也会影响渠道选择。例如越来越多的家具零售商喜欢在产品展销会上选购，从而使得这种渠道迅速发展。

（二）产品特性

企业在设计分销渠道时会受产品的易毁性或易腐性、产品单价、产品的体积与重量、产品的技术性等特性影响。例如，易腐烂的产品为了避免拖延时间及重复处理增加腐烂的风险，通常需要直接营销。那些与其价值相比体积较大的产品（如建筑材料、软性材料等），需要通过生产者到最终用户搬运距离最短、搬运次数最少的渠道来分销。非标准化产品（如顾客订制的机器和专业化商业表格），通常由企业推销员直接销售，这主要是由于不易找到具有该类知识的中间商。需要安装、维修的产品经常由企业自己或授权独家专售特许商来负责销售和保养。单位价值高的产品则应由企业推销人员而不通过中间商销售。

（三）中间商特性

设计渠道时，还必须考虑执行不同任务的市场营销中间机构的优缺点。例如，由制造商代表与顾客接触，花在每一顾客身上的成本比较低，因为总成本由若干个顾客共同分摊。但制造商代表对顾客所付出的努力则不如中间商的推销员。一般来讲，中间商在执行运输、广告、储存及接纳顾客等职能方面，以及在信用条件、退货特权、人员训练和送货频率方面，都有不同的特点和要求。

（四）竞争特性

生产者的渠道设计，还受到竞争者所使用的渠道的影响，因为某些行业的生产者希望在与竞争者相同或相近的经销处与竞争者的产品相抗衡。例如食品生产者就希望其品牌和竞争品牌摆在一起销售。有时竞争者所使用的分销渠道反倒成为生产者所避免使用的渠道。

(五)企业特性

企业特性在渠道选择中扮演着十分重要的角色,主要体现在:

1. 总体规模。企业的总体规模决定了其市场范围、较大客户的规模以及强制中间商合作的能力。

2. 财务能力。企业的财务能力决定了哪些市场营销职能可由自己执行,哪些应交给中间商执行。财务薄弱的企业,一般都采用"佣金制"的分销方法,并且尽力利用愿意并且能够吸收部分储存、运输以及融资等成本费用的中间商。

3. 产品组合。企业的产品组合也会影响其渠道类型。企业产品组合的宽度越大,则与顾客直接交易的能力越大;产品组合的深度越大,则使用独家专售或选择性代理商就越有利;产品组合的关联性越强,则越应使用性质相同或相似的市场营销渠道。

4. 渠道经验。企业过去的渠道经验也会影响渠道的设计。曾通过某种特定类型的中间商销售产品的企业,会逐渐形成渠道偏好。例如许多直接销售给零售食品店的老式厨房用具制造商,就曾拒绝将控制权交给批发商。

5. 营销政策。现行的市场营销政策也会影响渠道的设计。例如,对最后购买者提供快速交货服务的政策,会影响到生产者对中间商所执行的职能、最终经销商的数目与存货水平以及所采用的运输系统的要求。

(六)环境特性

渠道设计还要受到环境的影响,如经济发展状况、社会文化变革,竞争结构、技术以及政府管理等。当经济萧条时,生产者都希望采用能使最后顾客以廉价购买的方式将其产品送到市场。这也意味着使用较短的渠道,并免除那些不必要的服务。

任务四 确定促销策略

任务布置:

1. 创业团队收集并分析竞争对手的促销手段;
2. 创业团队为确定促销组合;
3. 创业团队规划促销策略。

知识准备

促销策略是市场营销组合的基本策略之一。促销策略是指企业如何通过人员推销、广告、公共关系和销售促进等各种促销方式,向消费者或用户传递产品信息,引起他们的注意和兴趣,激发他们的购买欲望和购买行为,以达到扩大销售的目的。

一、促销组合及促销策略

所谓促销组合,就是企业根据产品的特点和营销目标,综合各种影响因素,对各种促销方式的选择、编配和运用。促销组合是促销策略的前提,在促销组合的基础上,才能制定相应的促销策略。因此,促销策略也称促销组合策略。

促销策略从总的指导思想上可分为推式策略和拉式策略两类。推式策略也称人员推销策略,是企业运用人员推销的方式,把产品推向市场,即从生产企业推向中间商,再由中间商推给消费者。推式策略一般适合于单位价值较高的产品,性能复杂、需要做示范的产品,根据用户需求特点设计的产品,流通环节较少、流通渠道较短的产品,市场比较集中的产品等。拉式策略也称非人员推销策略,是指企业运用非人员推销方式把顾客拉过来,使其对本企业的产品产生需求,以扩大销售。对单位价值较低的日常用品,流通环节较多、流通渠道较长的产品,市场范围较广、市场需求较大的产品,常采用拉式策略。制定促销组合和促销策略的影响因素较多,主要应考虑以下几个因素:

(一)促销目标

它是企业从事促销活动所要达到的目的。企业在不同时期或者不同地区的经营目标不同,因而促销目标也不尽相同。无目标的促销活动收不到理想的效果。因此,促销组合和促销策略的制定要符合企业的促销目标,并根据不同的促销目标,采用不同的促销组合和促销策略。

(二)产品因素

1. 产品性质

对不同性质的产品必须采用不同的促销组合和促销策略。一般来说,在促销消费品时,要因市场范围广而更多的采用拉式策略,尤其以销售促进和广告形式促销为多;在促销工业品或生产资料时,要因购买者购买数量较大,市场相对较集中,则以人员推销为主要形式。

2. 产品生命周期

促销目标在产品寿命周期的不同阶段是不同的,这决定了在市场寿命周期各阶段要相应选配不同的促销组合,采用不同的促销策略。以消费品为例,在投入期,促销目标主要是宣传介绍商品,以使顾客了解、认识商品,产生购买欲望。广告起到了想消费者、中间商宣传介绍商品的功效,因此这一阶段以广告为主要促销形式,以公共关系、人员推销和销售促进为辅助形式。在成长期,由于产品已打开销路,销量上升,同时也出现了竞争者,这时仍需广告宣传,以增进顾客对本企业产品的购买兴趣,同时还应辅以人员推销形式,尽可能扩大销售渠道。在成熟期,竞争者增多,促销活动以增进购买兴趣为主,各种促销工具的重要程度依次是销售促进、广告、人员推销。成熟期的广告作用在于强调本产品与其他产品的细微差别。在衰退期,由于更新换代产品和新发明产品的出现,使原有产品的销量大幅度下降。销售促进应继续成为主要的促销手段,并辅以广告和公关手段,同时为减少损失,促销费用不宜过大。

(三) 市场条件

市场条件不同,促销组合与促销策略也有所不同。从市场地理范围大小看,若促销对象是小规模的本地市场,应以人员推销为主;而对广泛的全国甚至世界市场进行促销,则多采用广告形式。从市场类型看,消费者市场因消费者多而分散,多数靠广告等非人员推销形式;而对用户较少、批量购买、成交额较大的生产者市场,则主要采用人员推销形式。此外,在有竞争者的市场条件下,制定促销组合和促销策略还应考虑竞争者的促销形式和策略,要有针对性地不断变换自己的促销组合及促销策略。

(四) 促销费用

企业开展促销活动,必然要支付一定的费用。费用是企业经营十分关心的问题,并且企业能够用于促销活动的费用总是有限的。因此,在满足促销目标的前提下,要做到效果好而费用省。企业确定的促销预算额应该是企业有能力负担的,并且是能够适应竞争需要的。为了避免盲目性,在确定促销预算额时,除了考虑营业额的多少外,还应考虑到促销目标的要求、产品市场生命周期等其他影响促销的因素。

二、人员推销策略

(一) 人员推销的对象

推销对象是人员推销活动中接受推销的主体,是推销人员说服的对象。推销对象有消费者、生产用户和中间商三类。

1. 向消费者推销

推销人员向消费者推销产品,必须对消费者有所了解。为此,要掌握消费者的年龄、性别、民族、职业、宗教信仰等基本情况,进而了解消费者的购买欲望、购买能力、购买特点和习惯等,并且要注意消费者的心理反应,对不同的消费者,施以不同的推销技巧。

2. 向生产用户推销

企业要将产品推向生产用户的必备条件是熟悉生产用户的有关情况,包括生产用户的生产规模、人员构成、经营管理水平、产品设计与制作过程以及资金情况等。在此前提下,推销人员还要善于准确而恰当地说明自己产品的优点;并能对生产用户使用该产品后所得到的效益作简要分析,以满足其需要;同时推销人员还应帮助生产用户解决疑难问题,以取得用户信任。

3. 向中间商推销

与生产用户一样,中间商也对所购商品具有丰富的专门知识,其购买行为也属于理智型。这就需要推销人员具备相当的业务知识和较高的推销技巧。在向中间商推销产品时,首先要了解中间商的类型、业务特点、经营规模、经济实力以及他们在整个分销渠道中的地位;其次应向中间商提供有关信息,给中间商提供帮助,建立友谊,扩大销售。

（二）人员推销的形式

1. 上门推销

上门推销是最常见的人员推销形式。它是由推销人员携带产品的样品、说明书和订单等走访顾客，推销产品。这种推销形式，可以针对顾客的需要提供有效的服务，方便顾客，故为顾客所广泛认可和接受。此种形式是一种积极主动的、名符其实的"正宗"推销形式。

2. 柜台推销

又称门市推销，是指企业在适当地点设置固定的门市，由营业员接待进入门市的顾客，推销产品。门市的营业员是广义的推销人员。柜台推销与上门推销正好相反，它是等客上门式的推销方式。由于门市里的产品种类齐全，能满足顾客多方面的购买要求，为顾客提供较多的购买方便，并且可以保证商品安全无损，因此顾客比较乐于接受这种方式。柜台推销适合于零星小商品、贵重商品和容易损坏的商品。

3. 会议推销

它指的是利用各种会议向与会人员宣传和介绍产品，开展推销活动。例如，在订货会、交易会、展览会、物资交流会等会议上推销产品均属会议推销。这种推销形式接触面广，推销集中，可以同时向多个推销对象推销产品，成交额较大，推销效果较好。

（三）人员推销的基本策略

1. 试探性策略

也称为"刺激—反应"策略。这种策略是在不了解顾客的情况下，推销人员运用刺激性手段引发顾客产生购买行为的策略。推销人员事先设计好能引起顾客兴趣、能刺激顾客购买欲望的推销语言，通过渗透性交谈进行刺激，在交谈中观察顾客的反应；然后根据其反应采取相应的对策，并选用得体的语言，再对顾客进行刺激，进一步观察顾客的反应，以了解顾客的真实需要，诱发购买动机，引导产生购买行为。

2. 针对性策略

针对性策略是指推销人员在基本了解顾客某些情况的前提下，有针对性地对顾客进行宣传、介绍，以引起顾客的兴趣和好感，从而达到成交的目的。因推销人员常常在事前已根据顾客的有关情况设计好推销语言，这与医生对患者诊断后开处方类似，故又称针对性策略为"配方—成交"策略。

3. 诱导性策略

诱导性策略是指推销人员运用能激起顾客某种需求的说服方法，诱发引导顾客产生购买行为。这种策略是一种创造性推销策略，它对推销人员要求较高，要求推销人员能因势利导，诱发、唤起顾客的需求；并能不失时机地宣传介绍和推荐所推销的产品，以满足顾客对产品的需求。因此，从这个意义上说，诱导性策略也可称"诱发—满足"策略。

三、广告策略

(一)广告媒体的种类及其特性

广告媒体的种类很多,不同类型的媒体有不同的特性。目前比较常用的广告媒体有以下几种:

1. 报纸

报纸这种广告媒体,其优越性表现在:(1)影响广泛。报纸是传播新闻的重要工具,与人民群众有密切联系,发行量大。(2)传播迅速。可及时地传递有关经济信息。(3)简便灵活。制作方便,费用较低。(4)便于剪贴存查。(5)信赖性强。借助报纸的威信,能提高广告的可信度。报纸媒体的不足是:因报纸登载内容庞杂,易分散对广告的注意力;印刷不精美,吸引力低;广告时效短,重复性差,只能维持当期的效果。

2. 杂志

杂志以登载各种专门知识为主,是各类专门产品的良好的广告媒体。它作为广告媒体,优点有:(1)广告宣传对象明确,针对性强,有的放矢。(2)广告会同杂志有较长的保存期,读者可以反复查看。(3)因杂志发行面广,可以扩大广告的宣传区域。(4)由于杂志读者一般有较高的文化水平和生活水平,比较容易接受新事物,故利于刊登开拓性广告。(5)印刷精美,能较好地反映产品的外观形象,易引起读者注意。缺点表现在:发行周期长,灵活性较差,传播不及时;读者较少,传播不广泛。

3. 广播

广播媒体的优越性有:(1)传播迅速、及时。(2)制作简单,费用较低。(3)具有较高的灵活性。(4)听众广泛,不论男女老幼、是否识字,均能受其影响。使用广播做广告的局限性在于:时间短促,转瞬即逝,不便记忆;有声无形,印象不深;不便存查。

4. 电视

电视作为广告媒体虽然在20世纪40年代才出现,但因其有图文并茂之优势,发展很快,并力胜群芳,成为最重要的广告媒体。具体说来,电视广告媒体的优点有:(1)因电视有形、有色、听视结合,使广告形象、生动、逼真、感染力强。(2)由于电视已成为人们文化生活的重要组成部分,收视率较高,使电视广告的宣传范围广,影响面大。(3)宣传手法灵活多样,艺术性强。电视作广告媒体的缺点是:时间性强,不易存查;制作复杂,费用较高;因播放节目繁多,易分散对广告的注意力。

以上四种广告媒体是最常用的,被称为四大广告媒体。此外还有一些广告媒体,称其他广告媒体,如网络、壁图、橱窗、车船、霓虹灯等。特别是网络,比之所有传统媒体,具有速度快、容量大、范围广、可检索、可复制,以及交互性、导航性、丰富性等优点,发展极为迅速。已有人将报刊、电台、电视台称之为三大传统媒体,而将网络称为"第四媒体"。

(二)广告媒体的选择

不同的广告媒体有不同的特性,这决定了企业从事广告活动必须对广告媒体进行正确的选择,否则将影响广告效果。正确地选择广告媒体,一般要考虑以下影响因素:

1. 产品的性质

不同性质的产品,有不同的使用价值、使用范围和宣传要求。广告媒体只有适应产品的性质,才能取得较好的广告效果。生产资料和生活资料、高技术产品和一般生活用品、价值较低的产品和高档产品、一次性使用的产品和耐用品等都应采用不同的广告媒体。通常,对高技术产品进行广告宣传,面向专业人员,多选用专业性杂志;而对一般生活用品,则适合选用能直接传播到大众的广告媒体,如广播、电视等。

2. 消费者接触媒体的习惯

选择广告媒体,还要考虑目标市场上消费者接触广告媒体的习惯。一般认为,能使广告信息传到目标市场的媒体是最有效的媒体。如,对儿童用品的广告宣传,宜选电视作其媒体;对妇女用品进行广告宣传,选用妇女喜欢阅读的妇女杂志或电视,其效果较好,也可以在妇女商店布置橱窗或展销。

3. 媒体的传播范围

媒体传播范围的大小直接影响广告信息传播区域的广窄。适合全国各地使用的产品,应以全国性发放的报纸、杂志、广播、电视等作广告媒体;属地方性销售的产品,可通过地方性报刊、电台、电视台、霓虹灯等传播信息。

4. 媒体的费用

各广告媒体的收费标准不同,即使同一种媒体,也因传播范围和影响力的大小而有价格差别。考虑媒体费用,应该注意其相对费用,即考虑广告促销效果。如果使用电视做广告需支付 20 000 元,预计目标市场收视者 2 000 万人,则每千人支付广告费是 1 元;若选用报纸作媒体,费用 10 000 元,预计目标市场收阅者 500 万人,则每千人广告费为 2 元。相比较结果,应选用电视作为广告媒体。

(三)广告的设计原则

1. 真实性

广告的生命在于真实。虚伪、欺骗性的广告,必然会丧失企业的信誉。广告的真实性体现在两方面。一方面,广告的内容要真实,包括:广告的语言文字要真实,不宜使用含糊、模棱两可的言词;画面也要真实,并且两者要统一起来;艺术手法修饰要得当,以免使广告内容与实际情况不相符合。另一方面,广告主与广告商品也必须是真实的,如果广告主根本不生产或经营广告中宣传的商品,甚至连广告主也是虚构的单位,那么广告肯定是虚构的、不真实的。企业必须依据真实性原则设计广告,这也是一种商业道德和社会责任。

2. 社会性

广告是一种信息传递。在传播经济信息的同时,也传播了一定的思想意识,必然会潜移默化地影响社会文化、社会风气。从一定意义上说，广告不仅是一种促销形式，而且是一种具有鲜明思想性的社会意识形态。广告的社会性体现在：广告必须符合社会文化、思想道德的客观要求。具体说来，广告要遵循党和国家的有关方针、政策，不违背国家的法律、法令和制度，有利于社会主义精神文明，有利于培养人民的高尚情操；严禁出现带有中国国旗、国徽、国歌标志、国歌音响的广告内容和形式，杜绝损害中华民族尊严的、甚至有反动、淫秽、迷信、荒诞内容的广告等，如"用黑社会交易来反映产品紧俏、短缺以劝诱购买"的广告创意是不足取的。

3. 针对性

广告的内容和形式要富有针对性，即对不同的商品、不同的目标市场要有不同的内容，采取不同的表现手法。由于各个消费者群体都有自己的喜好、厌恶和风俗习惯，为适应不同消费者群的不同特点和要求，广告要根据不同的广告对象来决定广告的内容，采用与之相适应的形式。

4. 艺术性

广告是一门科学，也是一门艺术。广告把真实性、思想性、针对性寓于艺术性之中。利用科学技术，吸收文学、戏剧、音乐、美术等各学科的艺术特点，把真实的、富有思想性、针对性的广告内容通过完善的艺术形式表现出来。只有这样，才能使广告像优美的诗歌，像美丽的图画，成为精美的艺术作品，给人以很高的艺术享受，使人受到感染，增强广告的效果。这就要求广告设计要构思新颖，语言生动、有趣、诙谐，图案美观大方，色彩鲜艳和谐，广告形式要不断创新。

四、公共关系策略

（一）公共关系的概念及特征

公共关系，又称公众关系，是指企业在从事市场营销活动中正确处理企业与社会公众的关系，以便树立企业的良好形象，从而促进产品销售的一种活动。公共关系是一种社会关系，但又不同于一般社会关系，也不同于人际关系，因为它有独特的特征，公共关系的基本特征表现在以下几方面。

1. 公共关系是一定社会组织与其相关的社会公众之间的相互关系。这里包括三层含义：其一，公关活动的主体是一定的组织，如企业、机关、团体等。其二，公关活动的对象，既包括企业外部的顾客、竞争者、新闻界、金融界、政府各有关部门及其他社会公众，又包括企业内部职工、股东。这些公关对象构成了企业公关活动的客体。企业与公关对象关系的好坏直接或间接地影响企业的发展。其三，公关活动的媒介是各种信息沟通工具和大众传播渠道。作为公关主体的企业，借此与客体进行联系、沟通、交往。

2. 公共关系的目标是为企业广结良缘，在社会公众中创造良好的企业形象和社会声誉。一个企业的形象和声誉是其无形的财富，良好的形象和声誉是企业富有生命力的表现，也是公关的真正目的之所在。企业以公共关系为促销手段,是利用一切可能利用的方式和途径,让社会公众熟悉企业的经营宗旨,了解企业的产品种类、规格以及服务方式和内容等有关情况,使企业在社会上享有较高的声誉和较好的形象,促进产品销售的顺利进行。

3.公共关系的活动以真诚合作、平等互利、共同发展为基本原则。公共关系以一定的利益关系为基础,这就决定了主客双方必须均有诚意,平等互利,并且要协调、兼顾企业利益和公众利益。这样,才能满足双方需求,以维护和发展良好的关系。否则,只顾企业利益而忽视公众利益,在交往中损人利己,不考虑企业信誉和形象,就不能构成良好的关系,也毫无公共关系可言。

4.公共关系是一种信息沟通,是创造"人和"的艺术。公共关系是企业与其相关的社会公众之间的一种信息交流活动。企业从事公关活动,能沟通企业上下、内外的信息,建立相互间的理解、信任与支持,协调和改善企业的社会关系环境。公共关系追求的是企业内部和企业外部人际关系的和谐统一。

5.公共关系是一种长期活动。公共关系着手于平时努力,着眼于长远打算。公共关系的效果不是急功近利的短期行为所能达到的,需要连续的、有计划的努力。企业要树立良好的社会形象和信誉,不能拘泥于一时一地的得失,而要追求长期的稳定的战略性关系。

(二)公共关系的作用

公共关系是一门"内求团结,外求发展"的经营管理艺术,是一项与企业生存发展休戚相关的事业。其作用主要表现在五个基本方面:

1.搜集信息,监测环境

信息是企业生存与发展必不可少的资源。运用各种公关手段可以采集各种有关信息,监测企业所处的环境。企业公关需要采集的信息包括以下几方面:

(1)产品形象信息

产品形象信息是指消费者对本企业产品的各种反映与评价,如对产品质量、性能、用途、价格、包装、售后服务等的反应评价。

(2)企业形象信息

企业要了解自己的形象,除产品形象的信息外,还必须采集以下信息:①公众对企业组织机构的评价。如组织机构是否健全,设置是否合理,上下左右是否协调,运转是否灵活,办事效率高不高等。②公众对企业经营管理水平的评价。在经营决策上,企业的经营方针是否正确,决策过程是否科学,决策目标是否合理、可行;在生产管理上,生产计划是否完善,生产组织是否恰当;在销售管理上,市场预测是否科学、准确,产品定价是否合理,促销是否有力;在人事管理上,用人是否得当等等。③公众对企业人员素质的评价。这种评价包括对决策层领导人员和一般人员素质的评价。评价指标有文化水平、工作能力、业务水平、交际能力、应变能力、创新精神、开拓意识、工作态度、工作效率等。④公众对企业服务质量的评价,包括对服务意识、服务态度等方面的评价。

(3) 企业内部公众的信息

企业的职工作为社会公众的一部分，必然对企业产生不同的反映与评价。通过对企业内部职工意见的了解，能掌握职工对企业的期望，企业应树立什么样的形象，才能对职工产生向心力和凝聚力。企业内部公众的信息，可以通过意见书、各职能部门的计划、总结、工作报告以及企业内部的舆论工具等来获得。

2. 咨询建议，决策参考

公共关系的这一职能是利用所搜集到的各种信息，进行综合分析，考查企业的决策和行为在公众中产生的效应及影响程度，预测企业决策和行为与公众可能意向之间的吻合程度，并及时、准确地向企业的决策者进行咨询，提出合理而可行的建议。

(1) 公共关系参与决策目标的确立。确立决策目标是决策过程的最重要一环。公共关系是整体决策目标系统中的重要因素。它从全局和社会的角度来综合评价各职能部门的决策目标可能导致的社会效果，从而发现和揭示问题，提醒决策者按公众需求和社会效益制定决策目标。

(2) 公共关系是获取决策信息的重要渠道。合理、正确的决策依赖于及时、准确、全面的信息，公关部门可以利用它与企业内部、外部的广泛交流，为决策开辟广泛的信息渠道。据此，能为决策者提供内部信息和外部信息，提供决策依据。

(3) 公共关系是拟定决策方案不可缺少的参谋。公共关系作为决策参谋，能帮助决策者评价各方案的社会效果，提高决策方案的社会适应能力和应变能力。

(4) 公共关系为决策方案实施效果提供反馈信息。信息的反馈，有助于修改、完善决策方案。这是公关职能之一。公关部门可以利用它与公众建立的关系网络和信息沟通渠道，对正在实施的决策方案进行追踪监测，并及时反馈对其评价的信息。

3. 舆论宣传，创造气氛

这一职能是指公共关系作为企业的"喉舌"，将企业的有关信息及时、准确、有效地传送给特定的公众对象，为企业树立良好形象创造良好的舆论气氛。如公关活动，能提高企业的知名度、美誉度，给公众留下良好形象；能持续不断、潜移默化地完善舆论气氛，因势利导，引导公众舆论朝着有利于企业的方向发展；还能适当地控制和纠正对企业不利的公众舆论，及时将改进措施公诸于众，避免扩大不良影响，从而收到化消极为积极、尽快恢复声誉的效果。

4. 交往沟通，协调关系

企业是一个开放系统，不仅内部各要素需要相互联系、相互作用。而且需要与系统外部环境进行各种交往、沟通。交往沟通是公关的基础，任何公共关系的建立、维护与发展都依赖于主客体的交往沟通。只有交往，才能实现信息沟通，使企业的内部信息有效地输向外部，使外部有关信息及时地输入企业内部，从而使企业与外部各界达到相互协调。协调关系，不仅要协调企业与外界的关系，还要协调企业内部关系，包括企业与其成员之间的关系、企业内部不同部门成员之间的关系等，要使全体成员与企业之间达到理解和共鸣，增强凝聚力。

5. 教育引导，社会服务

公共关系具有教育和服务的职能，是指通过广泛、细致、耐心的劝服性教育和优惠性、赞助性服务，来诱导公众对企业产生好感。对企业内部，公关部门代表社会公众，向企业内部成员输入公关意识，诱发企业内部各部门及全体成员都重视企业整体形象和声誉。对企业外部各界，公关部门代表企业，通过劝服性教育和实惠性社会服务，使社会公众对企业的行为、产品等产生认同和接受。

五、销售促进策略

（一）销售促进的特点

销售促进是人员推销、广告和公共关系以外的能刺激需求、扩大销售的各种促销活动。概括说来，销售促进有如下特点。

1. 销售促进促销效果显著

在开展销售促进活动中，可选用的方式多种多样。一般说来，只要能选择合理的销售促进方式，就会很快地收到明显的增销效果，而不像广告和公共关系那样需要一个较长的时期才能见效。因此，销售促进适合于在一定时期、一定任务的短期性的促销活动中使用。

2. 销售促进是一种辅助性促销方式

人员推销、广告和公关都是常规性的促销方式，而多数销售促进方式则是非正规性和非经常性的，只能是它们的补充方式。亦即，使用销售促进方式开展促销活动，虽能在短期内取得明显的效果，但它一般不能单独使用，常常配合其他促销方式使用。销售促进方式的运用能使与其配合的促销方式更好地发挥作用。

3. 销售促进有贬低产品之意

采用销售促进方式促销，似乎迫使顾客产生"机会难得、时不再来"之感，进而能打破消费者需求动机的衰变和购买行为的惰性。不过，销售促进的一些做法也常使顾客认为卖者有急于抛售的意图。若频繁使用或使用不当，往往会引起顾客对产品质量、价格产生怀疑。因此，企业在开展销售促进活动时，要注意选择恰当的方式和时机。

（二）销售促进的方式

销售促进的方式多种多样，每一个企业不可能全部使用。这就需要企业根据各种方式的特点、促销目标、目标市场的类型及市场环境等因素选择适合本企业的销售促进方式。

1. 向消费者推广的方式

向消费者推广，是为了鼓励老顾客继续购买、使用本企业产品，激发新顾客试用本企业产品。其方法主要有：

（1）赠送样品

向消费者免费赠送样品，可以鼓励消费者认购，也可以获取消费者对产品的反映。样品赠送，可以有选择地赠送，也可在商店或闹市区或附在其他商品中无选择地赠送。这是介绍、推销新产品的一种促销方式,但费用较高,对高值商品不宜采用。

(2)赠送代价券

代价券作为对某种商品免付一部分价款的证明,持有者在购买本企业产品时免付一部分货款。代价券可以邮寄,也可附在商品或广告之中赠送,还可以向购买商品达到一定的数量或数额的顾客赠送。这种形式,有利于刺激消费者使用老产品,也可以鼓励消费者认购新产品。

(3)包装兑现

即采用商品包装来兑换现金。如收集到若干个某种饮料瓶盖,可兑换一定数量的现金或实物,借以鼓励消费者购买该种饮料。这种方式的有效运用,也体现了企业的绿色营销观念,有利于树立良好的企业形象。

(4)提供赠品

对购买价格较高的商品的顾客赠送相关商品(价格相对较低、符合质量标准的商品)有利于刺激高价商品的销售。由此,提供赠品是有效的销售促进方式。

(5)商品展销

展销可以集中消费者的注意力和购买力。在展销期间,质量精良、价格优惠、提供周到服务的商品备受青睐。可以说,参展是难得的销售促进机会和有效的促销方式。

此外,还有有奖销售、降价销售等方式。

2. 向中间商推广的方式

向中间商推广,其目的是为了促使中间商积极经销本企业产品。其方式主要有:

(1)购买折扣

为刺激、鼓励中间商购买并大批量地购买本企业产品,对中间商第一次购买和购买数量较多的中间商给予一定的折扣优待,购买数量越大,折扣越多。折扣可以直接支付,也可以从付款金额中扣出,还可以赠送商品作为折扣。

(2)资助

是指生产者为中间商提供陈列商品、支付部分广告费用和部分运费等补贴或津贴。在这种方式下,中间商陈列本企业产品,企业可免费或低价提供陈列商品;中间商为本企业产品作广告,生产者可资助一定比例的广告费用;为刺激距离较远的中间商经销本企业产品,可给予一定比例的运费补贴。

(3)经销奖励

对经销本企业产品有突出成绩的中间商给予奖励。这种方式能刺激经销业绩突出者加倍努力,更加积极主动地经销本企业产品,同时,也有利于诱使其他中间商为多经销本企业产品而努力,从而促进产品销售。

评价

实现产品销售评价表

评价项目	具体指标	小组自评	小组互评	教师评价	总评
确定产品策略	有明确的产品概念，产品组合合理				
确定价格策略	产品定价合理，有明确的考虑因素				
确定渠道策略	渠道设计合理，符合新创办企业的要求				
确定促销策略	促销组合得当，有明确的促销政策和措施				

拓展训练

1. 你有没有知道一些企业产品策略？这些企业的产品策略具有什么优缺点？

2. 创业团队综合阐述企业的渠道、产品、价格、促销策略，综合分析利弊。

3. 判断下列观点，表明你的态度。

(1) 力量较强的企业，又要扩大市场占有率时，可采用高于竞争对手价格出售产品的方法。□ 对；□ 错

(2) 目标利润定价法的前提是产品的市场潜力很大，需求的价格弹性也很大。□ 对；□ 错

(3) 尾数定价策略适用于各种商品。□ 对；□ 错

(4) 当需求价格弹性大时，应通过提高价格来增加企业的利润。□ 对；□ 错

(5) 单位固定成本随产量的增减不发生变化。□ 对；□ 错

(6) 当需求价格弹性小时，应通过薄利多销来增加盈利。□ 对；□ 错

(7) 在完全竞争条件下，企业只是市场价格的接受者。□ 对；□ 错

(8) 在寡头竞争的条件下，每个企业都能够随意制定价格。□ 对；□ 错

(9) 撇脂价格策略是一种低价格策略，一种长期的价格策略。□ 对；□ 错

(10) 人员促销亦称直接促销，它主要适合于消费者数量多、比较分散情况下进行促销。□ 对；□ 错

(11) 企业在其促销活动中，在方式的选用上只能在人员促销和非人员促销中选择其中一种加以应用。□ 对；□ 错

(12) 促销组合是促销策略的前提，在促销组合的基础上，才能制定相应的促销策略。因此促销策略也称促销组合策略。□ 对；□ 错

(13) 人员推销的双重目的是相互联系，相辅相成的。□ 对；□ 错

(14) 由于人员推销是一个推进商品交换的过程，所以买卖双方建立友谊、密切关系是公共关系而不是推销活动要考虑的内容。□ 对；□ 错

(15) 公益广告是用来宣传公益事业或公共道德的广告，所以它与企业的商业目标无关。□ 对；□ 错

(16) 促销的目的是与顾客建立良好的关系。□ 对；□ 错

(17) 拉式策略一般适合于单位价值较高、性能复杂、需要做示范的产品。□ 对；□ 错

(18) 对单位价值较低、流通环节较多、流通渠道较长、市场需求较大的产品常采用拉式策略。□ 对；□ 错

(19) 因为促销是有自身统一规律性的、所以不同企业的促销组合和促销策略也应该是相同的。□ 对；□ 错

(20) 人员推销的缺点在于支出较大、成本较高，同时对推销人员的要求较高、培养较困难。□ 对；□ 错

(21) 推销员除了要负责为企业推销产品外，还应该成为顾客的顾问。□ 对；□ 错

(22) "刺激-反应"策略是在不了解顾客的情况下，推销者运用刺激手段引发顾客产生购买行为的策略。□ 对；□ 错

(23) 广告的生命在于真实。□ 对；□ 错

拓展阅读

海尔成功的营销案例解析

海尔集团简介：

海尔集团创立于1984年，从开始单一生产冰箱起步，拓展到家电、通讯、IT数码产品、家居、物流、金融、房地产、生物制药等领域，成为全球领先的美好生活解决方案提供商。

2014年，海尔全球营业额2007亿元，利润总额150亿元，利润增长3倍于收入增长，线上交易额548亿元，同比增长2391%。2016年1月5日，海尔青岛市中德生态园新建的水机互联工厂开工。2016年1月21日至24日，苏宁再次携手海尔起航，打造专属品牌节。

海尔集团是全球领先的整套家电解决方案提供商和虚实融合通路商。公司1984年创立于青岛。创业以来，海尔坚持以用户需求为中心的创新体系驱动企业持续健康发展，从一家资不抵债、濒临倒闭的集体小厂发展成为全球最大的家用电器制造商之一。

2014年，海尔全球营业额实现2007亿元，同比增长11%；实现利润150亿元，同比增长39%，利润增幅是收入增幅的3倍；同时线上交易额实现548亿元，同比增长2391%。

据世界权威市场调查机构欧睿国际(Euromonitor)发布2015年全球大型家用电器品牌零

售量数据显示：海尔大型家用电器2015年品牌零售量居全球第一，这是自2009年以来海尔第7次蝉联全球第一。同时，冰箱、洗衣机、酒柜、冷柜也分别以大幅度领先第二名的品牌零售量继续蝉联全球第一。

2008年3月，海尔第二次入选英国《金融时报》评选的"十大世界级品牌"。

2008年6月，在《福布斯》"全球最具声望大企业600强"评选中，海尔排名13位，是排名最靠前的中国企业。

2008年7月，在《亚洲华尔街日报》组织评选的"亚洲企业200强"中，海尔集团连续五年荣登"中国内地企业综合领导力"排行榜榜首。

2008年海尔入选世界品牌价值实验室编制的《中国购买者满意度第一品牌》，排名第四。海尔已跻身世界级品牌行列，其影响力正随着全球市场的扩张而快速上升。

2012年03月24日，"2012年全国企业管理创新大会"在北京举行，海尔"以自主经营体为基础的人单合一管理"模式在全国451项管理项目中脱颖而出，获得国家级企业管理创新成果奖一等奖第一名。2012年8月8日，第六届中国品牌节揭晓年度品牌中国总评榜，海尔荣获"2012品牌中国华谱奖"，连续六年获此殊荣。

2012年9月10日，美国财经杂志《福布斯》发布2012年"亚洲上市公司50强"排行榜中国家电业海尔挺进50强，连续两年入围该榜单。

2012年9月17日，第18届中国品牌价值研究结果在英国伦敦揭晓。海尔以962.8亿的品牌价值位居榜首，连续11年蝉联中国最有价值品牌排行榜。

2012年11月，在中国管理现代化研究会、中欧国际工商学院、北京大学光华管理学院、清华大学经济管理学院等共同发起的"中国管理全球论坛暨中国管理模式杰出奖"颁奖典礼上，海尔集团荣获"中国管理模式杰出奖"之战略远见奖。2012年12月，张瑞敏获得了瑞士洛桑IMD商学院将"IMD管理思想领袖奖"。

2013年12月22日，世界权威市场调查机构欧睿国际（Euromonitor）发布最新的全球家电市场调查结果显示，海尔在世界白色家电品牌中排名第一，海尔大型家用电器2013年品牌零售量占全球市场的9.7%，第五次蝉联全球第一。按制造商排名，海尔大型家用电器2013年零售量占全球11.6%的份额首次跃居全球第一。同时，在冰箱、洗衣机、酒柜、冷柜分产品线市场，海尔全球市场占有率继续保持第一。调查显示，海尔旗下产品的全球份额也节节攀升。2013年，海尔冰箱的品牌和制造商零售全球份额分别为16.8%和19.8%，海尔洗衣机的品牌和制造商零售全球份额分别为13.3%和16.1%，海尔酒柜的品牌和制造商零售全球份额为15.6%，海尔冷柜的品牌与制造商零售全球份额为20.5%和19.9%。至此，海尔同时拥有"全球大型家用电器第一品牌、全球冰箱第一品牌与第一制造商、全球洗衣机第一品牌与第一制造商、全球酒柜第一品牌与第一制造商、全球冷柜第一品牌与第一制造商"共9项殊荣。

2015年6月3日，工信部公示了2015年智能制造专项项目，94家公司的相关项目获入选。工信部公示的智能制造专项项目名单中包含了多家A股上市公司,包括:青岛海尔、四川长虹、振华重工、海信电器、陕鼓动力、许继电气、正泰电器、特变电工、全柴动力、劲胜精密、长安汽车、宇通客车、上海电气、江淮汽车、利欧股份、川仪股份、汉威电子。

2015年9月,《财富》(中文版)正式发布2015年"最受赞赏的中国公司"排行榜,海尔集团位列第5名。

2016年1月5日,海尔中央空调于青岛市中德生态园举行了水机互联工厂的奠基仪式,这是继5大整机互联工厂之后,海尔再建的又一互联工厂。该工厂投资5亿元,是全球首个磁悬浮中央空调互联工厂,根据全球用户个性化需求,定制生产以海尔磁悬浮中央空调为核心的全系列水机产品。

解析海尔营销成功的原因:

创立于1984年的海尔集团,经过19年的持续发展,现已成为享誉海内外的大型国际化企业集团。1984年海尔只生产单一的电冰箱,而目前它拥有白色家电、黑色家电、米色家电在内的96大门类15100多个规格的产品群。海尔的产品出口到世界160多个国家和地区。2003年,海尔全球营业额实现806亿元。2003年,海尔蝉联中国最有价值品牌第一名。2004年1月31日,世界五大品牌价值评估机构之一的世界品牌实验室编制的《世界最具影响力的100个品牌》报告揭晓,海尔排在第95位,是唯一入选的中国企业。2003年12月,全球著名战略调查公司Euromonitor公布了2002年全球白色家电制造商排序,海尔以3.79%的市场分额跃升至全球第二大白色家电品牌。2004年8月号《财富》中文版评出最新"中国最受赞赏的公司",海尔集团紧随IBM中国有限公司之后,排名第二位。

冰箱、空调、洗衣机等产品属于白色家电。作为在白色家电领域最具核心竞争力的企业之一,海尔有许多令人感慨和感动的营销故事。

1996年,一位四川成都的一位农民投诉海尔洗衣机排水管老是被堵,服务人员上门维修时发现,这位农民用洗衣机洗地瓜(南方又称红薯),泥土大,当然容易堵塞。服务人员并不推卸自己的责任,而是帮顾客加粗了排水管。顾客感激之余,埋怨自己给海尔人添了麻烦,还说如果能有洗红薯的洗衣机,就不用烦劳海尔人了。农民兄弟的一句话,被海尔人记在了心上。海尔营销人员调查四川农民使用洗衣机的状况时发现,在盛产红薯的成都平原,每当红薯大丰收的时节,许多农民除了卖掉一部分新鲜红薯,还要将大量的红薯洗净后加工成薯条。但红薯上沾带的泥土洗起来费时费力,于是农民就动用了洗衣机。更深一步的调查发现,在四川农村有不少洗衣机用过一段时间后,电机转速减弱、电机壳体发烫。向农民一打听,才知道他们冬天用洗衣机洗红薯,夏天用它来洗衣服。这令张瑞敏萌生一个大胆的想法:发明一种洗红薯的洗衣机。1997年海尔为该洗衣机立项,成立以工程师李崇正为组长的4人课题组,1998年4月投入批量生产。洗衣机型号为XPB40-DS,不仅具有一般双桶洗衣机的全部功能,还可以洗地瓜、水果甚至蛤蜊,价格仅为848元。首次生产了1万台投放农村,立刻被一抢而空。

一般来讲，每年的 6 至 8 月是洗衣机销售的淡季。每到这段时间，很多厂家就把促销员从商场里撤回去了。张瑞敏纳闷儿：难道天气越热，出汗越多，老百姓越不洗衣裳？调查发现，不是老百姓不洗衣裳，而是夏天里 5 公斤的洗衣机不实用，既浪费水又浪费电。于是，海尔的科研人员很快设计出一种洗衣量只有 1.5 公斤的洗衣机——小小神童。小小神童投产后先在上海试销，因为张瑞敏认为上海人消费水平高又爱挑剔。结果，上海人马上认可了这种世界上最小的洗衣机。该产品在上海热销之后，很快又风靡全国。在不到两年的时间里，海尔的小小神童在全国卖了 100 多万台，并出口到日本和韩国。张瑞敏告诫员工说："只有淡季的思想，没有淡季的市场。"

在西藏，海尔洗衣机甚至可以合格地打酥油。2000 年 7 月，海尔集团研制开发的一种既可洗衣又可打酥油的高原型"小小神童"洗衣机在西藏市场一上市，便受到消费者欢迎，从而开辟出自己独有的市场。这种洗衣机 3 个小时打制的酥油，相当于一名藏族妇女三天的工作量。藏族同胞购买这种洗衣机后，从此可以告别手工打酥油的繁重家务劳动。

学习情境 7 创业组织管理

知识目标

1. 理解组织结构的含义及类型；
2. 掌握人力资源管理内容、企业文化构建方法；
3. 了解创业项目风险类型及规避方法。

能力目标

1. 能设计创业企业组织结构；
2. 能进行初步的创业项目管理；
3. 能分析创业项目风险并制定应对计划。

引言

企业的组织结构、人力资源管理、风险管理、管理理念等是影响企业市场竞争力的重要因素。企业组织结构的设计是否科学，企业是否能创造一个适合吸引人才、培养人才的良好环境，建立凭德才上岗、凭业绩取酬、按需要培训的人才资源开发机制，满足企业经济发展和竞争对人才的需要，企业是否对创业的风险有足够的认识并采取行之有效的规避措施，企业的管理理念和方法是否适合创业企业的情况等，在很大程度上决定了企业员工的工作态度、业务流程的运行质量以及企业业务的完成情况，可以说，企业的组织结构与企业的发展前景之间的联系是密不可分的。由于企业组织管理方式不同，企业的前景也就有了成千上万种可能性。

任务一 设计企业组织结构

任务布置：
1. 确定创业企业的部门结构；
2. 确定创业企业的管理层级；
3. 设计出创业企业的组织结构图。

一、组织的概念

不同学科的学者都给"组织"一词下过定义。路易斯·A·艾伦(Louis A. Allen)将正式的组织定义为：为了使人们能够最有效地工作去实现目标而进行明确责任、授予权力和建立关系的过程。切斯特·巴纳德(Chester Barnard)将一个正式的组织定义为：有意识地协调两个或多个人活动或力量的系统。根据巴纳德的定义，组织的三个要素是：共同的目的、服务的意愿、沟通。多数对组织的定义似乎都强调如下因素：

(一)协作与管理

管理学家曼尼(J. D. Money)指出，当人们为了一定的目的集中其力量时，组织也因而产生。也就是说，不论是多么简单的工作，为了达到某个明确的目标，需要两个人以上的协作劳动时，就会产生组织问题。在这里，组织几乎成了协作与管理的代名词或同义词，因此，为了达到共同的目的，并协调各组织成员的活动，就有必要明确规定各个成员的职责及其相互关系，这是组织的中心问题。

(二)有效管理

管理学家布朗(A. Brown)认为，组织就是为了推进组织内部各组成成员的活动，确定最好、最有效果的经营目的，最后规定各个成员所承担的任务及成员间的相互关系。他认为组织是达成有效管理的手段，是管理的一部分，管理是为了实现经营的目的，而组织是为了实现管理的目的。也就是说，组织是为了实现更有效的管理而规定各个成员的职责及职责之间的相互关系。

根据布朗的解释，组织有两个问题：一是规定各成员的职责，二是规定职责与职责之间的相互关系。例如，直线制与参谋制之间的协调问题等。

(三)分工与专业化

泰罗、法约尔的组织理论中所谈的组织，主要是针对建立一个合理的组织结构而言的。为了使组织结构高效、合理，他们强调了分工与专业化，强调了职能参谋的作用，强调了直线权力的完整与统一性，强调了规章制度与集中。他们把组织分为两个层面的形态：一是管理组织，二是作业组织。

所谓管理组织，主要是规定管理者的职责以及他们之间的相互关系，研究人与人之间的关系问题,其重点是研究合理组织的社会结构问题,即主要研究人们在组织内部的分工协作及其相互关系。所谓作业组织,就是规定直接从事作业的工人的职责,包括作业人员与作业对象的关系,其重点是研究人与物的关系问题。按照法约尔的观点,作业组织是研究合理组织的物质结构问题,即主要研究如何合理配置和使用组织的各种物力、财力资源。

(四)协作群体

在现代组织理论中,巴纳德认为,由于生理的、物质的、社会的限制,人们为了达到个人的和共同的目标,就必须合作,于是形成协作的群体,即组织。这是一般意义上的组织概念,它的核心是协作群体即组织,目的是为了实现个人及群体的共同目标。它的隐含意思是人们由于受到生理、物质及社会等各方面的限制而不得不共同合作。也就是说,如果人们没有受到任何限制,凭个人的力量也可以实现个人的目标,那就没有必要组织起来。从这个意义上来说,组织是一种从被迫到自愿的协作群体和协作过程。

那么,从管理学的意义上来说,什么是组织呢?根据国内外有关学者的最新研究,可以给组织作出如下的定义:所谓组织,是为有效地配置内部有限资源的活动和机构,为了实现一定的共同目标而按照一定的规则、程序所构成的一种责权结构安排和人事安排,其目的在于确保以最高的效率使目标得以实现。

二、组织设计的任务和影响因素

(一)组织设计的任务

为了保证目标与计划的有效实现,管理者就必须设计合理的组织架构,整合这个架构中不同员工在不同时空的工作并使之转换成对组织有用的贡献。组织设计涉及两个方面的工作内容:横向的管理部门设计;纵向的管理层级设计。

组织设计的任务:设计清晰的组织结构,规划和设计组织中各部门的职能和职权,确定组织中职能职权、参谋职权、直线职权的活动范围并编制职务说明书。

(二)组织设计的影响因素

1. 环境的影响

环境包括一般环境和特定环境两部分。组织设计者可以通过以下几种原则性方法提高组织对环境的应变性:对传统的职位和职能部门进行相应的调整;根据外部环境的不确定程度设计不同类型的组织结构;根据组织的差别性、整合性程度设计不同的组织结构;通过加强计划和对环境的预测减少不确定性;通过组织间合作尽量减小组织自身要素资源对环境的过度依赖性。

2. 战略的影响

战略是指决定和影响组织活动性质及根本方向的总目标,以及实现这一总目标的路径和方法。战略发展有四个不同阶段,每个阶段应有与之相适应的组织结构:数量扩大阶段——单一组织结构;地区开拓阶段——建立职能部门;纵向联合发展阶段——建立职能结构;产品多样化阶段——建立产品型组织结构。

3. 技术的影响

组织的活动需要利用一定的技术和反映一定技术水平的手段来进行。技术以及技术设备的水平，不仅影响组织活动的效果和效率，而且会作用于组织活动的内容划分、职务设置，会对工作人员的素质提出要求。例如，信息处理的计算机化，必将改变组织中的会计、文书、档案等部门的工作形式和性质。

4. 组织规模与生命周期的影响

企业的规模往往与企业的发展阶段相互联系，伴随着企业活动的内容会日趋复杂，人数会逐渐增多，活动的规模会越来越大，企业组织结构也须随之调整，以适应变化了的情况。

三、组织的部门化

组织设计任务的实质是按照劳动分工的原则将组织中的活动专业化，而劳动分工又要求组织活动保持高度的协调一致性。组织的部门化是指按照职能相似性、任务活动相似性或关系紧密性的原则把组织中的专业技能人员分类集合在各个部门内，然后配以专职的管理人员来协调领导，统一指挥。

（一）职能部门化

职能部门化是指按照生产、财务管理、营销、人事、研发等基本活动相似或技能相似的要求，分类设立专门的管理部门。

职能部门化的优点：能够突出业务活动的重点，确保高层主管的权威性并使之能有效地管理组织的基本活动；符合活动专业化的分工要求，能够充分有效地发挥员工的才能，调动员工学习的积极性；简化了培训，强化了控制，避免了重叠，最终有利于管理目标的实现。

职能部门化的缺点：不利于开拓远区市场或按照目标顾客的需求组织分工；可能助长部门主义风气，使得部门之间难以协调配合；部门利益高于企业整体利益的思想可能会影响到组织总目标的实现；不利于高级管理人员的全面培养和提高，也不利于"多面手"式的人才成长。

（二）产品/服务部门化

产品/服务部门化是指按照产品或服务的要求对企业活动进行分组。把同一产品/服务的生产或销售工作集中在相同的部门组织进行。拥有不同产品/服务系列的公司常常根据产品/服务建立管理单位。在大型、复杂、多品种经营的公司里，按产品/服务划分部门往往成为一种通常的准则。

产品/服务部门化的优点：有助于促进不同产品和服务项目间的合理竞争；有助于比较不同部门对企业的贡献；有助于决策部门加强对企业产品与服务的指导和调整；为"多面手"式的管理人才提供了较好的成长条件。

产品/服务部门化的缺点：企业需要更多的"多面手"式的人才去管理各个产品部门；各个部门同样有可能存在本位主义倾向，这势必会影响到企业总目标的实现；部门中某些职能管理机构的重复会导致管理费用的增加,同时也增加了总部对"多面手"级人才的监督成本。

(三)地域部门化

地域部门化是指按照地域的分散化程度划分企业的业务活动,继而设置管理部门管理其业务活动。

地域部门化的优点:可以把责权下放到地方,鼓励地方参与决策和经营;地区管理者可以直接面对本地市场的需求灵活决策;通过在当地招募职能部门人员,既可以缓解当地的就业压力,争取宽松的经营环境,又可以充分利用当地有效的资源进行市场开拓,同时减少了外派成本,也减小了不确定性风险。

地域部门化的缺点:企业所需的能够派赴各个区域的地区主管比较稀缺,且比较难控制;各地区可能会因存在职能机构设置重叠而导致管理成本过高。

(四)顾客部门化

顾客部门化是指根据目标顾客的不同利益需求来划分组织的业务活动。在激烈的市场竞争中,顾客的需求导向越来越明显,企业应当在满足市场顾客需求的同时,努力创造顾客的未来需求,顾客部门化顺应了需求发展的这一趋势。

顾客部门化的优点:能满足目标顾客各种特殊而广泛的需求,获得用户真诚的意见反馈;可有针对性地按需生产、按需促销;发挥自己的核心专长,创新顾客需求,建立持久性竞争优势。

顾客部门化的缺点:只有当顾客达到一定规模时,才比较经济;增加与顾客需求不匹配而引发的矛盾和冲突;需要更多能妥善处理和协调顾客关系问题的管理人员;造成产品或服务结构的不合理,影响对顾客需求的满足。

(五)流程部门化

流程部门化是指按照工作或业务流程来组织业务活动,按生产过程、工艺流程或设备来划分部门。如机械制企业划分出铸工车间、锻工车间、机加工车间、装配车间等部门。

流程部门化的优点:能取得经济优势;充分利用专业技术和技能;简化了培训,容易形成学习氛围。

流程部门化的缺点:部门间的协作较困难;只有最高层对企业获利负责;不利于培养综合的高级管理人员。

四、组织的层级化

组织的层级化指指组织在纵向结构设计中需要确定层级数目和有效的管理幅度,需要根据组织集权化的程度,规定纵向各层级之间的权责关系,最终形成一个能够对内外环境要求做出动态反应的有效组织结构形式。

(一)管理幅度与组织层级的关系

管理幅度又称管理跨度、管理宽度,是指管理者能够有效管理的直接下属的人数。人数多为宽，人数少为窄。管理层次是指组织中按照统一指挥等原则划分的不同的管理等级。管理幅度的有限性导致了管理层次的产生。由此可见，管理幅度和管理层次有着直接的关系。在组织规模已定的情况下，管理幅度与管理层次呈反比关系。管理幅度越宽，管理层次越少；反之，管理幅度越窄，管理层次越多。

二者之间的这种反比关系，决定了两种最基本的组织结构类型：扁型结构与高型结构。扁型结构的特点是管理幅度宽、管理层次少，这种类型管理人员少、管理费用低，信息传递速度较快而且不易失真，决策迅速。其缺点是上级对下级不能进行充分的业务指导和监督控制，同时由于事务繁多，不利于进行例外管理；高型结构的优点是管理幅度窄而管理层次多，主管人员能够对下级进行有效的、充分的指导和监督，也有利于高层领导例外管理。其缺点是管理人员较多，管理费用多，层次过多导致决策缓慢。

（二）管理幅度设计的影响因素

由于管理幅度与管理层次的反比关系，在组织规模已定的情况下，确定了管理幅度，管理层次也就随之确定。有效管理幅度的确定要受到很多因素的影响，如图7-1所示：

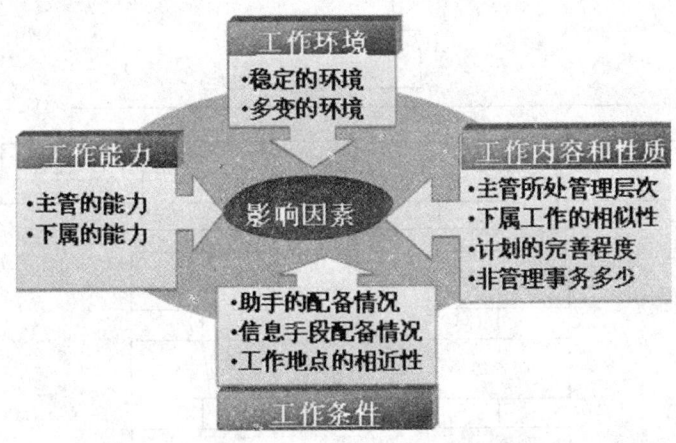

图7-1 管理幅度设计的影响因素

五、常见的企业组织结构形式

（一）直线制组织结构

直线制组织结构是企业发展初期的一种简单的组织结构模式。如图7-2所示。

直线制组织结构的特点是：没有管理职能部门。企业依照由上到下的权力划分实施指挥。这种组织结构形式结构简单、权责分明、指挥统一、工作效率高。但这种形式没有专业管理分工，要求生产行政领导具有多方面的管理业务技能，每日忙于日常业务无法集中精力研究企业重大战略问题。因而这种形式适用于技术较为简单、业务单纯、企业规模较小的企业。

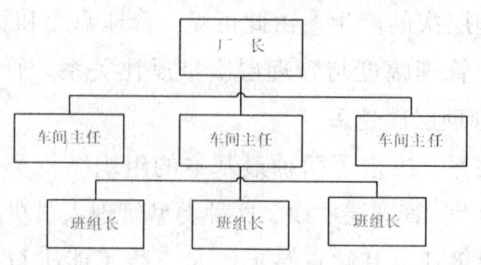

图 7-2 直线制组织结构

(二)职能制组织结构

职能制组织结构起源于本世纪初法约尔在其经营的煤矿公司担任总经理时所建立的组织结构形式,故又称"法约尔模型"。它是按职能来组织部门分工,即从企业高层到基层,均把承担相同职能的管理业务及其人员组合在一起,设置相应的管理部门和管理职务。如图 7-3 所示。

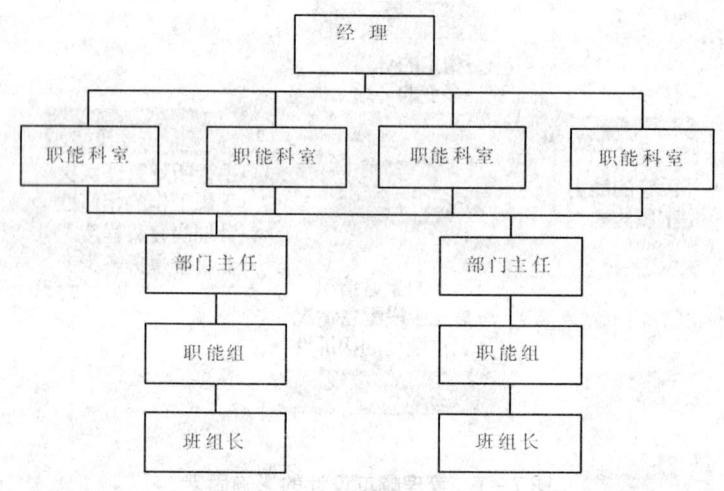

图 7-3 职能制组织结构

当企业组织的外部环境相对稳定,而且组织内部不需要进行太多的跨越职能部门的协调时,这种组织结构模式对企业组织而言是最为有效的。对于只生产一种或少数几种产品的中小企业组织而言,职能制组织结构不失为一种好的选择。

(三)直线——职能制组织结构

直线——职能制组织结构,是以直线制为基础,在各级行政领导下,设置相应的职能部门。即在直线制组织统一指挥的原则下,增加了参谋机构。如图 7-4 所示。

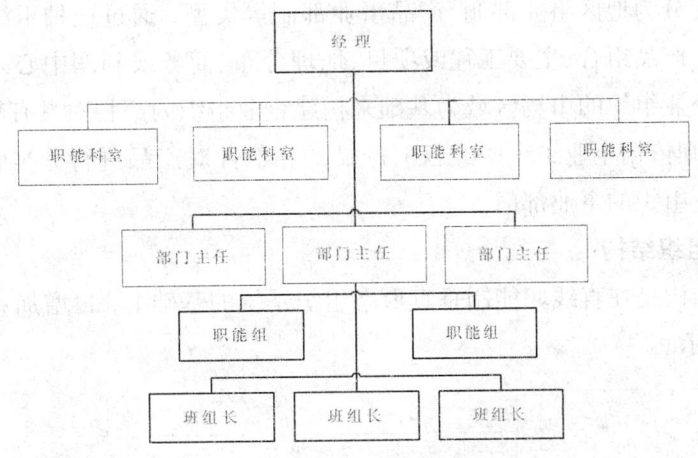

图7-4 直线—职能制组织结构

目前，直线——职能制组织结构仍被我国绝大多数企业采用。直线—职能制组织结构模式适合于复杂但相对来说比较稳定的企业组织，尤其是规模较大的企业组织。复杂性要求企业的管理者有能力识别关键变量、评价它们对企业经营业绩的影响，并且充分考虑到它们之间的相互关系；如果这些因素是相对稳定的，而且对经营的影响也是可以预知的，直线——职能制组织结构模式则是相对有效的。直线—职能制组织结构模式与直线制组织结构模式相比，其最大的区别在于更为注重参谋人员在企业管理中的作用，它既保留了直线制组织结构模式的集权特征，同时又吸收了职能制组织结构模式的职能部门化的优点。

（四）事业部制组织结构

事业部制组织结构是欧美、日本大型企业所采用的典型的组织形式，是一种分权制的组织形式。如图7-5所示。

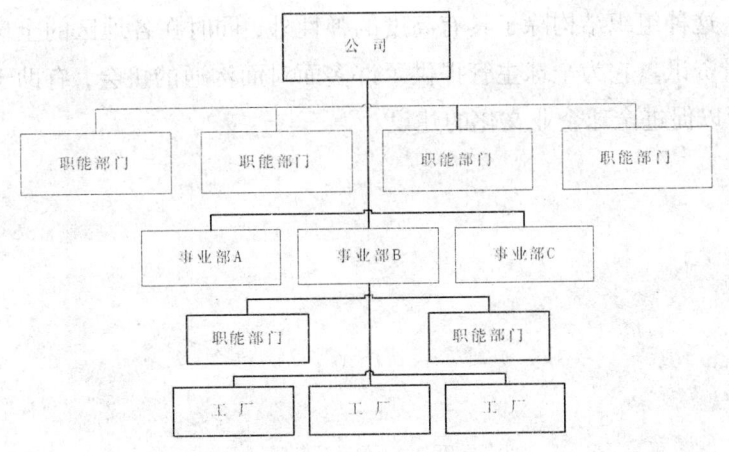

图7-5 事业部制组织结构

在企业组织的具体运作中，事业部制组织结构又可以根据企业组织在构造事业部时所依据的基础的不同区分为地区事业部制、产品事业部制等类型,通过这种组织结构可以针对某个单一产品、服务、产品组合、主要工程或项目、地理分布、商务或利润中心来组织事业部。地区事业部制按照企业组织的市场区域为基础来构建企业组织内部相对具有较大自主权事业部门;而产品事业部则依据企业组织所经营的产品的相似性对产品进行分类管理,并以产品大类为基础构建企业组织的事业部门。

（五）矩阵制组织结构

矩阵制组织结构是在直线职能制垂直形态组织系统的基础上,再增加一种横向的领导系统。如图7-6所示。

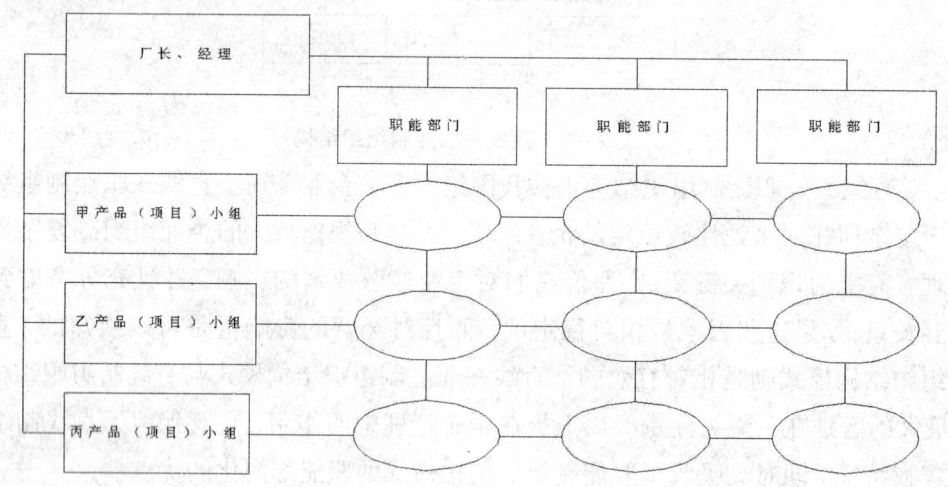

图7-6 矩阵制组织结构

矩阵制组织结构模式的独特之处在于事业部制与职能制组织结构特征的同时实现。矩阵组织的高级形态是全球性矩阵制组织结构,目前这一组织结构模式已在全球性一些大企业组织中进行运作。这种组织结构除了具有高度的弹性外,同时在各地区的全球主管可以接触到有关各地的大量资讯。它为全球主管提供了许多面对面沟通的机会,有助于公司的规范与价值转移,因而可以促进全球企业文化的建设。

表7-1 五种组织结构形式比较

	直线制	职能制	直线-职能制	事业部制	矩阵制
管理作风	一个人家长式	维持班子家长式	集中的行政管理	以利润为中心的分权管理	分权与集权
组织职能	适应外部环境	资源的获取	重点是目标达成	重点是保持制度的精细化	适应与变革
领导者与被领导者的关系	领导与随从	忠诚与安全	工作与报酬	一致和稳定	适应性与工作满足
控制系统	市场成果	标准式成本中心	计划与投资中心	报告与利润中心	共同的目标系统
组织发展与变革	重点是创出一些产品	职能机构建立	权力分散	利润分红方法制定	团队活动与自发性管理
组织危机	领导危机	自主危机	管理危机	繁文缛节的危机	目标危机

(资料来源:吕宏程.《中小企业管理》.北京大学出版社、中国农业大学出版社.2008)

任务二 规范项目基础管理

任务布置
1. 确定创业企业的人力资源规划；
2. 构建创业企业的企业文化。

一、人力资源规划

(一)人力资源规划的内容

企业的人力资源规划一般包括岗位职务规划、人员补充规划、教育培训规划、人力分配规划等。

岗位职务规划主要解决企业定员定编问题。企业根据近远期目标、劳动生产率、技术设备工艺要求等状况确立相应的组织结构、岗位职务标准，进行定员定编。

人员补充规划就是在中长期内使岗位职务孔雀能从质量上和数量上得到合理的补充。人员补充规划要具体指出各类各级人员所需要的资历、培训、年龄等要求。

教育培训规划是根据企业发展的需要，通过各种教育培训途径，为企业培养当前和未来所需要的各类各级合格人员。

人力分配规划是根据企业各级组织结构、岗位职务的专业分工来配置所需的人员，包括工人工种分配、干部职务调配及工作调动等内容。

（二）人力资源规划的程序

1. 弄清企业现有人力资源的状况。实现企业战略，首先要立足于开发现有的人力资源，因此必须采用科学的评价分析方法弄清企业现有人力资源的状况。管理者要对本企业各类人力数量、分布、利用及潜力状况、流动比率进行统计。

2. 弄清组织未来需要什么样的人力资源。未来人力资源的需要是由企业的战略目标决定的。弄清企业的战略决策及经营环境，是人力资源规划的前提。对企业人力资源需求与供给进行预测，是人力资源规划中技术性较强的关键工作，全部人力资源开发、管理的计划都必须根据预测决定。预测的要求是指出计划期内各类人力的余缺状况。不同的产品组合、生产技术、生产规模、经营区域对人员会提出不同的要求。同时，诸如人口、交通、文化教育、法律、人力竞争、择业期望则构成外部人力供给的多种制约因素。

3. 在对现有的能力和未来需要做了全面评估以后，管理当局可以测算出人力资源的短缺程度，并指出组织中将会出现超员配置的领域。然后将这些预计于未来人力资源的供应结合起来，拟定人力资源管理的行动方案，制订人力资源开发、管理的总计划及业务计划。

二、人员招聘与选拔

（一）外部招聘渠道

1. 传统媒体

传统媒体主要包括：电视、广播电台、报纸杂志、专业的报聘媒体等。

在报纸杂志或电视上刊登、播放招募信息受众面广，一般会收到较多的应聘资料，同时也可以宣传企业的形象。通过这一渠道应聘的人员分布广泛，但高级人才采用这种求职方式的较少。同时该渠道的一个缺点在于对应聘者信息的真实性较难辨别，人力资源部门在这方面需花费大量的人力物力。

2. 人才招聘会

每年每月每周，都会有人才交流中心与其他机构主办的人才招聘洽谈会。人才招聘会可以让应聘者与用人企业直接交流与接洽，节省了两者之间的时间，同时也为现场宣传企业提供机会。但对于招聘高级人才或特殊人才、长期人才招聘计划则不是理想的选择。企业选择人才招聘会一定要了解当地的人力资源走向、同行业的人事政策和人力需求。

3. 网络招聘

通过网上招聘是近几年来新兴的招聘方式，目前主要有两种类型：由人才交流公司或中介机构完成网上招聘和企业直接网上招聘。网上招募渠道在实际应用中表现出了三大特点：一是成本较低廉。据专业人士介绍，一次招聘会的费用可以做两个月的网上招聘；二是网络本身是一种技能，通过网络的应聘者一般在计算机使用、网络，甚至英语上都具备一定的水平；三是网上的招聘广告不受时空限制，受众时效强，招聘信息还可以发布到海外。

4."猎头"公司

猎头公司渠道是职业中介机构中比较特殊的一种，通过这一渠道招聘的多是公司中高层职位。通过猎头公司招募的人员特点是工作经验比较丰富、在管理或专业技能上有出众之处，在行业中和相应职位上是比较难得的人才。这个渠道在公司招聘中也存在一定的需求，因为企业的中高层岗位一般都有现职人员，在没有物色到更佳的替换对象前，调整决定尚掌握在企业领导层面，不适宜通过媒体大张旗鼓地进行公开招聘，影响现职人员的工作积极性；另一方面能够胜任这些岗位的候选人也多已名花有主，薪水、地位相当有保障，不会轻易"跳槽"，即便有换单位的意向，也较倾向于暗箱操作，不愿在去向未定之前让领导、同事知道，他们投寄应聘用材料和参加招聘会的可能性不大，所以猎头公司能在公司和个人需求之间进行较好的平衡。

5. 人才交流中心

全国各大中城市都有人才交流服务机构。他们为企事业用人单位服务。一般情况下，他们建有人才资料库，用人单位可以很方便地在资料库中查询条件基本相符的人员资料。这种选择针对性强、费用低，适用于长期招聘的企业。对于高级人才或热门人才的招聘效果则不理想。

6. 职业介绍所

职业介绍所作为公益性的职业介绍机构，尤其在当今劳动力过剩的时候，对再就业工程的实施意义深远，对技术技能要求较低、机械重复劳动或技术要求单一等岗位工作，企业可以通过该机构获得合适人才。

7. 校园招聘

招聘应届生和暑期临时工可以在校园直接进行。校园招聘方式主要有张贴招聘海报、招聘讲座和高校学生就业服务中心推荐三种。

从个体差异来看，校园招聘上的应聘者普遍是年轻人，学历较高，工作经验少，可塑性强。这类员工进入工作岗位后能较快地熟悉业务，进入工作状态。这个招聘渠道一般适用于招聘专业职位或专项技术岗位人员，如果招聘企业重在员工知识结构的更新和人力资源的长期开发，则校园招聘是首选。当然，校园的应聘者由于缺乏工作经验，公司在将来的岗位培训上成本较高，且不少学生由于刚步入社会对自己定位还不清楚，工作的流动性也可能较大。

8. 内部推荐

内部推荐也是公司招募新员工时的渠道之一,在现实生活中也很常见,对招聘专业人才比较有效。其优点是招聘成本小,应聘人员素质高、可靠性强,新员工进入公司后离职率低,工作满意度较高,工作绩效较好。这类应聘者多数是公司内部员工熟知的亲人或朋友,所以他们对公司内部信息和岗位要求也有比较清楚准确的认识。另一方面,公司内部员工对被推荐者较为熟悉,会根据岗位的要求考虑他们是否具备相应的条件,加之进入公司后也可能更快地融入公司内部关系网络,得到更多的帮助和指导,因而在短时间内工作可能会有较好的表现。采用该渠道时也应注意一些的负面影响:一些公司内部员工也许纯粹为朋友亲人争取一个职位机会而没有考虑被推荐人是否合格,更有甚者则是有些员工或中高层领导为了栽培个人在公司的势力,在公司重要岗位安排自己的亲信,形成几个小团体,这会影响到公司正常的组织架构和运作。

9. "走进来"的方式

"走进来"的方式即应聘者直接找上门求职。这一渠道在实际中还较少。但随着市场的发展,这种渠道也会渐渐成为公司的招聘之一,由于"走进来"的应聘者一般对公司有较深的了解及对应聘职位的系统准备,这类人员在入职后的工作中也会有较好的表现。在西方,这是成功率较高的方式之一,考虑到文化、就业环境等因素的差异,此点在国内的效果并不太好,同时,不少企业也往往不太鼓励此种方式。

10. 人事外包

所谓外包,指企业整合利用其外部最优秀的专业化资源,从而达到降低成本、提高效率、充分发挥自身核心竞争力和增强企业对环境的迅速应变能力的一种管理模式。在一个企业里,要健全人力资源部门就要设置配套的各种专业人力资源人员,如"薪资管理专员""招聘专员""培训专员"等。但是在国内很多企业都没有这样的配备,尤其是一部分中小型企业,从性价比例值的角度来讲,他们没有必要在这样规模的企业中设置这么多的人员,于是就把这一块管理外包给人事机构,而专业的人力资源机构相对来说比自身企业做的更加完备,企业借助了更多专业的东西来完善自身人力资源不足的现象,从而节约自己的资源创造了最大的价值。

人事外包的优点主要是规避风险,减少纠纷,降低营运成本,节省人事专员的时间,提高工作效率。特别是新劳动法实施后,外包规避风险更值得提倡。除此之外,人事外包还客观地反映劳动力市场的普遍薪酬行情,为企业进行薪酬管理提供科学的依据。

值得注意的事情是,公司在招聘人员时,不能局限于采用单一渠道,而应考虑各种渠道的特点灵活使用,来自不同招募渠道的应聘者适应于公司的不同岗位,在招聘过程中根据需要有所偏重采用才会得到比较好的招聘效果。

(二)人员选拔程序

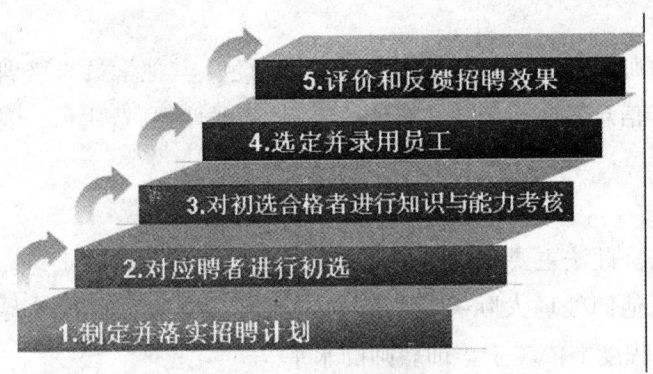

图 7-7 人员选拔程序

三、员工培训

员工培训是指企业为开展业务及培育人才的需要,采用各种方式对员工进行有目的、有计划的培养和训练的管理活动,其目标是使员工不断地更新知识,开拓技能,改进员工的动机、态度和行为,使员工适应新的要求,更好地胜任现职工作或担负更高级别的职务,从而促进组织效率的提高和组织目标的实现。培训旨在提高员工队伍的素质,促进组织的发展。

(一)员工培训方法

1.讲授法

这属于传统的培训方式。优点是运用起来方便,便于培训者控制整个过程。缺点是单向信息传递,反馈效果差。常被用于一些理念性知识的培训。

2.视听技术法

通过现代视听技术(如投影仪、DVD、录像机等工具)对员工进行培训。优点是运用视觉与听觉的感知方式,直观鲜明。缺点是学员的反馈与实践较差,制作和购买的成本高,内容易过时。它多用于企业概况、概念性知识、传授技能等培训内容。

3.讨论法

按照费用与操作的复杂程序又可分成一般小组讨论与研讨会两种方式。研讨会多以专题演讲为主,中途或会后允许学员与演讲者进行交流沟通。优点是信息可以多向传递,与讲授法相比反馈效果较好。缺点是费用较高。小组讨论法的特点是信息交流时方式为多向传递,学员的参与性高,费用较低。多用于巩固知识,训练学员分析、解决问题与人际交往的能力,但运用时对培训教师的要求较高。

4.案例研讨法

通过向培训对象提供相关的背景资料,让其寻找合适的解决方法。这一方式使用费用低,反馈效果好,可以有效训练学员分析解决问题的能力。另外,近年的培训研究表明,案例、讨论的方式也可用于知识类的培训,且效果更佳。

5. 角色扮演法

受训者在培训教师设计的工作情况中扮演其中角色,其他学员与培训教师在学员表演后作适当的点评。由于信息传递多向化,反馈效果好、实践性强、费用低,因而多用于人际关系能力的训练。

6. 互动小组法

也称敏感训练法。此法主要适用于管理人员的人际关系与沟通训练。让学员在培训活动中的亲身体验来提高他们处理人际关系的能力。其优点是可明显提高人际关系与沟通的能力,但其效果在很大程度上依赖于培训教师的水平。

7. 网络培训法

是一种新型的计算机网络信息培训方式,投入较大。但由于使用灵活,符合分散式学习的新趋势,节省学员集中培训的时间与费用。这种方式信息量大,新知识、新观念传递优势明显,更适合成人学习。因此,特别为实力雄厚的企业所青睐,也是培训发展的一个趋势。

(二)员工培训有效性标准

培训的有效性,是指公司和员工从培训中获得的收益。对员工个人来说,收益意味着学到新的知识或技能;对公司来说,收益包括顾客满意度的增加、市场占有率的增加,最终是企业效益的增加。培训有效性往往是通过培训结果体现出来的,培训结果指的是用于评估培训的准则,而这些准则就成了培训有效性的标准。

一般而言,培训有效性的标准常表现在以下几个方面:

1. 员工知识的增加

通过培训,员工具备了完成本职工作所必须的基本知识,而且员工能很好地了解企业经营的基本情况,如企业的发展前景、战略目标、经营方针、规章制度等。

2. 员工技能的提升

经过培训,员工完成了本职工作所必备的技能,如谈判技能、操作技能、处理人际关系的技能等。

3. 员工态度的转变

通过培训,企业与员工之间建立了相互信任的关系,增强了员工的职业精神,培养了员工的团队合作精神;同时也增加了员工适应并融于企业文化的主动性。

4. 员工行为的改变

员工知识技能的提高和工作态度的积极转变,主要体现在员工回到工作岗位后的行动中,把新知识技能运用到实践中,解决了以往工作中所遇到的困难和问题;转变原来的工作态度,增强企业主人翁责任感及团队合作意识,积极主动地为企业发展作出贡献。

5. 企业效益的增加

员工将培训结果及时运用到工作中,提高企业产品和服务质量,降低企业的生产成本,最终提高了顾客的满意度,增加了企业的效益。

四、员工绩效考核与薪酬管理

(一)员工绩效考核

绩效考核是指企业定期对个人或群体小组的工作行为及业绩进行考察、评估和测度的一种正式制度。目的在于通过对员工一定时期的工作成绩、工作能力的考核,把握每一位员工的实际工作状况,为教育培训、工作调动以及提薪、晋升、奖励表彰等提供客观可靠的依据。更重要的是,通过这些评价可促使员工有计划地改进工作,以保证公司营运与发展的要求。

目前员工绩效考核的方法很多,企业可根据考核目标、考核对象等因素选用考核方法或综合运用多种考核方法。常见的主要有以下几种:

查询记录:对生产记录、员工工作记录、档案、文件、出勤情况进行整理统计。

书面报告:部门、个人总结报告或其他专案报告。

考核表:设计单项考核主题或综合性的表单,为方便应用可选择多项式选择、评语、图表、标度或评分标准。

重大事件法:为员工建立考核日记,专门记录其重要的工作事件。

比较排序法:通过在考核群体中对考核对象两两相互比较,优中选优或劣中选优,逐步将员工从优到劣排队。

(二)员工薪酬管理

科学有效的激励机制能够让员工发挥出最佳的潜能,为企业创造更大的价值。激励的方法很多,但是薪酬可以说是一种最重要的、最易使用的方法。它是企业对员工给企业所做的贡献所付给的相应的回报和答谢。在员工的心目中,薪酬不仅仅是自己的劳动所得,它在一定程度上代表着员工自身的价值、代表企业对员工工作的认同,甚至还代表着员工个人能力和发展前景。

1. 员工薪酬的构成

基本薪酬:根据员工所承担的工作或者员工所具备的完成工作的技能或能力而支付的稳定性现金报酬。

绩效薪酬:以员工绩效为基础,主要依据员工的工作绩效确定薪酬水平,以引导员工关注绩效的改进。主要包括业绩薪酬(成就薪酬)和激励薪酬。业绩薪酬是对员工过去工作行为或成就的认可与回报,其结果可以体现在基本薪酬的增加或一次性奖金的发放。而激励薪酬是根据事先确定的绩效目标或结果绩效的达成情况而支付给员工的奖励性薪酬,力图通过将薪酬与绩效挂钩来影响员工未来的工作行为。

津贴与补贴:津贴是为了补偿员工特殊和额外的劳动消耗而支付给员工的补偿性薪酬,分为薪酬性津贴与非薪酬性津贴,而与薪酬制度相关的主要是薪酬性津贴,即工作津贴。它又可细分为岗位津贴、职务津贴、生活津贴等。而补贴是为避免一些外部因素影响，维持当前实际薪酬水平而发放给员工的补偿性薪酬。补贴发放与员工的生活和收入水平有关，发放范围包括全体员工。

员工福利：指企业为员工提供的各种与生活质量保障、工作生活平衡相关的物质补偿与服务形式，是一种源自员工作为企业成员身份的补充性薪酬。它包括养老金及人寿保险、健康及医疗保健、带薪非工作时间、集体生活设施和服务、培训资助、住房资助等。

2. 薪酬公平导向

员工对薪酬的公平感源头是员工与自己所选择参照系的比较。根据员工选择的参照群体不同，可分为外部公平和内部公平。管理者的薪酬决策就是在外部公平与内部公平之间的权衡。

一是外部公平导向。外部公平为导向的薪酬策略主要通过分选效应和激励效应两种方式促进组织效率。分选效应是指高薪酬水平吸引高素质或更尽职的员工来到企业，通过提供高于市场的薪酬水平，可以迅速从市场中获得自己想要的人才。激励效应是指高薪酬水平能够激发目前任职人员付出更高的努力水平，其主要体现在员工害怕失去目前较高薪酬水平的就业机会，会提高努力程度，加倍工作，降低企业的监督成本。

很多企业面对产品市场的竞争压力，会采取低于市场工资率的薪酬水平以降低成本，谋求在产品价格上的竞争优势。但是，却要付出较高的员工离职率和招聘成本的代价，并在保持产品质量方面会面临更多的困难。为了降低成本负担，企业可以只针对对战略目标贡献大的核心岗位实施高薪酬策略，而对于其他相对次要的岗位则采取较低的工资水平。当企业面临薪酬资源紧张的情况下，采取这种策略一方面吸引并留住了对组织至为关键的核心人才，另一方面也不会导致过高的人工成本。

二是内部公平导向。内部公平是企业内部员工之间薪酬水平比较所获得的满足程度。公平感与员工技能、资历、绩效、职责、工作负荷、工作量等因素密切相关。由于员工的价值判断准则不同，以上因素在不同企业薪酬决策中的重要程度也不尽相同。注重内部公平的企业往往具有较低的薪酬差距，以激发员工之间的协作与知识共享，进而对组织绩效产生促进作用。

内部公平为导向的薪酬策略获得成功至少应解决好两个问题：组织战略与员工价值判断的共识、不同岗位群体员工之间价值判断准则的共识。企业的战略重点与员工的价值判断之间往往难以形成有效统一，会存在一定的冲突，甚至可能发生员工的价值判断准则与企业战略重点背离。如在企业中，不少员工认为薪酬决策中应该充分考虑资历、员工对企业的累计贡献等因素。但是如果以这种判断准则作为确定薪酬的依据，追求内部公平，虽然会获得较高的员工满意度，但就会与组织战略目标相违背；不同岗位群体员工之间价值判断准则的共识是指不同利益群体都会在各自利益的驱动下，主张采用对自己最有利的指标作为确定薪酬的关键要素。生产人员强调应加大工作环境、工作负荷等指标的权重，而研发人员则会认为技能水平才是决定薪酬最为重要的因素;年龄大的员工强调资历的重要性,年轻员工则认为绩效才是决定薪酬的依据。在这种组织情景下就需要以掌握企业关键资源的那部分员工的价值判断准则作为薪酬设计的主要依据,并对公司倡导的价值观进一步明确,使员工将之内化于心,只有这样才能保证企业的效率与和谐,确保薪酬管理为战略服务。

五、企业文化建设

有这样一个案例,两个好朋友同时创业,几年后其中一个人的公司已经小有名气,而另外一家则还是举步维艰。于是后面这家公司的老板就问他的朋友说:"我们是同时创业,我们的条件和机会差不多,为什么你发展得那么快,我到现在却还是那么艰难呢?"他的朋友并没有做正面回答,反而问了他三个问题:"你的公司有没有足以令员工激动并愿意与你共进退的发展目标?你有没有将你的思路与价值观与你的员工分享?你有没有经常刻意去创造一种让员工充满激情的工作氛围?"听完朋友的问题,这个老板陷入沉思之中。

(一)中小企业也要有文化

中小型企业由于规模小、发展时间短,企业管理水平普遍较低,相当一部分甚至是不规范经营。我国对于中小企业的发展问题,更多谈到的是要科学管理、提高管理水平,但却很少有人会提倡中小企业要注重文化的建设。很多中小企业主认为,我们是中小型企业,企业关键是生存,谈不上企业文化建设问题,甚至管理界一些专家也持同样观点,这就使得中小型企业的文化建设更为滞后。

每一个企业在发展过程中,不管规模大小,都必有其独特的文化雏形,这些雏形刚开始可能是来自创业者的某种直觉,它是用来指导和约束员工成文或不成文的条例和规范,并有意识或无意识地对企业员工进行灌输,使之融入企业管理行为中,自觉自愿地遵守所形成的约束激励机制。久而久之,就逐渐形成了企业自己独特的价值观、道德观,从而形成一种企业凝聚力,使之推动企业高速发展,达到企业文化之真正内涵。所以,企业文化是企业在工作过程中形成的一种共同的行为方式和价值观,它是企业做事的方式,无论企业规模的大小,凡是企业都有企业文化。因此,中小企业也肯定存在企业文化的塑造问题,只不过因企业规模和发展阶段不同,企业文化塑造的力度和角度也不同。

台湾宏基电脑董事长施振荣认为:"企业文化不是一次运动,用三年两年时间就能够达到。最好是从企业小的时候就开始着手企业文化的建设,因为大了以后,再去建设企业文化就比较困难了。"他不同意企业小的时候应更多地考虑眼前利益而顾不上企业文化的说法,"20几年前,从第一天办企业起,我就是立足长远,只有长远才有办法从小长到大。比方说,信用对我们很重要,即使在企业小的时候也不能选择破坏信用的方式来达到短期的目的,不能用短期的获得作为破坏长期发展的借口,太多的人使用这个借口是不对的。很多人喜欢用最简单的方式解决问题,但最简单的方式往往不是最好的方法,达不到最后的目标。"这就是中小企业需不需要重视企业文化的最好回答。

(二)劣根文化要不得

我国大多数中小企业是家族企业,企业要想发展,家族经营只是其中一个阶段。随着企业规模扩大和面对更加复杂的市场环境,家族企业的局限性就暴露出来,这些局限性所产生的文化障碍是制约中小企业发展的关键因素。这些局限包括:第一,很多企业是家长决策,这种机制在提高决策效率的同时也带来了决策的不科学,容易给企业带来风险;第二,家族企业往往任人唯亲,不是任人唯贤,企业的高层管理人员通常是企业主的子女或亲戚,这样就会发生不懂企业管理的人走上领导岗位,降低企业的管理水平;第三,任人唯亲使特殊人物把持关键岗位后,规章制度不起作用,关系代替制度使制度如一张废纸;第四,任人唯亲的用人机制产生不公平的内部竞争环境,企业留不住有本事的人才。总之,家族企业的家长制决策文化、任人唯亲文化、随意性文化是自家族企业成立起就形成的致命伤。对于这些局限性,除了要在产权制度上有所创新外,文化建设更应该是改变这种局限性的重要方法。

(三)文化建设要"立竿见影"

中小型企业与大型企业在文化建设上是有区别的。在大型企业里,企业组织层次多、信息传递路径复杂,可能更需要一些系统的文化运作方法。而中小型企业,可能就100多名员工,信息沟通较为顺畅,不需要太多的形式或系统的东西,它要把重点放在如何让核心理念深入人心的工作上。"一个企业,如果想发展成大型企业,现在就必须做大型企业要做的事;想成为一个卓越的公司,现在就必须做卓越公司应该做的事情,这样才有可能成为大公司或卓越公司。"

中小企业塑造文化的方法与大型企业有区别,显得更实在、更简单。第一,老板必须将他对企业未来的发展思路和员工进行充分沟通,也就是我们通常所说的构筑共同愿景。企业在创业时期往往有很多不确定因素左右企业发展,如果老板能够经常和员工交流,使员工知道企业的发展方向,并且让他们感觉也是企业当中的一分子,这种激励是用金钱不能够替代的。而这个时候沟通比大型企业更为有效,员工也能够很快明白老板的思路,没有太多形式上的条条框框,很容易引起员工的共鸣。第二,核心价值观的确定。作为企业,核心价值观就好像是一个人的灵魂,它是一个企业得以生存的理由,所以企业要做的事情就是将企业最重要的理念提炼出来就行了。第三,将核心价值观无时无刻地体现在行动当中。作为老板要身体力行,不断跟员工沟通,形式不要太多,内容简单明了,最基本的核心内容要通过行动去体现,以后有必要可以增加一些形式上的内容,例如公司的刊物、公司的歌曲等。

一般企业文化建设要经过几个阶段,首先是自发形成阶段,其次是塑造阶段、培育阶段、巩固阶段和创新阶段,最后又回到培育和巩固阶段。自发形成阶段一般时间较长,因为这段时间一般是企业的创业时期,大部分创业者只顾着赚钱,忽略了文化建设的重要性。所以,如果企业一开始就高瞻远瞩,重视企业文化建设,塑造一种强势和个性的企业文化,那文化自发形成的阶段就会大大缩短,从而促进企业的快速健康发展。这就是为什么有的企业不仅能够生存下去,而且能够成为卓越公司,而有的企业却只是昙花一现的最好理由。

任务三　规避项目经营风险

任务布置
1. 分析创业企业的经营风险；
2. 制定创业企业规避经营风险的措施。

一、风险的基本性质

(一)风险的客观性

风险的客观性，首先表现在它的存在是不以个人的意志为转移的。从根本上说，这是因为决定风险的各种因素对风险主体是独立存在的，不管风险主体是否意识到风险的存在，在一定条件下仍有可能变为现实。其次，还表现在它是无时不有、无所不在的，它存在于人类社会的发展过程中，潜藏于人类从事的各种活动之中。

(二)风险的不确定性

风险的不确定性是指风险的发生是不确定的，即风险的程度有多大、风险何时何地由可能转变为现实均是不确定的。这是由于人们对客观世界的认识受到各种条件的限制，不可能准确预测风险的发生。

(三)风险的不利性

风险一旦产生，就会使风险主体产生挫折、失败、甚至损失，这对风险主体是极为不利的。风险的不利性要求我们在承认风险、认识风险的基础上，做好决策，尽可能地避免风险，将风险的不利性降至最低。

(四)风险的可变性

风险的可变性是指在一定条件下风险可以转化。风险的可变性包括以下内容：风险性质的变化、风险量的变化、某些风险在一定空间和时间范围内被消除、新的风险产生。

(五)风险的相对性

风险的相对性是针对风险主体而言的，即使在相同的风险情况下，不同的风险主体对风险的承受能力是不同的。风险主体对风险的承受能力是不同的，主要与收益的大小、投入的大小和风险主体的地位以及拥有的资源量有关。

(六)风险同利益的对称性

风险同利益的对称性是指对风险主体来说，风险和利益必然是同时存在的，即风险是利益的代价，利益是风险的报酬。如果没有利益而只有风险，那么谁也不会去承担这种风险；

另一方面,为了实现一定的利益目标,必须以承担一定的风险为前提。

二、中小企业风险来源

每个企业都是在风险中经营的,中小企业也不会例外。风险造成的经济损失是极大的,但相对而言,风险对中小企业来说远远超过大企业。中小企业虽然"船小好掉头",但它由于"本小根基浅",故只能"顺水",不能"逆水",不能左右风险的发生。从实际情况看来,中小企业消化吸收亏损的能力十分有限。所以中小企业更应了解在经营中可能遇到的风险,以求未雨绸缪,防患于未然。

(一)创业风险

这类风险主要在企业创业的初始时期容易发生。它的主要特征有三个:一是在企业的所有经营风险之中最早到来;二是它有相当的隐蔽性,业主不易觉察或无暇顾及;三是它是中小企业其他经营风险的根源。这类风险尤其值得创业者防范。中小企业容易出现的创业风险有:业主过分注意产品的研制、生产而忽视了事关企业长远发展的问题,如企业产权的明晰、管理体制的规范等;对市场的潜在需求研究不透彻;对市场变化趋势没有预见性;对宏观行业形势的估计过于乐观;经营者缺乏全面管理的能力;没有建立必要的财务账目;设备和技术选择不当;低估所需资金,忽视税务。

(二)财务风险

1. 现金风险

这种风险主要表现为损益表上利润的期末余额巨大,但实际上企业现金表中的期末数额却小到几乎为零甚至是负数。经营者以为,账面上的利润就是现金,事实上这是一种误解。这是因为赊销虽然也计入收益,但销售时并没有收到现金。另一方面,赊销增加了销售/存货的成本,但并没有立即支出现金。这种误解往往使企业的现金状况发生假象,经营者因而在企业扩张或新项目上马时忽视了对现金供需的平衡核算。现金是企业的血液,从日常经营活动看,只有提供足够的现金,企业才能正常运转。没有充足的现金,将给企业带来严重后果,影响企业的盈利能力和偿债能力。因而降低了企业在市场竞争中的信用等级,最终使企业资金周转不灵,甚至资不抵债,走向破产。现金风险主要表现在:业主只对企业的主要财务指标如资产负债率、净资产收益率等感兴趣,而忽视了指标掩盖下的问题;过分注意利润和销售的增长,而忽视手中掌握的现金;固定资产投资过多,使企业的变现能力降低,导致资金沉淀;企业规模盲目扩张,缺乏相应的短、中、长期计划。

2. 融资风险

当企业经营达到一定阶段,原业主已无力继续提供所需资金。尤其是发展迅速的增长型企业,往往会面临资金不足的融资风险。它们便会从各种渠道筹措资金,例如,发起人增股;向公众招股或寻求无担保贷款;请金融机构认股或给予定期贷款;从租赁公司租赁设备等。问题在于每种获得资金的途径都是各有利弊,如果经营者不善于扬长避短,为我所用,便会陷入困境。

(三) 授权风险

许多成功的中小企业，在达到一定的规模后，业主或经理发现由他一个人唱"独角戏"管理企业全部业务的局面难以为继。此时就需要将部分管理工作授权其他人承担而由自己抓主要工作。一般认为，生产过程比较简单的企业，职工人数达25人以上便会产生这种需要。如果生产工艺和销售职能较为复杂，即使职工人数达不到25人，仅靠经理和业主个人也难以有效地经营企业。授权风险的主要表现有：人员选择的不确定性；不能授权别人分担沉重的责任和繁杂的决策事务；存在心理障碍，授权者认为"只有我才能干好"，缺乏选拔和指导别人的能力；对下级缺乏信任感；业务发展，责任增加，但业主或经理用于经营管理企业的时间并没有增加。

(四) 领导风险

当中小企业发展到有职工150到250人的水平时，就会面临企业的领导风险。处于扩张趋势的企业一到这个阶段，经营者就需要一套新的管理体制和技巧。经营者应该放弃过去曾经为自己带来成功的老经验、老办法，重新学习现代管理知识。领导风险的主要表现有：仅业主或几个合伙人无法承担逐渐变大的企业的管理责任；不愿授权别人分工负责并建立一个管理班子；不采用有效的领导和管理方式，一切靠自己的老办法；对具有领导才能的专门管理人才不能坚定不移地起用。

三、风险应对策略

(一) 风险应对方法

1. 风险规避

风险规避是改变项目计划来消除特定风险事件的威胁。通常情况下我们可以采用多种方法来规避风险。例如，对于软件项目开发过程中存在的技术风险，我们可以采用成熟的技术、团队成员熟悉的技术或迭代式的开发过程等方法来规避风险；对于项目管理风险我们可以采用成熟的项目管理方法和策略来规避不成熟的项目管理带来的风险；对于进度风险我们可以采用增量式的开发来规避项目或产品延迟上市的风险。对于软件项目需求不确定的风险我们可以采用的原型法来规避风险。

2. 风险转移

风险转移是转移风险的后果给第三方，通过合同的约定，由保证策略或者供应商担保。软件项目通常可以采用外包的形式来转移软件开发的风险，例如发包方面对一个完全陌生领域的项目可以采用外包来完成，发包方必须有明确的合同约定来保证承包方对软件的质量、进度以及维护的保证。否则风险转移很难取得成功。

3. 风险减轻

风险减轻是减少不利的风险事件的后果和可能性到一个可以接受的范围。通常在项目的早期采取风险减轻策略可以收到更好的效果。例如,软件开发过程中人员流失对于软件项目的影响非常严重,我们可以通过完善工件,配备后备人员等方法来减轻人员流失带来的影响。

4. 风险接受

准备应对风险事件,包括积极的开发应急计划,或者消极的接受风险的后果。对于不可预见的风险,例如不可抗力;或者在风险规避,风险转移或者风险减轻不可行,或者上述活动执行成本超过接受风险的情况下采用。

(二)中小企业应对财务风险策略

在市场经济条件下,财务风险是客观存在的,要完全消除风险及其影响是不现实的。企业财务风险管理的目标在于了解风险的来源和特征,正确预测、衡量财务风险,进行适当的控制和防范,健全风险管理机制,将损失降至最低程度,为企业创造最大的收益。

1. 提高认识,增强业主或管理者的财务风险意识

小企业业主或管理者应充分认识到,随着经济市场化进程的加快,,社会经济环境的变化,企业间的竞争越来越激烈,随时发生的问题越来越多,也越来越复杂,财务风险、经营风险时有发生。企业要想在日益激烈的市场上中立于不败之地,必须十分注意财务风险的分析与防范;同时充分发挥财务人员的积极性,让他们参与到企业的经营管理中去,并享有充分的发言权,对他们提出的关于改善经营管理的意见应给予充分的重视;加强财务人员的风险观念,提高财务人员对财务风险的敏感性和准确的职业判断力。

2. 健全和完善组织结构控制

小企业应推行产权多元化。产权多元化既可以增加企业融资渠道,又能够吸收更多股东参与决策,使董事会成员能力互补,谨慎决策,减少失误,从根本上改变由投资者个人或家族组成,既当业主,又当总经理,还负责监督工作的传统管理模式。健全合理的组织结构,一是由主要投资者组成董事会,决策企业重大经济事项;二是全部投资者组成股东大会,监督审议企业重大决策;三是企业部门经理实行公开招聘,录用具有管理技术和管理经验的优秀人员对本企业实施全面管理。

3. 强化资金管理,保持良好的财务状况

资金是企业的血液,是企业赖以生存的基础,如果没有资金或资金短缺,企业则难以运行。在融资管理方面:加强与各金融机构的合作,充分利用资本市场及金融工具等多条途径筹集企业经营所需的资金,同时努力降低资产负债比率,增加经营中自有资金的比重。在流动资金管理方面:一是加大应收款催收力度,缩短应收账款的回收期,落实回款责任;二是合理降低存货,加快存货的周转;三是加强流动资金贷款管理,实行流动资金贷款指标考核;四是加强信用管理,合理确定客户的信用标准,避免坏账的产生;五是建立合理的收益分配制度。

4. 加强企业财务制度建设,提升财务管理水平

由于受规模、财力、人力等限制,小企业内部控制机构的设置和职责划分容易产生交叉重叠现象,应根据企业自身的特点和经营管理的需要,从经济性、实用性出发,注重实际运作控制。

5. 切实提高财务人员综合素质

小企业的财务管理人员大多没有财务风险方面的专门知识,对他们进行培训是十分必要的。同时,小企业财会人员素质低,应加强财会人员的专业知识培训,扩充知识结构,不断提高会计人员业务素质,当好单位负责人的会计参谋;深入基层,掌握本单位生产经营活动的实际情况,利用自己掌握的财会知识,提出合理的建议和意见;强化财会人员的法制观念,提高其法律自我保护意识;强化会计职业道德教育。

6. 全面推行预算管理制度

通过预算可以预测预算年度的风险点所在,并预先采取某些风险控制的防范措施,从而规避与化解风险。考虑到收入与成本费用间的配比关系,全面预算体系可以为收入水平增长情况下的成本节约提供较为精确的估计。因此小企业一定要建立严谨的预算制度,这样才能在竞争中获得更多的主动权。

7. 建立财务风险预警机制

定期编制现金流量预算,为企业提供现金可用度的预警信号;确立财务分析指标体系,如反映企业偿债能力、盈利能力、经营管理效率、投资风险等预警指标,建立长效的财务预警系统;结合企业实际采取适当的风险应对策略。在建立了风险预警指标体系后,当出现风险信号时,应采取预防性控制或抑制性控制,防止风险损失的发生或尽量降低风险损失的程度。

评价

创业组织管理评价表

评价项目	具体指标	小组自评	小组互评	教师评价	总评
设计项目组织结构	有具体的组织结构,部门和管理层级设计合理				
规范项目基础管理	有科学的人力资源管理规划和管理制度及方法				
规避项目经营风险	能正确分析创业企业的经营风险,且制定相关规避措施				

拓展训练

1. 比较两个不同企业的组织结构,并试述其为什么要设计这种组织结构。

2. 哪种组织文化最适合你?

阅读以下问题,根据个人感觉,圈出适合表达你的感觉的答案。

A. 我愿意成为工作团队中的一员,希望组织以我对团队的贡献来衡量我的绩效。

B. 为了实现组织目标,任何个人的利益都可以有所牺牲。

C. 我喜欢从冒险中找到刺激和乐趣。

D. 如果一个人工作绩效不符合标准,他做了多大努力都白费。

E. 我喜欢稳定和可以预见的事情。

F. 我喜欢能对决策提供详细合理解释的管理人员。

G. 我喜欢工作压力不大、同事易于相处的环境。

对于A、B、C、D、G题,得分标准为:很同意 = -2;同意 = -1;不确定 =0;不同意 = +1;很不同意 = +2。对于E、F题,得分标准为:很同意 = +2;同意 = +1;不确定 =0;不同意 = -1;很不同意 = -2。累计所得,你的得分会在 -14 至 +14 分之间。

得分越高,则表明你在一种正式的、机械的、规则导向的、有结构的组织文化中越舒服,这通常与大型公司及政府机构相联系;得分越低,则表示你喜欢非正式的、人本主义的、灵活的、创新的组织文化,这种文化在研究机构、广告公司高科技公司以及一些小型企业中更为常见。

3. 制定风险规避方案模拟测试。

(1)自我评价。对你自己在以下每一个维度做出等级评价。对于每一个维度,请选择数字 1－5(1 = 很低;2 = 低;3 = 中等;4 = 高;5 = 很高)。

A. 与你新项目相关的经验_____;

B. 与你新项目相关的技术知识_____;

C. 人际技能(与人相处、识别他人等方面有用的技能)_____;

D. 对新项目的目标_____;

(2)你擅长风险感知吗?你能够准确地识别风险吗?为了回答这一问题,请指出下列每一项陈述是正确的还是错误的程度(1 = 根本不正确;2 = 不正确;3 = 既不正确也不错误;4 = 正确;5 = 十分正确)。

A. 我能够很容易地发现项目存在比较明显的风险_____;

B. 我能够推测项目的隐含风险 _____;

C. 我能够识别出项目结构的弱点_____;

D. 我是其他人的一位好领导_____;

E. 我通常能够通过观察其他类似项目,准确地识别出本项目的其他的特点_____;

F. 我能够辨别出人们人们应对风险的一般做法_____;

把你的答案相加。如果你的得分为20分或者更高,你可以把自己确认为擅长于风险感知。为了发现这一结论是否准确,可以请对你很熟悉的人对同样的这些项目作出评价。换言之,变换这些项目,就成为了"_____能够很容易地发现项目存在比较明显的风险"(横线上填写你的名字)。如果他们的评价与你的相一致,那么,就要祝贺你啦!——你不但擅长于评价项目风险,也擅长于评价自己。

拓展阅读

稳定组织结构

一家外资软件企业,自进驻武汉开发区的软件园后迅速成长,在两年时间内,它已组建了一支四五十人的开发团队。这家企业的主要任务是作为海外总部的开发基地,完成大量海外软件项目订单。企业规模在迅速扩大,但海外总部对它却并不满意。原因在于,尽管它招聘的多是本地著名高校毕业的、有一两年工作经验的软件工程师,但其总体开发能力却一直很弱,不断需要总部提供高成本的技术支持。此外,它的人员流动也很频繁,近半年来,流失的员工高达员工总数的1/3。

在知识经济时代,高科技企业主要生产资料的所有权头一遭不属于企业,而属于员工。于是,人便成了高科技企业最重要的资产;员工脑中的知识成了企业最重要的生产资料。所以,员工频繁流失的同时,这家软件企业辛苦积累的生产资料也经常处于流动状态。对此,企业的管理者非常焦虑。

工作重心偏移

一个偶然的机会,这家企业海外总部的董事长决定邀请笔者所在的咨询公司诊断他们的人力资源管理状况。在深入企业现场后,笔者逐渐找到了隐藏在现象背后的、造成员工频繁流动的真实原因。在访谈中,员工经常表示,他们觉得在工作上无方向感,技能得不到提升。其中有一名项目经理这样描述现状:"工作中,我们有太多困扰:做完一个项目后,我们完全不知道后续的工作和发展方向。工程师们没有需求分析,设计没有文档与记录。工作中,我只了解我所负责的部分,而对项目的其他部分不清楚。我们没有好的整体管理,也不知如何才能完善研发制度。"这种话出自中层经理之口,可见问题的严重性。此外,该公司与海外总部的沟通也十分不畅。海外总部的技术部门指望他们的开发队伍能迅速自立,减轻总部的技术支持压力;而他们却希望能得到海外总部技术部门的大力技术指导。由于彼此间期望存在矛盾,导致他们与总部的配合度很低,为此,产生了不少指责和抱怨。

由于人员变更速度过快,这家企业无法形成稳定的生产能力。为此,该企业人力资源部门采取了一系列措施,希望能改善状况。他们一方面提供了相对于当地其他软件企业而言,非常有竞争力的薪资和福利,也设计了很多企业活动试图强化"专业+快乐"的企业文化;另一方面,他们要求海外总部派出资深技术人员来国内指导员工,帮助员工提升职业技能。可是,人员仍在流失,海外总部也无法再抽出支持培训的人力。人力资源管理问题越来越严重。

高科技企业对优质人才的争夺战愈演愈烈,令不少高科技企业的人力资源经理消极地陷入了如何留住人才的境地。实践中,经常可以看到,高科技企业的人力资源经理为高薪策略下的人员高流失率而感觉迷惑,"问题到底出在什么地方?"其实答案很简单,由于人力资源管理者将全部精力放在了如何留住人员上,却偏离了企业构建高生产力组织系统的战略重心。对一个高科技企业而言,拥有稳定、有弹性的企业组织结构才是至关重要的。

合理设计组织

每当企业出现人力资源管理问题时,管理者往往只盯住问题,四处救火、急着解决问题,很少有人能在企业组织层面停留片刻,审视一番,"我们的组织设计合理吗?符合战略和企业文化吗?适合业务模式吗?适应市场的变化吗?"如果能多审视一番这些问题,伤脑筋的事情会少很多。其实,人力资源管理的种种问题都来自源头:能否将合适的人放在合适的组织中,形成企业良性运作。因此,人力资源经理需要经常关注企业的组织结构,毕竟人力资源管理的对象:员工只有在组织中才能发挥其技能和专长。

有了好的组织设计,就如同一个人有了头、颈、躯干、手脚等骨骼结构。但想要成为一个有血有肉的人,还需要通过灵活的关节将骨骼架构稳定地连接起来。中层管理者就是企业的"关节",他们是组织连接的核心。因此,高生产力的组织系统要求高科技企业要拥有并保持一批优秀的中层管理者,建立起合理的中层管理者训练养成机制。

一般而言,对中层管理者的训练养成,应倾向于从企业基层选拔。例如,通过中层管理者轮换制度,以及有意识地挑选具备管理潜质的基层员工定期担任中层管理者助理的职务等制度培养中层管理者。根据笔者的经验,即使企业的训练养成机制设计合理,培养一名合格的中层管理者也至少需要 6 个月的时间。因此,企业应存储一定量的中层管理者。

人力资源部门不应将降低人员流失率作为留人工作的重点,而应找出企业的核心人员并稳定他们。80/20 法则显示,一个企业 80% 的价值是由 20% 的员工创造的。这 20% 的员工包括企业的中高层管理人员、关键技术人员和有发展潜力的基层骨干等,他们是构成企业无形资产最有价值的部分。因此,将企业有限的资源侧重用在他们身上,提高他们的忠诚度,才能够形成健康稳定的组织。

建立运作制度

组织系统的高效率,离不开合适的运作制度。制度的作用在于控制组织朝预先设计好的方向发展,并有效减少各种不良干预。企业在建立、调整制度时,可操作性是衡量制度优劣最重要的指标。操作性差的制度往往具有以下特征:

缺乏完整的纵向层次。不能从包括职能、区域、产品、顾客在内的多角度考察组织,致使组织各部分资源难以有机结合。只有纵向结构,而没有横向结构,造成各部门间产生利益冲突。对此,组织应当设计横向协调制度,来抵消纵向结构的过度操纵,增强组织横向协调性。

明确各种关系却忽略决策程序。这样的组织在运作制度上往往规定了负责汇报制度、确定了成员相互间的关系,但缺乏决策程序与决策流程,导致决策混乱和低效率。

重视个人具体工作,没有确立团队职责。随着人力资源管理逐渐转向团队管理,人力资源组织制度也需要订立团队的职责说明书,为团队指明方向、确定目标。

笔者与同事们在诊断前文提到的企业问题背后的深层原因之后,提交了诊断结论:这家软件企业的组织系统不健全,中层管理者能力不足,人员扩张快速,导致项目管理失控。为此，笔者将改良的重点放在组织调整完善及训练养成中层管理者上。在整体组织角色定位上，笔者建议这家软件企业的海外总部与国内公司的关系分成三个阶段演进，并确定各自职责和接口界面。

阶段一：
角色：作为海外总部研发部门的延伸，充当技术支持中心的角色
时间：现存状况

阶段二：
角色：作为独立的开发团队承接海外总部下包的项目，充当产品开发中心的角色
时间：8周内导入，12个月内完成

阶段三：
角色：从成本中心制过渡到利润中心制，形成完全独立核算运作的研发中心
时间：24个月内完成

经过8周的现场导入，以及小规模的试运行和参照对比试验，这家企业重新设计了自己的组织结构，调整了组织制度，并培养了一批中层管理者，初步形成了一个高效稳定的组织系统。随后通过3个月的跟踪调查，运行状况显示，他们已进入规划中的第二阶段，员工项目开发能力逐步提升，中层管理者的素质也呈现稳步提高的趋势，开发品质也得到了海外总部的首肯。企业开始步入良性循环。这些成绩的取得，无不得益于高效、稳定的组织系统。

学习情境 8　编制商业计划

知识目标
1. 了解商业计划书的含义；
2. 掌握商业计划书的结构、主要内容；
3. 了解商业计划书的写作步骤和要求。

能力目标
1. 能列出商业计划书大纲；
2. 能撰写商业计划书；
3. 能完善商业计划书。

引言
一教授问学生："商业计划书有多大的价值？"一学生回答说："几千美元到上万美元。"教授摇摇头说："不对，差远了。商业计划书的价值在于对决策的影响，就这点来说，商业计划书的价值是无法衡量的。"

任务一　拟定商业计划书

任务布置
1. 列出创业项目商业计划书大纲；
2. 撰写初步的商业计划书。

一、商业计划书的含义

商业计划书，英文名称为 Business Plan，是公司、企业或项目单位为了达到招商融资和其它发展目标之目的，在经过前期对项目科学地调研、分析、搜集与整理有关资料的基础上，根据一定的格式和内容的具体要求而编辑整理的一个向读者全面展示公司和项目目前状况、未来发展潜力的书面材料。

商业计划书的价值在于对决策的影响，就这点来说，商业计划书的价值是无法衡量的。美国一教授在讲到商业计划书的时候，教授问大家："商业计划书有多大的价值？"学生回答说："几千美元到上万美元。"教授摇摇头说："不对，差远了。商业计划书的价值在于对决策的影响，就这点来说，商业计划书的价值是无法衡量的。"他举例说明了商业计划书是如何影响决策的。如果一个企业在决策之前不做一个非常周密的计划，那样的决策是缺乏根据的。

编写商业计划书的直接目的是为了寻找战略合作伙伴或者风险投资资金，其篇幅既不能过于繁琐，也不能过于简单。一般而言，项目规模越庞大，商业计划书的篇幅也就越长；如果企业的业务单一，则可简洁一些。一份好的商业计划书的特点是：关注产品、敢于竞争、充分市场调研、有力资料说明、表明行动的方针、展示优秀团队、良好的财务预计、出色的计划概要等几点。

二、商业计划书与项目可行性研究报告的区别

项目可行性研究主要侧重于项目本身技术方面的分析，同时也针对项目实施所带来的经济效益进行评估，但项目可行性研究一般并不涉及项目实施中管理因素、人的因素和对投资人在利益方面的回报以及回报的方式等方面的内容。商业计划书不仅要在技术方面和产业化的模式方面进行详实说明，同时更要在管理团队、经营战略、投资者回报的方式和投资者如何参与未来项目经营监管等方面进行详细说明。商业计划书对项目的研究比项目可行性研究更加全方位、多视角，换句话讲，商业计划书是一份全方位的项目计划，他从企业内部的人员、制度、管理以及企业的产品、营销、市场等各个方面对即将展开的商业项目进行可行性分析，即项目可行性研究报告着重于体现项目建设期内所涉及的各项目要素环节设计，而商业计划书着重于体现项目建成后经营期内所涉及的各经营要素环节设计。

三、商业计划书的内容与要点

(一)商业计划书封面与扉页

封面应包括创业项目的名称、项目的联系人(负责人)、联系方式等内容。并且这些信息应置于封面醒目位置。封面底部可以放置警示读者保密的事项,当然也可以放在扉页。如果公司已经有独特的商标,那么应该把它放在靠近封面顶部中间的位置。

×××公司(或××项目)商业计划书

编号:
日期:
地址:
邮政编码:
联系人及职务:
电话:
传真:
网址/电子邮箱:

图 8-1　商业计划书封面参考

保密承诺

本商业计划书属商业机密,所有权属于××公司(或××项目持有人)。所涉及的内容和资料只限于已签署投资意向书的投资者使用。收到本计划书后,收件方应即刻确认,并遵守以下的规定:

1. 在未取得××公司(或××项目持有人)的书面许可前,收件人不得将本计划书之内容复制、泄露、散布;
2. 收件人如无意进行本计划书所述之项目,请按上述地址尽快将本计划书完整退回。

图 8-2　商业计划书的保密承诺

(二)商业计划书目录

为了方便阅读和查找,应该在基本内容之前设置目录。目录是一份导游图,引导战略伙伴或创业投资者游览创业计划,并最终得出应该为这个创业项目提供资金的结论。商业计划书的每个主要部分都应列入目录,并标出所在页码。

目 录

第一章 摘要···1
第二章 公司介绍···2
　一、创办新企业的思路和情况··3
　二、公司预计成立时间、形式与创立者··4
　三、公司股东背景资料、股权结构··5
　四、公司业务范围···6
　五、企业的目标和发展战略···7
第三章 产品/服务介绍··8
　一、产品/服务的基本描述···9
　二、产品/服务的竞争优势··10
　三、产品/服务的知识产权··11
　四、产品的生产计划···12
第四章 市场机会分析···13
　一、宏观环境分析··14
　二、行业/竞争者分析··15
　三、机会的评估··16
第五章 营销计划···17
　一、目标市场定位···18
　二、营销策略···19
　三、销售计划与广告的各项成本··20
第六章 财务计划···21
　一、财务分析方法···22
　二、销售收入预测···23
　三、销售与成本计划··24
　四、现金流量计划···25
第七章 管理能力···26
　一、管理者与管理机构···27
　二、激励与约束机制··28
　三、人力资源需求···29
　四、外部合作关系···30
第八章 融资计划、投资回报与退出机制···31
　一、融资方案···32

续表

二、资金规划	33
三、投资人可以得到的回报	34
四、投资退出的时机和方式	35
第九章 创业风险	36
一、可能出现的创业风险	37
二、风险规避措施	38
第十章 经营预测	39
一、近、中、远期目标	40
二、实现上述目标的各种数据预测	41
附件	42

图 8-3 商业计划书目录参考

(三)商业计划书附件

附件是指包括与创业计划相关，但不宜放在扉页和主干正文的一些内容，如企业的组织结构图、产品说明书或照片、创业/管理团队成员简历、具体财务报表、市场调查报告等。通常，附录对于提高商业计划的质量有着重要的作用，对于创业者获取外部资源的支持有着特殊的意义。

(三)商业计划书正文

商业计划书的内容依目标、对象而有所不同，计划书的重点也会有所不同。下面仅以图8-3中的目录为例作简要介绍。

1. 摘要

好的摘要能使战略伙伴或创业投资者对提供计划的创业者留下一个良好印象。摘要并非商业计划的引言或前言，它是对整个商业计划高度精炼的浓缩，是整个商业计划的精华，摘要将商业计划的核心提炼出来，列在商业计划最前面的部分。

摘要应该特别突出最富有吸引力的鲜明个性、明确的目标、创业者自身所具备的优势等，让投资人能在最短的时间里全面了解整个创业计划。如是否已经成立公司以及公司目前的状况、将要推出的产品/服务及销售对象、利润和现金流动预测及收益方式、创业者的长远和近期目标以及达到这些目标要采取的战略和措施。

2. 公司介绍

即对创业企业的总体情况介绍。主要明确阐述创业背景和发展的立足点，包括企业定位、企业战略、企业制胜因素等。对创业企业进行介绍的最便捷的方式可以从描述创业机会入手，着重讲述为什么要创办一个企业、设立企业合适的时间地点、采用的企业形态、竞争优势分析、商业模式概述等。这一部分应该简要说明企业设立的必要性和适时性。

3. 产品/服务介绍

产品/服务是商业计划的具体乘载物，是投资最终能否取得回报的关键。对产品/服务的介绍，尤其要注重产品的新颖性、先进性和独特性，可以给出产品或产品原型的图示或照片。

产品/服务的特点和竞争优势主要说明与竞争对手的产品相比有哪些优缺点和特色，顾客为什么会选择本企业的产品；产品/服务的市场前景预测主要说明创业者的产品/服务预计能获得多大的市场，为什么能获得这么大的市场；产品/服务的知识产权保护主要说明创业者为自己的产品/服务采取了何种保护措施；产品/服务的研发情况主要说明创业者的产品研发与开发目前处于什么样的状态；产品的生产计划主要说明对生产活动进行的统筹安排。

4. 市场机会分析

清晰的市场机会是对创业风险投资商最具吸引力的方面。为了保证其准确性，创业者应尽量采用多条专业的机会分析渠道，可以委托不同专业市场分析公司分别做出严密科学的调查报告，并综合尽可能多的数据，做出最终的论证方案，最大限度地规避风险。市场机会分析可以从宏观、中观、微观三个层面进行。

5. 营销计划

营销计划应该承接市场分析部分，并提供有关新企业产品销售的详细信息。商业计划必须详细说明为了扩大产品销售所需要的资金数量，阐述包括价格、渠道、促销等方面的营销组合策略。投资者阅读完这个部分后，应该对企业进入其目标市场的总体策略充满信心。

6. 财务计划

财务是战略伙伴和创业投资者最为敏感的问题，从中判断自己的投资能否获得预期的回报，所以提供清晰明了的财务报表是对创业者最基本的要求。创业者要根据创业计划、市场计划的各项分析和预测，在全面评估市场信息和公司财务环境的情况下，提供公司今后 3 年的预计资产负债表、损益表、现金流量表等。创业者要将预测的依据、预测的前提假设以及预测的方法等疑义列明，以此增加预测的可信度。

7. 管理能力

管理能力在商业计划中主要体现在核心管理者、管理团队、人力资源、公共关系等方面。核心管理者包括管理团队中每个核心成员的简要介绍；管理团队重点展示管理团队的凝聚力和战斗力，使战略伙伴或投资了解企业的管理团队是由一批具有丰富管理经验和职业道德的人士组成；人力资源主要可虑现在及近期的人力需求、人员配备、人力成本、待遇条件、激励制度等；公共关系主要说明与企业打交道的专业服务机构以及这些机构将如何帮助企业达到创业目标。

8. 融资计划、投资回报与退出

融资计划主要说明创业者对资本的具体需求和安排，创业者应在列出资金结构及数量，并在全面评估后，提出最据吸引力的融资方案；投资回报主要用具体数字来描述投资人可以得到的回报，包括以何种方式收回投资、回报的具体方式和时间等；投资退出需要与风险投资者协商确定。

9.投资风险

这一项目指的是在创业过程中,创业者可能遭受的挫折,如市场变动、竞争对手太强、客源流失等。商业计划应该给读者的重要印象之一就是新创企业管理团队已经认识到企业面临的关键风险,并一一提出了妥善的预防和解决方案。

10.经营预测

在商业计划中最好分别提出近期计划、远景规划,提出响亮而又务实的阶段性目标,阶段性目标是指创业后的短期目标、中期目标与长期目标,主要是要让创业者明了自己事业发展的可能性和各个阶段的目标。这些目标和预测建立在现实、客观、具体的数据上,经过统计与分析推导,这样才能建立起战略伙伴或投资者对创业者目标的认同。

任务二 评估商业计划书

任务布置

1.创业团队交流商业计划书;
2.指导老师评估商业计划书。

一、优秀商业计划书的要点

(一)关注产品

在商业计划书中,应提供所有与企业的产品或服务有关的细节,包括企业所实施的所有调查。这些问题包括:产品正处于什么样的发展阶段?它的独特性怎样?企业分销产品的方法是什么?谁会使用企业的产品,为什么?产品的生产成本是多少,售价是多少?企业发展新的现代化产品的计划是什么?把出资者拉到企业的产品或服务中来,这样出资者就会和风险企业家一样对产品有兴趣。在商业计划书中,企业家应尽量用简单的词语来描述每件事。商品及其属性的定义对企业家来说是非常明确的,但其他人却不一定清楚它们的含义。制订商业计划书的目的不仅是要出资者相信企业的产品会在世界上产生革命性的影响,同时也要使他们相信企业有证明它的论据。商业计划书对产品的阐述,要让出资者感到:"噢,这种产品是多么美妙、多么令人鼓舞啊!"

(二)敢于竞争

在商业计划书中,风险企业家应细致分析竞争对手的情况。竞争对手都是谁?他们的产品是如何工作的?竞争对手的产品与本企业的产品相比,有哪些相同点和不同点?竞争对手所采用的营销策略是什么?要明确每个竞争者的销售额、毛利润、收入以及市场份额,然后再讨论本企业相对于每个竞争者所具有的竞争优势,要向投资者展示,顾客偏爱本企业的原因是:本企业的产品质量好,送货迅速,定位适中,价格合适等等,商业计划书要使它的读者相信,本企业不仅是行业中的有力竞争者,而且将来还会是确定行业标准的领先者。在商业计划书中,企业家还应阐明竞争者给本企业带来的风险以及本企业所采取的对策。

(三) 了解市场

商业计划书要给投资者提供企业对目标市场的深入分析和理解。要细致分析经济、地理、职业以及心理等因素对消费者选择购买本企业产品这一行为的影响,以及各个因素所起的作用。商业计划书中还应包括一个主要的营销计划,计划中应列出本企业打算开展广告、促销以及公共关系活动的地区,明确每一项活动的预算和收益。商业计划书中还应简述一下企业的销售战略:企业是使用外面的销售代表还是使用内部职员?企业是使用转卖商、分销商还是特许商?企业将提供何种类型的销售培训?此外,商业计划书还应特别关注一下销售中的细节问题。

(四) 表明行动的方针

企业的行动计划应该是无懈可击的。商业计划书中应该明确下列问题:企业如何把产品推向市场?如何设计生产线,如何组装产品?企业生产需要哪些原料?企业拥有哪些生产资源,还需要什么生产资源?生产和设备的成本是多少?企业是买设备还是租设备?解释与产品组装,储存以及发送有关的固定成本和变动成本的情况。

(五) 展示你的管理队伍

把一个思想转化为一个成功的风险企业,其关键的因素就是要有一支强有力的管理队伍。这支队伍的成员必须有较高的专业技术知识、管理才能和多年工作经验,要给投资者这样一种感觉:"看,这支队伍里都有谁!如果这个公司是一支足球队的话,他们就会一直杀入世界杯决赛!"管理者的职能就是计划、组织、控制和指导公司实现目标的行动。在商业计划书中,应首先描述一下整个管理队伍及其职责,然后再分别介绍每位管理人员的特殊才能、特点和造诣,细致描述每个管理者将对公司所做的贡献。商业计划书中还应明确管理目标以及组织机构图。

(六) 出色的计划摘要

商业计划书中的计划摘要也十分重要。它必须能让读者有兴趣并渴望得到更多的信息,它将给读者留下长久的印象。计划摘要将是风险企业家所写的最后一部分内容,但却是出资者首先要看的内容,它将从计划中摘录出与筹集资金最相干的细节:包括对公司内部的基本情况,公司的能力以及局限性,公司的竞争对手,营销和财务战略,公司的管理队伍等情况的简明而生动的概括。如果公司是一本书,它就像是这本书的封面,做得好就可以把投资者吸引住。它给风险投资家有这样的印象:"这个公司将会成为行业中的巨人,我已等不及要去读计划的其余部分了。"

二、商业计划书的十要与三忌

（一）商业计划书的十要

1. 要精简。以 2～3 页的执行大纲为绪言，主体内容以 7～10 页为佳。注重企业内部经营计划和预算的笔墨，而一些具体的财政数据则可留待下一步议事面谈。
2. 要第一时间让读者知道公司的业务类型，可别在最后一页才提及经验性质。
3. 要声明公司的目标。
4. 要阐述为达到目标所制定的策略与战术。
5. 要陈述公司需要多少资金，用多久，怎么用。
6. 要一个清晰和符合逻辑的让投资者撤资的策略。
7. 要提交企业的经营风险。
8. 要有具体资料，有根据和有针对性的数据必不可少。
9. 要将企业计划书附上一个吸引人但得体的封面。
10. 要预备额外的拷贝件以作快述阅读之用，还要准备好财政数据。

（二）商业计划书的三忌

1. 忌用过于技术化的用词来形容产品或生产营运过程，尽可能用通俗易懂的条款，使阅读这容易接受。
2. 忌用含糊不清或无确实根据的陈述或结算表，比如，不要仅粗略说"销售在未来两年会翻两番"，又或是在没有细则陈述的情况下就说"要增加生产线"等等。
3. 忌隐瞒事实真相。

三、商业计划书的主要评价内容和标准

商业计划书的评价内容应该根据计划的读者而设计，商业计划编写的目的不同，评价的标准也不同，以下是仅供参考的评价内容和标准。

表8-1 商业计划书的评价内容和标准

评价内容	参考标准	参考权重	得分
摘要	清晰简洁,重点突出,具有吸引力	10分	
公司介绍及预计目标	企业性质符合发展规模,具有创新求实的创业理念及可行的战略目标	10分	
产品/服务介绍	技术含量高或具有创新性,具有优异的性能能特征和商业价值,重视产权保护	15分	
市场机会分析	通过宏观、行业和竞争者分析,运用专业的分析方法得出了机会存在及大小的结论	15分	
营销计划	市场定位明确,市场前景广阔,拥有优异的核心市场营销能力,能获取持续的竞争优势,并具有可行的实施方案	10分	
财务计划	预估的经济效益好,财务报表清晰明了,各种数据具有较强证明力和说服力	10分	
管理能力	拥有一支有效的管理团队,或具有相关经验和背景,能够有效地发展企业	10分	
融资计划、投资回报与退出、投资风险	资金筹集方案可行,投资价值高,有效的规避风险的措施,合理的投资退出方式	10分	
商业计划书的写作	报告完整全面、简洁清晰、逻辑明确,不冗余	5分	
专家推荐	专家或权威机构的判断往往会影响对商业计划书的评价	5分	
合计			100分

商业计划书的制定者也可以根据这个评价标准进行自我评价,以尽早排除编写中的错误。在检查整个创业计划时,创业者应站在读者角度判定新企业科学性等关键性问题是否已经得到完全解答。

任务三 完善商业计划书

任务布置

1. 创业团队完善商业计划书；
2. 创业团队上交商业计划书。

一、商业计划书的完善

商业计划书有很多形式，如 PowerPoint(PPT)格式和 Word 文件格式，基于两者的不同特点，一般同时提供两种版本：完整版本(Word 文件格式)和摘要式版本(PPT 格式)。

在商业计划书编制完成之后，还应对计划书进行检查完善，以确保计划书能准确回答投资者的疑问，增强投资者对项目的信心。通常可以从以下几个方面对计划书加以完善。

(一)是否显示出创业者具有管理公司的经验

如果创业者缺乏能力去经营管理公司，那么一定要明确地说明，公司已经雇佣了一位经营大师来管理公司。

(二)是否显示了有能力偿还借款

要保证给预期的投资者提供一份完整的财务比率分析。

(三)是否显示出已进行过完整的市场分析

要让投资者坚信计划中阐述的产品需求量是确实的。

(四)商业计划书是否容易被投资者领会

商业计划书应该备有索引和目录，以便投资者容易查阅各个章节。此外，还应保证目录中的信息流是有逻辑的和现实的。

(五)商业计划书是否有摘要，文法上是否全部正确

商业计划书要有摘要并放在最前面，计划摘要是否能引人入胜。如果不能保证商业计划书是否在文法上全部正确，最好请人检查一下，计划书的拼写错误和排印错误很可能使创业项目丧失机会。

(六)是否打消投资者对产品、服务的顾虑

如果需要，可以准备一件产品模型。

二、编制商业计划书的注意事项

(一)尽量精练，突出重点

编制创业计划书的目的是为了让投资者了解商业计划，其内容必须紧紧围绕这一主题，开门见山，使投资者在最少时间内了解最多的关于商业计划的内容。如要第一时间让读者知道公司的业务类型，避免在最后一页才提及经营性质；要明确阐明公司的目标及为达到目标

所制定的策略与战术;陈述公司需要多少资金以及时间和用途,并给出一个清晰和符合逻辑的让投资者撤资的策略。一般以摘要为2页,主体内容以7~10页为佳。注重企业内部经营计划和预算的编制,而一些具体的财务数据则可留待下一步会见时面谈。

(二)换位思考

编制创业计划书的一个重要方法就是换位思考,即融资者要设身处地,假设自己是一位战略合伙人或风险投资人,自己最关心的问题是什么,自己判断的标准是什么。就是说,要按照阅读创业计划书的读者的思路去写作创业计划书,这样就会弄清哪些是重点,应该具体描述,哪些可以简单描述,哪些是不必要的东西,从而获取投资者青睐。

就此来说,编制创业计划书应忌讳用过于技术化的用词来形容产品或生产营运过程,而尽可能用通俗易懂的条款,使读者容易理解。

(三)以充分的调查、数据、信息为基础

市场销售是投资获利的基础,对此,融资人要充分考察市场的现实情况,广泛收集有关市场现有的产品、现有竞争、潜在市场、潜在消费者等具体信息,使市场预测建立在扎实的调查、数据之上,否则后面的生产、财务、投资回报预测就都成了空中楼阁。为此,创业计划书中忌用含糊不清或无确实根据的陈述或结算表。

同时,在收集资料时,一定要做到客观公正,避免只搜集对自己有利的信息,而不去搜集或者故意忽略对自己不利的信息。一般来说,战略投资者或风险投资家都是一些非常专业的人士,提出的问题会非常尖锐,如果只收集对自己有利的信息,在遇到质疑时就会显得考虑和准备不充分。

(四)实事求是,适度包装

创业计划书的作用固然重要,但它仍然只是一个敲门砖。过度包装是无益的,企业应该在盈利模式打造、现场管理、企业市场开拓、技术研发等方面下硬功夫,否则,即使有了机会,也把握不住。

(五)不过分拘泥于格式

创业计划书固然有很多约定俗成的格式,但很多资金供给方在实际动作中正在忽略这种格式,直接关注几个关键点,关注他们想看到的东西。因此,企业在组织编制创业计划书的过程中,不要过分拘泥于固定的格式,"依样画葫芦",只需把企业的优势、劣势都告诉别人,就可能是最后的赢家。

部分资金供给方或其代理机构,有时候要求企业必须提供固定格式的计划书,在格式上做文章,这有可能是融资骗局。

评价

编制商业计划评价表

评价项目	具体指标	小组自评	小组互评	教师评价	总评
商业计划书内容	摘要简洁清楚，目录清晰，包含了商业计划书的必要内容				
商业计划书格式	格式规范，没有文法和排印错误，有适度的包装				
商业计划书版本	提供了完整版本（Word文件格式）和摘要式版本（PPT格式）				

拓展训练

1. 重新审视你们编制的商业计划书，在以下问题上做出明确的回答。

（1）关于概述

概述是否简明扼要，具有鲜明的特色。重点包括对公司/产品/服务的介绍、市场概貌、营销策略、生产销售管理计划、财务预测，指出新理念的形成过程及对企业发展目标的展望，介绍创业团队的特殊性及优势等。

（2）关于产品/服务

如何满足关键客户需要，进入策略和市场开发策略，指出产品/服务目前的技术水平是否处于领先地位，是否适应市场的需求，能否实现产业化，或产品过分超前市场而无法被接受。

（3）关于市场

市场容量与趋势，市场竞争状况，市场变化趋势及潜力，细分目标市场及客户描述，估计市场份额和销售额，市场调查与分析应当严密科学。

（4）关于竞争

公司的商业目的、市场定位、全盘战略及各阶段的目标等，同时要有对现有和潜在竞争者的分析，替代品竞争、行业内原有竞争的分析，总结本公司的竞争优势并研究战胜竞争对手的方案，对主要的竞争对手和市场驱动力进行适当的分析。

（5）关于营销

如何保持并提高市场占有率，把握企业的总体进度，对收入、盈亏平衡点、现金流量、市场份额、产品开发、主要合作伙伴、融资等重要事件有所安排，构建一条通畅的营销渠道和与之相适应的新颖而富有吸引力的促销方式。

（6）关于经营

原材料的供应情况，工艺设备的运行安排，人力资源安排。要求以产品/服务为依据，以生产工艺为主线，力求描述准确合理，可操作性强。

(7)关于组织

管理团队各成员有关的教育背景、经验、能力、专长。组建营销、财务、生产、行政团队。明确各成员发分工和互补情况，公司组织结构情况、领导层情况，创业顾问和主要投资人的持股情况，指出企业股份的比例划分。

(8)关于财务

包含营业收入和费用、现金流量、盈利能力和持久性、固定和变动成本，前3年财务数据月报或年报，数据应基于对经营状况和未来发展的正确估计，并能有效反映出公司的财务绩效。

(9)关于整体表述

整体表述是否条理清晰，重点突出。专业语言的运用是否准确和适度，相关数据是否科学、诚信、详实。

2. 各创业团队对这一学期以来自己小组虚拟创建的企业所做过的工作、所收集到的资料进行梳理，谈出自己的体会和收获。

拓展阅读

小毛驴家政服务公司创业计划书

(2010年全国高职高专教职委管理创意大赛作品)

目　　录

1. 计划摘要 ·· 3
2. 行业背景 ·· 3
3. 公司介绍 ·· 4
3.1 小毛驴家政服务公司简介 ··· 4
3.2 小毛驴家政服务的目标 ·· 7
4. 公司产品与服务 ·· 8
5. 市场分析 ·· 9
5.1 市场现状分析 ··· 9
5.2 影响市场的主要因素 ··· 10
5.3 目标市场的确定 ·· 11
5.4 市场规模与趋势预测 ··· 12
5.5 公司市场份额前景 ·· 13
5.6 行业政策 ··· 13
6. SWOT分析 ··· 14
6.1 优势（S） ·· 14

6.2 劣势（W）··· 14

6.3 机会(O) ·· 15

6.4 威胁(T) ·· 15

7. 营销组合与 CI 策略 ·· 15

7.1 营销组合 ··· 15

7.2 CI 策略 ··· 19

8. 组织结构与管理 ··· 21

8.1 公司组织结构 ··· 21

8.2 公司的管理 ·· 22

9. 企业文化 ·· 23

9.1 经营哲学 ··· 24

9.2 企业精神 ··· 24

9.3 企业愿景 ··· 24

9.4 企业作风 ··· 24

10. 财务计划 ·· 25

10.1 融资预测 ·· 25

10.2 未来收益预测 ·· 25

10.3 公司财务报表 ·· 26

10.4 投资汇报分析 ·· 29

11. 风险分析 ·· 31

11.1 外部风险 ·· 31

11.2 内部风险 ·· 32

11.3 应对策略 ·· 32

12. 总结 ·· 33

1. 计划摘要

创业项目背景：小毛驴家政服务公司是一家刚刚成立的服务公司，凭借着优秀的团队，善于利用和合理配置资源，创造出多种符合时代潮流的服务。小毛驴家政公司在福建福州以更全面的服务、更完善的品质冲击着福州的家政服务市场。作为新成立的家政公司，小毛驴在市场方面的推广计划显得尤为重要，通过品牌推广提升小毛驴在消费群中的知名度，吸引更多的顾客来消费我们的服务。

公司简介：在家庭服务业迅速崛起的背景下，本公司的创立是适应时代潮流的发展。随着社会的发展和现代生活水平的提高，人们也开始注重精神生活，也就有了本公司创立的立足点。本公司本着以人为本，务实求进的发展方针，目标是建立和运行完善的服务体系，以期形成一整套规范化的管理模式，以更好地服务大众。相信在不久的将来本公司在家政行业中,将会创造出属于自己的服务特色,树立自己的品牌。

价值系统: 为企业创造价值、为员工创造价值、为客户创造价值、为社会创造价值

企业文化: 我公司的经营哲学是"我心在小毛驴,小毛驴在我心"。小毛驴深信成功经营的秘诀在于成功经营人心,人心所向,即是经营所向。管理层以心交心、以心知心,与工作伙伴建立贴心、靠心、暖心的深厚情谊,也让每一位加入小毛驴大家庭的成员身在小毛驴,心在小毛驴。

目标市场: 在收入方面是主要以中、高收入阶层为主;在年龄方面主要以老人小孩为主;在文化教育方面主要为中高文化程度提供相应的服务项目。

管理理念: 小毛驴在经营管理实践中制定了大量的各类管理制度,如工艺要求、岗位职责、员工关怀制度等,这些制度从不同侧面体现了园丁管理的内容。园丁管理的原则是"去芜存菁",园丁管理的核心是"拔苗助长",园丁管理的过程是"用心培育",园丁管理的特色是"因人施教",园丁管理的方法是"手中有剑心中无剑"。

2. 行业背景

家政服务是我国当前市场经济下的一项新兴行业,是家务劳动社会化的产物,也就是将原本由家庭成员完成的为满足家庭成员自身生存、维系家庭功能所必须的各项家务劳动逐步转化为由社会组织提供的社会化服务,主要包括家庭生活消费品的商品社会化服务和家庭服务的劳动社会化服务。

从服务的内容上,烹调、洗涤、操持家务、照料老人、看护婴儿、看护病人、护理孕妇与产妇、制作家庭餐、家务管理、家庭教育、家庭休闲娱乐等都属于家政服务的内容。

近十年来,家庭服务业迅速崛起,被人们称之为"老行业新发展",成为一个生机勃勃的朝阳产业。家政服务是改革开放以来,城市经济的繁荣,城市建设高速发展,城市社区的兴起以及居民生活需求内容不断扩大而产生的一个新生行业。根据劳动保障部培训就业司在天津、上海、重庆、沈阳、南京、厦门、南昌、青岛、福州等就九个城市,对发展家政服务业扩大就业问题进行的系统调查显示,九大城市共有23.96万人分别以全日工、半日工、小时工等形式从事家政服务,其中城镇从业人员占56.1%,农村富余劳动力占43.9%,女性以85.1%的比例在数量上占了绝对优势,有30%的人在上岗前接受过家政服务业务培训。家政服务机构的形式多样,有社会团体开办、企业自办、集体和个人开办等多种形式,其中又分为家政服务中介机构和家政服务公司两种类型。家政服务项目由于不同的服务区域、不同的服务对象而有所区别或有所偏重,但基本上覆盖了家庭清洁、家务管理、家庭看护、家庭教育、家庭娱乐休闲这几个方面。

目前的家政服务公司或涉足家政服务的中介公司中,规模小的只有2~3名员工,规模大的也只是10多名员工。面对巨大的社会需求,这种仍处于"小、散、乱"原始状态的市场管理模式,远远不能满足形势发展的需要。家政市场存在着:企业规模小,经营不规范;家政服务员的整体文化素质偏低,家政服务机构的档次也不高;缺乏有效的法律规范,家庭用工安全

隐患大;家政服务员的社会地位低,导致家政服务市场供求关系的失衡等问题。

3. 公司介绍

3.1 小毛驴家政服务公司简介

小毛驴家政服务公司的性质是有限责任公司,公司的资本组成是个人出资10万,拟吸引30万元的风险投资;银行贷款10万元。

在家庭服务业迅速崛起的背景下,本公司的创立是适应时代潮流的发展。随着社会的发展和现代生活水平的提高,人们也开始注重精神生活,也就有了本公司创立的立足点。本公司本着以人为本,务实求进的发展方针,目标是建立和运行完善的服务体系,以期形成一整套规范化的管理模式,以更好地服务大众。相信在不久的将来本公司在家政行业中,将会创造出属于自己的服务特色,树立自己的品牌。

本公司对每位家政服务人员都经过严格的岗前培训,对上岗人员都经过职业道德的教育和上岗技能的演练,每一位上岗人员都能独立地为您提供优质的服务。特别是有文化品位,专业性强的高素质家政人员,为您的家庭提供需要特别专业性的服务。本公司始终坚持秉承"为民、便民、利民、安民"为宗旨,以一流的服务为己任,以真诚的信誉为前提,以满腔的爱心为基础,为您提供各种满意的家政服务。

我们的口号:"我心在小毛驴,小毛驴在我心"

我们的标志:

小毛驴高举红旗飞扬是本公司的自有品牌、自有商标。驴子拉磨是再平凡不过的工作,驴子的平心静气,无怨无悔,默默地流汗,默默地付出正如我们小毛驴家政服务公司的驴子精神。劳动不分高低贵贱,本公司正是深深懂得了这一点,本公司员工始终保持镇定与平静、保持谦卑乐观的姿态、保持自我尊重的信仰。本公司的标志象征飞扬的红旗,青春燃烧的小毛驴拥有着热情律动的旋律和无限的活力为广大顾客服务。真正做到"我心在小毛驴,小毛驴在我心"。

我们的价值系统:为企业创造价值 为员工创造价值 为客户创造价值 为社会创造价值

认为人的价值大于物的价值、企业价值大于个人价值、社会价值大于企业价值。对顾客:提供高品质产品与服务,与顾客达到合作双赢,共同成长;对公司:高度负责,长效回报;对员工:学习培训,成就自我;对社会:注重环保,回馈大众。

我们的工作观:做正确的事 正确地做事 把事做正确

高层管理者做正确的事;中层管理者正确地做事;执行层人员把事做正确。对小毛驴来说,企业战略目标的制定在于解决"做正确的事",而管理机制则是解决"正确地做事",我们的工作就是要在"做正确的事"这一基础上向"正确地做事"转变。

我们的沟通观:用人品感动别人,用改变影响别人,用状态燃烧别人,用实力征服别人,用行动带动别人,用坚持赢得别人。

构建互通信息的工具和桥梁,让团队所有成员之间保持良好地沟通,是达成小毛驴目标,并不断发展的关键因素。小毛驴提倡逐级反映、越级申诉,以"直属上司 - 上司的主管 - 人力资源部 - 副总经理 - 总经理"作为小毛驴沟通、解决及申诉程序,确保上下政令畅通,减少不必要的环节、提高办事效率。

我们的安全观:安全是最高的服务标准

在一切服务标准面前,唯有安全是最高标准。安全服务是小毛驴创业以来始终如一的坚持,也是小毛驴倡导"服务以人为本"的具体体现,更是小毛驴对员工生命尊严的人性关怀。不出质量事故、不出安全事故、不出违法违纪事故是小毛驴的"三不"安全观,同时,小毛驴还实施五个层面的安全措施:有所预见、做好事前控制、善于从别人的事故中吸取教训、着力提高员工的思想觉悟和业务素质、建立健全并严格执行安全制度。

我们的服务观:诚心 热心 精心 细心

小毛驴奉行"四心服务"的服务文化,以"6S"为服务标准,即 smiling(微笑)、sincere(诚挚)、speciality(专业)、speedy(快速)、satisfied(满意)和 super(卓越)。学会从消费者的角度审视服务,并努力把这种意识和理念贯穿于整个服务过程中。服务前,多从消费者的角度出发考虑消费者的需求;服务过程中,留心观察、认真询问消费者的需求;服务后,积极追踪消费者的需求。"消费者的赞扬是我们最大的鞭策,消费者的意见是我们最好的礼物",小毛驴特别设立免费服务热线,以谦虚、热忱的态度去聆听反馈意见,特别是批评性意见与建议。

我们的品质观:品质是价值与尊严的起点

在小毛驴的品质理念里,品质是小毛驴的金字招牌。我们的品质一方面源自精益求精的服务品质监控,另一方面源于尽善尽美的服务品质。小毛驴还求精求善,积极追求以人为中心的整体工作品质、绩效品质和敬业品质的全面提升。

我们的危机观:企业诞生之日就开始与死亡争夺时间

"当别人想到的时候,我们已经在做;当别人已经在做的时候,我们已经做得不错;当别人做得不错的时候,我们应该做得更好;当别人和我们做得一样好的时候,我们就该考虑换跑道。"小毛驴认为,一个企业的发展如履薄冰、不进则退,成于忧患、败于安逸。我们缺少的并不是探窥问题的敏锐度和解决的思路,更多的时候我们是缺乏对危机的意识、改变的勇气和执行的速度与力度,我们需要的是未雨绸缪,在危机来临之前就要做好充分的应对准备,与其抱着侥幸心理去消极面对,还不如制定切实的危机管理计划,化被动为主动。

3.2 小毛驴家政服务的目标

随着社会在发展，人们在逐渐改善和提高生活质量，越来越多的家庭需要家政服务，为家政服务行业带来无限商机。劳动力供求，外来务工人员逐渐增多，大学生就业难，下岗职工也在冲击着就业市场，给整个社会和政府带来很大的就业压力和负担，而我们适应市场需求，趁机吸收专业性强的高素质家政人员，家政创业的契机已经展现在我们面前，在未来的时代里，家政服务将会是欣欣产业。

短期目标（1~2年）

小毛驴家政服务公司的短期目标是以优质、周到的服务挤占传统家政的市场份额，以特色的服务占领大部分的中高级家政服务市场，建立自己的品牌，累积无形资产，收回初期的投资，加大宣传力度，准备扩大经营范围。

中期目标（3~4年）

进一步完善和健全服务项目，重新开发新的项目，拓展服务领域，实行多元化经营战略，市场占有率达到福州家政市场的5%，居于主导地位，巩固、拓展福州家政市场。

长期目标（5~8年）

公司将从小到大，一步一个脚印，一步一个台阶，发展成为拥有自己的办公经营场所、自己的员工宿舍，集办公、培训、网上咨询服务、高端家政服务指南等多功能为一体的综合家政服务机构。倡家政服务新概念，创高端家政新发展，打造福州市服务最好，员工最优秀，价格最低廉的家政公司。使得家政服务"嫁到"广大家庭，使得家家户户更方便更舒适的生活。

4. 公司产品与服务

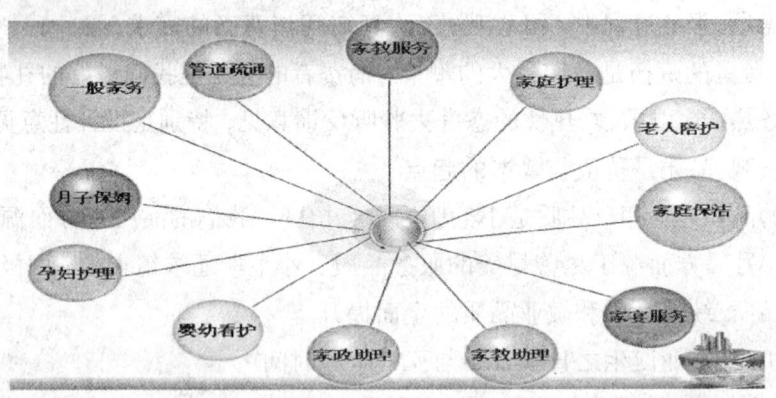

图8-4 产品与服务分类

（1）一般家务。吃住在用户家里，提供家务劳动服务，根据技能不同分为初级、中级、高级、星级服务员。

（2）月子保姆。以护理产妇和婴幼儿为主要工作，包括给产妇做营养配餐，指导产妇恢复体能，给婴幼儿洗澡、换尿布等及兼做家居清洁、洗烫、烹调等一般家务。

（3）孕妇护理。以产前孕妇护理为主要工作，兼做家居清洁、洗烫、烹调等一般家务。

（4）婴幼看护。以照顾1~3周岁以内幼儿为主要工作，兼做家居清洁、洗烫、烹调等一般家务。

（5）家政助理。有辅助客户完成家庭办公的能力，包括电话记录、简单文字处理、处理家庭日常账目、订餐、采购等，同时完成日常家务工作。

（6）家教助理。以辅导、教育学龄儿童为主要工作，负责照顾儿童起居接送上下学。兼做家居清洁、洗烫、烹调等一般家务。

（7）家宴服务。负责家庭聚会、朋友聚会等活动的菜肴采购、制作以及餐后的整理工作。

（8）家庭保洁。适逢春节或其他时间为家庭进行的专项保洁，包括擦玻璃、擦厨房、卫生间、墙面、地面、门窗等，清洗油烟机、清洁地毯、清洗沙发、木地板上光打蜡、家庭装饰装修后的全面综合清理卫生等。

（9）老人陪护。以陪护70岁以上的老人为主要工作，兼做家居清洁、洗烫、烹调等一般家务。

（10）家庭护理。为家庭病人提供医疗护理和康复指导，陪护病人到医院看病，打点滴。

（11）家教服务。一支由教师和大学生组成的家教队伍提供专业的从小学到高中各学科的家教服务。

（12）管道疏通。机械疏通各种排水管道，如厕所、马桶、地漏、浴缸、菜池、化粪池。

5. 市场分析

本公司的市场观：进攻才是最好的防守。

"80%的市场看不见，20%的市场看得见"，小毛驴倡导"与其等待市场，不如创造市场"的积极心态。小毛驴在保持原有市场版图的基础上，着眼于"以点连线、以线带面"的全力拓展，并确立起小毛驴独特的销售渠道。

5.1 市场现状分析

5.1.1 家政服务市场现状

国家劳动和社会保障部根据对包括福州在内的9个城市的调查情况，发布了《中国家政服务业现状白皮书》。《白皮书》中介绍，全国对家政服务人员的需求空缺在1500万个以上。随着这个行业的需求量不断地扩大，雇佣双方的矛盾也越来越多。

（1）家政细分 需求增大

目前家政服务的项目主要有操持家务、照料老人、看护婴幼儿、看护病人、护理孕妇与产妇、制作家庭餐、家务管理、家庭教育、家庭休闲娱乐等。家政服务的用工形式分为全日工、半日工、小时工等。全日制工作的家政服务员主要来自农村，小时工和其他类型家政服务人员多来自城市企业下岗职工、失业人员、退休人员，也有部分农村富余劳动力。小时工一般在每小时5元上下浮动；全日工和半日工的工资，按地区经济水平和提供的服务不等，一般在600－800元之间，涉外服务工资较高，有的月收入超过千元。

（2）家政服务 关键在人

《白皮书》反映出人们对家政服务还是有很多不满意的地方。首先，家政服务员的素质亟待提高，不少家政服务员自身素质较低，有的原来接受文化教育少，有的因种种原因，没有参加过培训，或是只参加过简单培训，服务质量不高；有的还在职业道德上出现问题，无法保证工作稳定。除了服务人员自身的问题以外，他们的权益保障问题急需解决。

(3) 价格虚高 服务不全

现在，人们对家政市场最大的不满就是价格虚高。服务人员的费用不断地上涨，而服务的水平并没有与价格相匹配，用人家庭的需求难以保证。由于目前家政服务市场选择余地小，服务等级又没有客观衡量标准，所以，用户只能被动地接受家政机构提出的价格。再加上一些家政服务中介机构运作不规范，乱收费，缺乏后续服务，在介绍人员质量和家庭安全方面均无保证。

5.1.2 市场现状应对策略

加强培训 持证上岗。

首先，必须对本公司服务员开展职业培训，树立健康的职业道德和就业意识，并开展家政服务员职业技能鉴定，推行家政服务人员持证上岗。

其次，规范家政服务职业中介机构。各类家政服务中介机构完善运作机制，执行国家的就业准入、职业资格和劳动（劳务）合同（协议）的要求，实行科学管理。

本公司明确规定，本公司家政服务员与用户之间的关系应通过契约的形式来体现。本公司的服务与用户签订劳务合同，如用户有意见，直接与公司交涉。在发生劳动争议时，可以由劳动保障部门受理劳动争议。

5.2 影响市场的主要因素

首先，历史因素存在，过去就存在了很多的家政服务公司，但是没有形成一个成熟的市场。并且，过去的家政服务公司在市场上留下了很多的问题。例如，服务人员不诚信、服务完成的不理想等，这都影响了顾客对家政服务这个行业失去信心。

其次，品牌效应，对家政服务的影响也是巨大的。只有树立品牌才能够得到消费者的信任，才能在市场上占领一席之地。

最后，经济因素的存在。尽管中国已经是个在各方面都在进步的国家，但仍是个发展中的国家。人们的经济水平和消费意识都还不是很高。这是影响市场的主要因素。

5.3 目标市场的确定

根据影响市场的主要因素我国城市居民普遇反映社区服务短缺贫乏，其中家政服务的数量与质量都远远未能跟上社会需求。所以家政服务大有可为。本公司主要根据消费者细分市场，把主要顾客分为：

（1）收入方面细分：以中、高收入阶层为主，这些家庭平时工作较忙，双休日一般用于休闲，对各种清洁服务的需求旺盛。

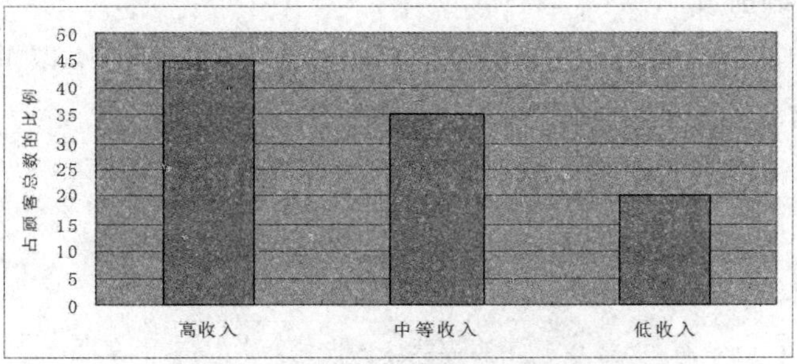

图 8-5　收入方面细分

(2)年龄方面细分:以老人小孩为主,这类服务需求会比较多。

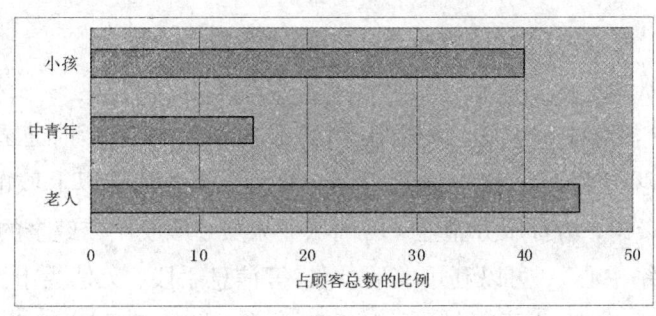

图 8-6　年龄方面细分

(3)文化教育方面细分:以文化程度较高者提供相应的服务项目。

5.4 市场规模与趋势预测

据市场调研机构调查分析,现今,迫于学习、工作、休闲生活的需求,福州有 40%以上的家庭通过家政公司提供的服务来完成家庭事务中的 20%~55% 的家庭事务,满意度为 56%。这说明了家政服务市场空很大,服务的品质也有很大的提高空间。而市场上的家政服务公司基本只占整个市场的 20%,就是说还有 80%的市场等着我们去占有,这是个很好的机会。

对未来 5 年家政行业的趋势预测图如下:

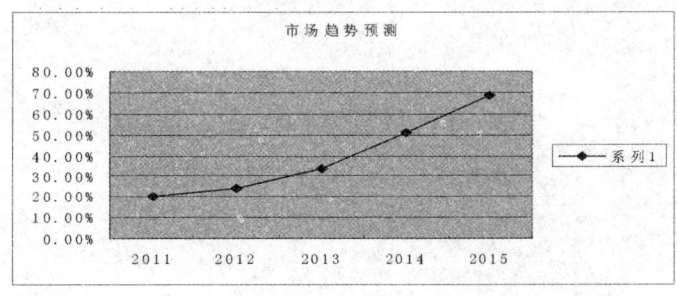

图 8-7　市场趋势预测

5.5 公司市场份额前景

由于本公司的中期目标是市场占有率达到福州家政市场的5%，以下是本公司预计在全国未来五年占领的市场份额：

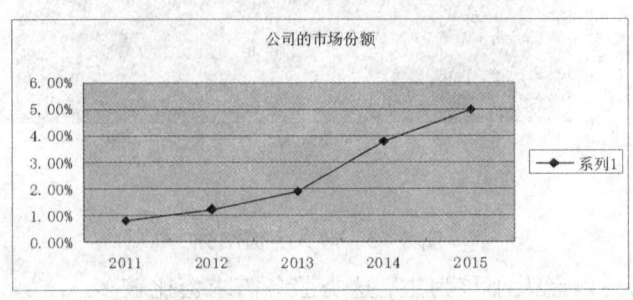

图8-8　公司市场份额

5.6 行业政策

为规范家政行业，2008年4月，商务部、财政部联合下发《关于推进家政服务网络体系建设的通知》，提出从2009年起，用2~3年时间，推动全国各地级以上城市建设"家政服务网络中心"，整合服务资源，培育服务企业，培训从业人员，形成比较健全的家政服务体系。通过建设"家政服务网络中心"，可以利用电话、网络等信息手段，无偿为市民、企业提供供需对接服务，建立健全信息咨询、供需对接、人才调配、标准制订、资质认证、服务监督等功能。在全国各地级以上城市建设"家政服务网络中心"，将为5亿多城乡居民服务，每年可带动全国家政服务消费300多亿元。北京的家政服务组织被划分为五个星级，其中五星级为最高等级。五星家政，已评定星级的家政公司，一旦通不过抽查，将面临取消星级标志的处罚。星级划分将以家政服务组织的基本条件、规模和业绩、营业条件、服务项目、管理要求和社会信誉等6个项目为依据。

由此可见，发展家政服务业，不仅能够满足人民群众日益增长的生活需求，破解家庭小型化、人口老龄化带来的社会问题，而且对于缓解弱势群体就业压力具有重要意义，是服务民生、增加就业、扩大内需、构建和谐社会的重要事业。因此我们开展家政服务公司的前景是看好的。

6. SWOT 分析

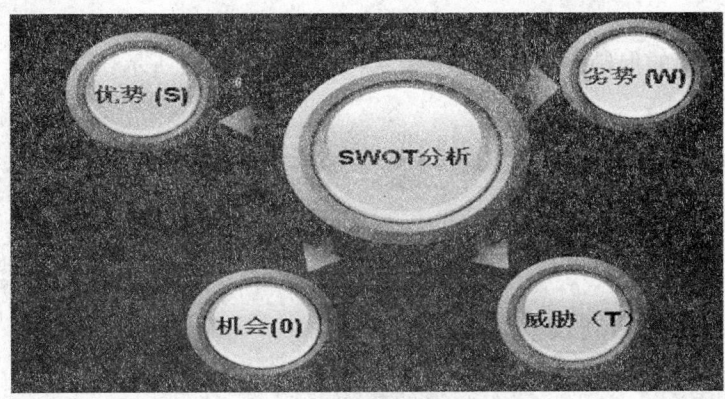

图 8-9　SWOT 分析图

6.1 优势（S）
(1) 服务人员素质高。
(2) 先进的管理模式，成就公司经营规范化、标准化。
(3) 成本低廉，收效快速。
(4) 对客户负责，可满足网络的个性化需求。
(5) 员工有劳动保障。

6.2 劣势（W）
(1) 本公司是今年成立的公司，面临着品牌未立的局面。
(2) 行业发展尚未全面。
(3) 难以把握每一个顾客的个性化服务特征。

6.3 机会（O）
(1) 市场空白点大且新颖。
(2) 市场上的公司尚未成长起来。
(3) 人们的生活水平日益提高，支付能力加强，人口的经济能力与经济潜力巨大。
(4) 更多的人愿意享受生活，享受工作之后的空余时间，那么这些繁杂的工作就交给我们专业的服务人员。

6.4 威胁（T）
(1) 市场上已经存在的家政公司渠道建立已较为完善，配套规划相对成熟。
(2) 市场上的家政服务公司会分流本项目的一部分客源。
(3) 竞争对手过多且十分分散，很多企业已经进驻目标市场并取得了一定的市场和顾客忠诚度。

7. 营销组合与 CI 策略

7.1 营销组合

小毛驴家政公司的促销组合围绕着"4P+4V"进行。如图所示：

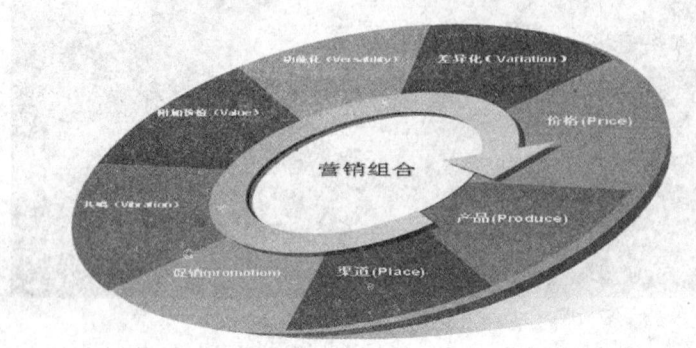

图 8-10　促销组合

7.1.1 产品(Produce)

在导入期，针对促销和价格两个因素采取快速掠取策略；在成长期，不断提高产品质量，开阔产品的深度和广度，建立品牌偏好，争取新的顾客，增加新的销售渠道，选择适当的时机调整价格；在成熟期，本公司采取市场改良和产品改良策略；在衰退期，本公司采取集中策略，即把资源集中使用在最有利的细分市场、最有效的销售渠道和最易销售的品种、款式上。缩短战线，以最有利的市场赢得尽可能多的利润。

7.1.2 价格(Price)

在新产品定价方面，由于目标定位是中高阶层收入为主，所以本公司对新产品的定价策略是撇脂定价策略；在心理定价方面，本公司采取的具体策略有整数定价策略和分级定价策略；在差别定价方面，本公司采取的差别定价策略是以顾客为基础的差别定价，对老客户和新客户采取不同的价格，对老客户给予一定的优惠。

7.1.3 渠道(Place)

本公司采取的分销渠道是直接分销渠道。本公司将不通过中间商环节，直接将产品和服务销售给消费者。采取直接分销渠道有利于产需双方沟通信息更好地满足目标顾客的需要；有利于使购销双方在营销方式上的稳定；有利于在销售过程中直接进行促销。

7.1.4 促销(promotion)

本公司采取的促销总策略是拉式策略加会员制。以广告和公共关系为主要促销方式，开展以消费者为对象的、较大规模的广告和新闻宣传，以便吸引消费者到本公司消费服务。会员制的实施一方面可以巩固老顾客，另一方面也可吸引新顾客到本公司消费服务。

7.1.5 差异化(Variation)

本公司的宗旨只有一个定义，这就是创造顾客。从表面看，本公司向不同的顾客提供的是同一种商品，但实际上，顾客所买的可能是根本不同的东西。例如：同样是请保姆，有的购买的是时间,有的则是要享受生活。从某种意义上说,创造顾客就是创造差异,有差异才能有市场。本公司采取的差异化营销就是凭借自身的服务质量的优势和管理优势,提供质量上优于市场上现有的服务水平,或是在销售方面,通过有特色的宣传活动、灵活的推销手段、周到细心的服务,在消费者心目中树立起有质量服务的良好形象。

7.1.6 功能化(Versatility)

本公司的产品在顾客中的定位有三个层次:一是核心功能,它是产品之所以存在的理由,主要由产品的基本功能构成。如本公司的陪读陪练这项服务是协助消费者。二是延伸功能,即功能向纵深方向发展,如陪读陪练的功能还可以陪伴消费者聊天解闷。三是附加功能,如声望功能等。总之,产品的功能越多其所对应的价格也越高(根据功价比原理),反之亦然。

7.1.7 附加价值(Value)

本公司营销新理念的重心在"附加价值化"。从当代发展趋势来分析,围绕产品物耗和社会必要劳动时间的活劳动消耗在价值构成中的比重将逐步下降,企业文化与营销附加价值在价值构成中的比重却显著而且将进一步上升。因而,本公司清楚地认识到,开启市场成功之门的关键就在于顾客满意,而针对于顾客满意的"价值提供"则更强调服务创新。本公司的重心是提高企业文化和品牌在产品中的附加价值。

7.1.8 共鸣(Vibration)

消费者是追求"效用最大化"者,"效用最大化"要求企业必须从价值层次的角度为顾客提供具有最大价值创新的产品和服务,使其能够更多地体验到产品和服务的实际价值效用。因此,只有实现本公司的经营活动中各个构成要素的价值创新,才能最终实现消费者的"效用价值最大化",而当消费者能稳定地得到这种"价值最大化"的满足之后,将不可避免地成为本公司的终身顾客,从而使本公司与消费者之间产生了共鸣。

7.2 CI 策略

本公司想要在竞争中取胜,传统的、某一层次上的或单一的局部竞争不能适应本公司发展的需要。唯有尽快将本公司整体形象树立起来:对外求得社会公众对我们企业的深层次、立体化的认同,增强信任感;对内提高员工的向心力和凝聚力,增强归属感,才能使企业在竞争中不断前进。因此,本公司必须建立自己独特的企业形象,形成独具特色的 CI 体系,这不仅是企业发展的大趋势,也是市场对本公司的要求。

本公司的企业形象体系(CI)包括三大识别系统:理念识别(MI)、行为识别(BI)、视觉识别(VI)。对于本公司,公司的形象直接反映了服务的质量。怎样树立一个良好鲜明的公司形象,已经成为本公司在步入市场时必须考虑的头等问题。

(1)理念识别(MI)

我们的经营理念是要打造全面高素质的家政服务。以小毛驴挥着国旗为标志的小毛驴家政企业,小毛驴家政服务的理念识别有三大特点:第一,企业理念很明确;第二,企业行动和企业理念具有一贯性;第三,企业外观设计的统一化。

(2)行为识别(BI)

本公司的员工首要要求就是要具备的素质是精神饱满、热情、勤劳、有亲和力,严格遵守公司制订的各种规章制度,时时刻刻准备为顾主提供高质量的服务。

(3)视觉识别(VI)

企业视觉识别系统策化就是运用现代设计手段和表现技巧,借助各种传播媒介、网页,将企业理念、文化特质、经营风格、企业规范等抽象语意转化为可视的符号和标识。在工作期间,本公司对员工统一服饰,但胸前必须佩带有公司名称的徽章。本公司每隔一段时间会对顾主进行一次调查,以确保员工的服务质量,保障顾主的权益。这种针对员工服务质量的信息反馈工作会在公众中树立公司的良好形象。

8. 组织结构与管理

8.1 公司组织结构

小毛驴家政服务公司设有市场营销部、财政部、客户服务部、人力资源管理部。

(1)市场营销部

通过运营和市场推广,把小毛驴家政服务公司的服务内容、特点及带来的社会便利,社会效益及经济效益进行推广,达到公司的目标。工作内容包括掌握市场营销活动的规律,组建营销组织,保护客户,发现和评估市场机会,记载相应阶段实现公司的战略规划。我们力求以客户为中心,在服务项目开发,价格制定,渠道选择和销售促进中充分考虑消费者的需求,在满足需求的前提下获取利润。

(2)财政部

参与制定本公司财务制度及相应的实施细则;工程项目可信性研究和项目评估中的财务分析工作;负责董事会及总经理所需的财务数据资料的整理编报;负责对财务工作有关的外部及政府部门,如税务局、财政局、银行、会计事务所等联络、沟通工作;负责资金管理、调度,编制月、季、年度财务情况说明分析,向公司领导报告公司经营情况;负责公司员工工资的发放工作,现金收付工作等。

(3)客户服务部

为广大客户提供一切必要的售前及售后服务,帮助客户更加顺畅的享受本公司所提供的服务。

(4)人力资源管理部

包括一切对组织中的员工构成直接影响的管理决策及其实践活动。如:建立员工招聘和选择系统,以便于能够雇用到最符合组织需要的员工;最大化每个员工的潜质,既服务于组织的目标也确保员工的事业发展和个人尊严;保持那些通过自己的工作绩效帮助组织实现组织目标的员工,同时排除那些无法为组织提供帮助的员工;确保组织遵守政府关于人力资源方面的法律和政策。主要包括:吸引、录用、保持、发展、评价。

组织结构图如下:

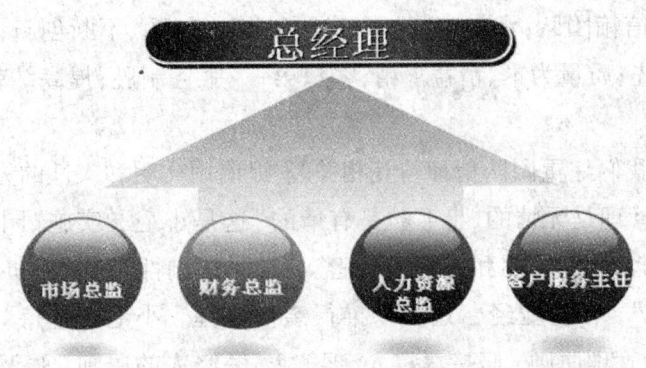

图 8-11 组织结构图

8.2 公司的管理

(1)园丁管理:亲和型管理　培育型管理　平等型管理　成才型管理

小毛驴在经营管理实践中制定了大量的各类管理制度,如工艺要求、岗位职责、员工关怀制度等,这些制度从不同侧面体现了园丁管理的内容。园丁管理的原则是"去芜存菁",园丁管理的核心是"拔苗助长",园丁管理的过程是"用心培育",园丁管理的特色是"因人施教",园丁管理的方法是"手中有剑心中无剑"。

园丁管理下的团队效能图如下:

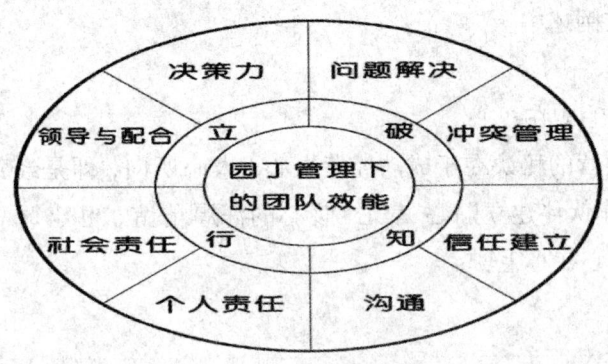

图 8-12 园丁管理图

(2)伦理管理:事情第一　感情第二

不论身为基层员工或部门主管,基本的等级关系是维系公司伦理、形成管理有序的前提。一味充当滥好人,凡事只讲求哥们关系,或者是企图将本部门建立成小团体、小帮派,都只会伤害到公平与公正,伤害到公司的整体利益。小毛驴强调做事的唯一伦理就是"原则",反对套交情、互为通融、互为包庇,或依私人关系的亲疏程度来安排工作、考核绩效。在公司内部,最好的伦理关系就是公私分明,鼓励工作之外加深与同事之间的情谊,但这种私人的感情不能作为与上下属保持工作关系伦理的障碍。

(3)小毛驴人行为规范:用心　耐心　好情绪

小毛驴具体的行为规范可以概括为：以诚相待、相互尊重；讲究公德、遵纪守法；有效沟通、理解合作；积极配合、信赖团队；承担责任、敢于决策；解决问题、不断创新；严谨务实、认真敬业；廉洁自律、品德为先；质量为本、精益求精；客户第一、服务制胜；提高绩效、节约成本；开拓进取、永远学习。

（4）管理价值观：我们注重团队精神与互相关爱 提倡用文明和人性的方式管理组织

"制度是绝情的、管理是无情的、小毛驴是有情的"这是小毛驴实施"园丁式"管理的人性之处。小毛驴在管理上树立"文明和人性"的理念，在坚持刚性制度的同时，融入人性化、人情味，提倡"耕心为上"，在企业经营过程中推行亲情管理。小毛驴坚持"企业可以家族制，但绝对不能家族化"的管理原则，坚持尊重人、理解人、关心人的原则，强调管人、管事与管思想相结合，视每一位下属的成长为己任。尊重个人价值，关爱末端员工，深切体会每一位员工都在为小毛驴和整个社会付出努力。

9. 企业文化

将"心文化"贯穿于企业文化各层次

"我心在小毛驴，小毛驴在我心"是本公司根据领导层管理风格而提出的企业经营哲学，这一哲学的来源表述如下：孔子曰："得人心者得天下"。孙子兵法曰："不战而屈人之兵，善之善者也"，是谓攻心为上，攻城为下。"我心在小毛驴，小毛驴在我心"与此同义。以经营哲学为核心，本公司将"从容心、韬略心、服务心、爱才心、文化心"贯穿于企业文化各层次各个观念的标语创作与释文阐述中。

9.1 经营哲学

我心在小毛驴，小毛驴在我心

小毛驴深信成功经营的秘诀在于成功经营人心，人心所向，即是经营所向。管理层以心交心、以心知心，与工作伙伴建立贴心、靠心、暖心的深厚情谊，也让每一位加入小毛驴大家庭的成员身在小毛驴，心在小毛驴。

9.2 企业精神

心相通 力相聚

"心相通"是"力相聚"的前提，只有所有小毛驴人心意相通，才能实现团队协作与顺畅沟通；"力相聚"是"心相通"的目标，只有力往一处使，才能让所有小毛驴人获得勇于探索、善于创新、敢为人先的精神力量。

9.3 企业愿景

打造百年品牌 追求永续经营

所有小毛驴人应该提醒自己，始终掌握福州家政服务趋势，不等、不靠、不要，自发、自立、自强，以文化的创新力催生企业的核心竞争力。

9.4 企业作风

自觉 自律 创新 学习

自觉是做好本职工作的前提和保障,通过学习与工作获得知识,通过对知识的运用开展工作,通过工作来体现自身的人生价值;

自律就是要树立良好的工作作风和个人行为准则,是企业诚信和员工团结的保障,是企业快速发展的动力;

创新是小毛驴永恒的主题,小毛驴鼓励创新并允许在创新中发生不可预见的错误;

学习是小毛驴人让自身智慧与潜能发生"光合作用"的最好方法,是促成小毛驴成长基因得以优化、进化的最佳途径,积极营造重视学习、善于学习的文化氛围,让小毛驴不是一个纯粹雇佣关系的组织,而是一个终身学习的组织。

10. 财务计划

10.1 融资预测

为了公司的正常运营,公司需要资金50万左右。除了创办者投入的资金以外,公司打算以股权融资方式引入风险资本。故创办者出资10万;拟吸引30万元的风险投资;银行贷款10万元。

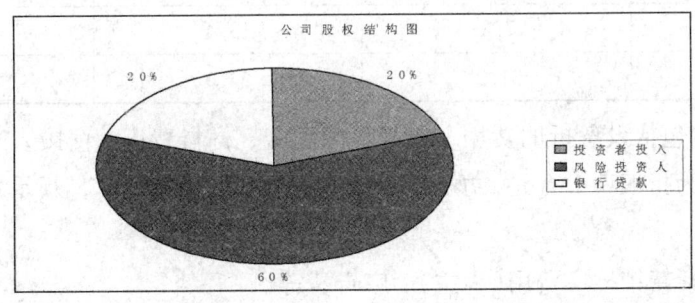

图8-13 公司股权结构图

10.2 未来收益预测

家政服务是我国当前市场经济下的一项新兴行业,特别是近十年来,家庭服务业迅速崛起,成为一个生机勃勃的朝阳产业。其市场空缺大,为我们小毛驴的发展提供了一个踏脚板,在我们公司的努力经营下,相信业绩与收益都将蒸蒸日上。

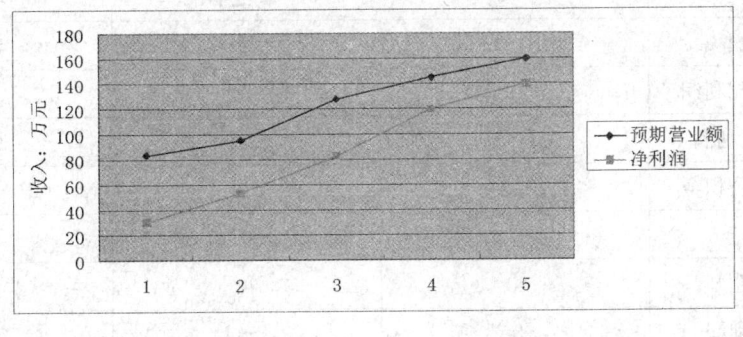

图8-14 预期营业额与收益

10.3 公司财务报表

表8－2 利润表　　　　　　　　　　　　　　　　　　　　　单位：万元

	第一年	第二年	第三年
一、销售收入	83.3	95.2	128.6
减：销售成本	27.5	20.4	18.575
销售税金及附加	1.2	1.6	2.1
二、销售利润	54.6	73.2	107.925
减：营业费用	1.2	3.0	2.3
管理费用	13.4	2.2	1.5
财务费用	1.0	1.0	1.0
三、营业利润	39	67	103.125
加：营业外收入	0	0	0
四、利润总额	39	67	103.125
减：所得税	7.8	13.4	20.625
五、净利润	31.2	53.6	82.5

注：1. 销售成本包括设备折旧费用，生产车间租金，材料费用，直接人工费，水电费等。第一年的销售成本为折旧费1万元，办公室租金3万元，材料费用6.5万元，直接人工费、水电费17万元。

2. 营业费用包括营销推广费用(为主)，广告费等。

3. 所得税按25%计算。

4. 产品销售税金及附加具体包括：城市维护建设税7%，教育费附加3%。这两种税按照增值税额为计税依据计算。

5. 第一年的管理费用包括开办费，验资费，业务招待费等。

表8－3 利润分配表　　　　　　　　　　　　　　　　　　　单位：万元

	第一年	第二年	第三年
一、净利润	31.2	53.6	82.5
加：年初未分配利润	0	8	15.4
二、可供分配利润	31.2	61.6	97.9
减：法定盈余公积金	3.2	6.2	9.8
任意公积金	0	0	0
股东股利	20	40	60
三、未分配利润	8	15.4	28.1

注：本公司按照新公司法规定分配税后利润。按税后利润的10%计提法定盈余公积金，

并不再计提法定公益金。

表8-3 资产负债表　　　　　　　　　　　　　　　　　　　　　　　单位:万元

	第一年	第二年	第三年
资产			
1. 流动资产			
现金及银行存款	8	15.4	28.1
应收账款	10	15	20
流动资产合计	18	30.4	48.1
2. 固定资产			
固定资产原值	10	10	10
减:累计折旧	1	2	3
固定资产净值	9	8	7
资产合计	27	38.4	55.1
负债及所有者权益			
负债			
长期借款	0	0	0
应付账款	0	0	0
流动负债合计			
长期负债合计	10	10	10
负债合计	10	10	10
所有者权益			
1. 资本	50	81.2	134.8
2. 盈余公积	3.2	6.2	9.8
3. 未分配利润	8	15.4	28.1
所有者权益合计	61.2	102.8	172.7
负债及所有者权益合计	71.2	112.8	182.7

注:固定资产:一辆商务用车,计8万元。清洁用具2万元。

表8-4 现金流量表　　　　　　　　　　　　　　　　　　　　　　　单位:万元

现金流量	筹集现金流量		营业现金流量		投资现金流量		合计
	+	−	+	−	+	−	
第一年	30		50	40		30	10
第二年	10		65	50		15	10
第三年	10		90	65		5	30

10.4 投资回报分析

10.4.1 投资净现值

考虑资金的机会成本和投资风险,以及参考社会平均投资报酬率(6%~20%),取 $k = 10\%$,$NPV = \sum_{t=1}^{n} \frac{NCF_t}{(1+k)^t} - C = 152.08(万元) > 0$ 可见,该项目是个很值得投资的项目。式中:NPV——净现值;NCF_t——第 t 年的净现金流量,依次为 31.2,53.6,82.5;k——贴现率;C——初始投资额;

10.4.2 内部报酬率

内部报酬率又称内含报酬率(internal rate of return,缩写为 IRR),是使投资项目的净现值等于零的贴现率,假设为 r,由内部报酬率的计算公式 $\sum_{t=1}^{n} \frac{NCF_t}{(1+r)^t} - C = 0$。$NCF_t = 8,15.4,28.1$;经计算,得 $IRR = r = 3\%$ 内部报酬率之所以这么高,是因为本公司所采取的管理方法在国内处于领先地位,有着良好市场前景。

10.4.3 投资回收期

投资回收期 = $\frac{原始投资额}{每年 NCF}$,当每年现金流量不等时,投资回收期 = 尚未收回的投资额出现正数的年数 +(尚未回收现金/当年现金净流量)。由此计算得公司静态投资回收期 = 1 + 8/15.4 = 1.51 年,预计在 1 年 7 个月后即可收回所有投资。

10.5 收支分析

表 8-6 财务分析说明

固定投资	资金成本(元)
办公室租金	3000 * 12 个月 * 3 年 = 108000
办公设备	34700
流动资金	20000
广告费用	5000
办公费用	1000
服务费用	1000
清洁设备	100000
其他费用	2000
共计	271700 元

表8-7 服务收入明细表

项目	服务价
清洁	
计时劳务	25元/时/人(起价40元)
家庭清洁	15元/时/人(起价45元/人)
每月预计	100×30天×20人=60000元
专业清洗	
地毯清洁	1元/平方米(起价150平方米起)
沙发清洗	皮沙发70元每套起(白色加10元)布沙发120元每套起
清洗油烟机	50-70元/台(包含清洗所需试剂)
灯具清洗	50元/每盏(包含清洗所需试剂)
水晶吊灯清洗	100元/每盏(包含清洗所需试剂)
布面转椅清洗	10元/把(120元起价)
大理石上蜡	4元/平方米(150元起价 包含清洗所需试剂)
居家清洁	15元/时/人(45元起价)
每月预计	1500×30天×10人=450000
专业服务	
疏通管道	30元起/孔
粉刷	2元/平方米(100平方米起价)
空调拆装	80元起/台
空调清洗	40元/台
空调加氟	40元/压力点
热水器安装	50元/台起
木地板上蜡	4元/平方米(50平方米起价)
每月预计	700×30天×10人=210000元
家居设计	
20平方米以下	100元
20-50平方米	200元
50-80平方米	300元
80-100平方米	500元
100-140平方米	800元
140-200平方米	1500元

续表

每月预计	150×30天×10人＝45000元
家教家政助理	
每月预计	50×30天×10人＝15000元
老人小孩看护	
每月预计	1000×50人＝50000元
代理服务	
每月预计	50×30天×2人＝3000元
每月预计总收入	833000

表8-8 成本费用明细表

项目	成本费用
员工工资	
高层管理人员	4×3000元/月＝12000元
中层管理人员	7×2000元/月＝14000元
基层管理人员	6×1500元/月＝9000元
普通员工	30×800＝24000元
清洁设备折旧	10000元
固定资产折旧	15000元
水电费	2000元
每月成本费用共计	246000元

11. 风险分析

11.1 外部风险

由中国家庭服务业协会主办的"中国家庭服务业风险防范与控制研讨会"日前在京召开。中国家庭服务业协会会长张建纪在会上表示，随着社会经济的发展，以及我国社会劳动分工的日趋专业化，家政行业得到了迅速的发展，市场需求急速增长。目前国内仅在册的家政公司就有55万余家，行业从业人员约为1600万人，这其中蕴含了多方面的风险，如身份安全风险、身体健康风险、培训质量风险、法律保障风险、纠纷赔偿风险、公司管理风险。这些风险的存在，在很大程度上制约了家政行业服务的正常发展。

11.2 内部风险

首先，服务人员流动性大，加大了成本投入，增加了企业负担；其次，队伍整体素质不高，老板与员工、员工与客户之间矛盾磨擦不断；再次，制度不健全，防范措施不完善，致使劳资双方合法权益和切身利益难以得到充分保障。

11.3 应对策略

(1) 加强管理，正确引导。

家政公司应该加强中高层管理队伍建设，对本公司的员工予以有效的管理。如果能从源头控制住家政服务人员可能存在的危险举动，就有利于降低风险，控制风险。

(2) 加强培训，提高员工素质。

一般从事家政服务的人员文化水平和个人素质还较低，只有通过严格、高效的培训，才能尽快提高员工综合素质和服务技能。如果家政服务员自身的素质提高了，那也就不太可能会发生不该发生的意外。

(3) 加强督导，加大行业监督指导力度。

政府和有关部门应积极主动地监督家政公司，督促家政企业同劳动者依法签订并履行劳动合同，有效处理好服务过程中出现的劳动纠纷和劳动争议。另外，家政保险日趋完善，家政公司和有关部门工作人员应教育引导职工参加社会保险、商业保险，家政公司也应该及时为员工买家政保险，这些不仅有利于明确责任，更能使各方得到合理及时的赔偿，给自己的发展带来便利。另外，有关单位应与商业保险机构协商，为一线家政企业和员工设置多层次的险种，更加完善家政行业的保险制。

12. 总结

历经 2 个月，小毛驴家政公司的创业计划终于出炉了。在这期间，我做了大量的市场调研，拜访了相关的家政服务业同行，多次请教专业老师，数易其稿，可谓是想了千方百计，历尽千辛万苦。

我深信小毛驴家政公司的创业计划是可行的，主要理由基于以下几个方面：第一，选择的项目简单，技术含量不高，市场容量大；第二，目标市场定位准确，营销方案详实；第三，资金投入不多，筹资现实，风险不高；第四，公司组织严密，管理规范而先进；第五，企业文化特色明显。

在这两个月，我收获颇丰。我从小就有创业的梦想，上大学后特别关注福州市家政服务行业的发展，"小毛驴"这一名字在我心中酝酿已久。驴子拉磨是再平凡不过的工作，平心静气、无怨无悔、默默地流汗和付出的驴子精神不断地激励着年轻的我。青春燃烧的小毛驴拥有着热情律动的旋律和无限的活力正是我们创业者的真实写照。我相信在不远的将来，小毛驴将会成为福州市家政服务行业的金字招牌。

主要参考文献

[1] 杨哲,张润昊.创新思维与能力开发[M].南京:南京大学出版社,2016

[2] 赵新军.创新思维与技法[M].北京:中国科学技术出版社,2014

[3] 侯文华.大学生创新创业教育教程[M].北京:科学出版社,2017

[4] 吕爽.大学生创新创业实务指导[M].北京:中国铁道出版社,2017

[5] 龚秀敏.创业基础与能力训练[M].北京:北京大学出版社,2016

[6] 宁连举.互联网商业模式[M].北京:中央广播电视大学出版社,2016

[7] 张玉臣,叶明海,陈松.创业基础[M].北京:清华大学出版社,2015

[8] 张玉利,杨俊等.创业管理(行动版)[M].北京:机械工业出版社,2017

[9] 张玉利,陈寒松等.创业管理(基础版)[M].北京:机械工业出版社,2017

[10] 张国良、张付安、李文博.创业学:战略与商业模式[M].北京:清华大学出版社,2017

[11] 杜永红、梁林蒙、杨彩霞.大学生创新创业教育——基于互联网+视角[M].北京:清华大学出版社,2016

[12] 李时椿 常建坤.创新与创业管理:理论 实战 技能(第五版)[M].北京:南京大学出版社,2017

[13] 陈敏.创业指导(第3版)[M].杭州:浙江大学出版社,2016

[14] 田增瑞.创业基础:创业素质与资源整合[M].北京:北京大学出版社,2017

[15] 林嵩.创业学:原理与实践(第2版)[M].北京:清华大学出版社,2015

[16] 王艳茹.创业基础如何教:原理、方法与技巧[M].北京:清华大学出版社,2017

[17] 郭占元.创业学理论与应用(第二版)——基于互联网+创业视角[M].北京:清华大学出版社,2016

[18] 陈奎庆,丁恒龙.大学生创新创业教程(第二版)[M].北京:科学出版社,2017

[19] 黄远征、陈劲、张有明.创新与创业基础教程[M].北京:清华大学出版社,2017

[20] 孙洪义.创新创业基础[M].北京:机械工业出版社,2016

[21] 刘艳彬 李兴森.大学生创新创业教程[M].人民邮电出版社,2016

[22] 金伯莉·帕尔默.斜杠创业家[M].谈申申,孙思栋,译.南昌:江西人民出版社,2017

[23] 谢尔曼.从创业筹资到IPO:企业融资全流程实战解析(第三版)[M].王鑫,译.北

京：人民邮电出版社，2015

[24]大卫·S.基德.创业脚本:41位超级创始人的独家创业笔记[M].康洁，文焱，译.北京:新世界出版社，2017

[25]库拉特科.薛红志，等，译.创业学(第9版)[M].北京:中国人民大学出版社,2014